民事信託講義

石田 健悟 著

発行 テイハン

はじめに

　平成18年12月8日に新しい「信託法案」及び「信託法の施行に伴う関係法律の整備等に関する法律案」が成立し、同月15日にそれぞれ平成18年法律第108号及び第109号として公布されました。それにより、民事信託を個人間の資産承継や財産管理、事業承継の対策に取り入れようとする動きが活発になり、現在の実務においては利用を検討すべき制度の1つとなっています。民事信託のみで対策を立て、問題解決に至ることも少なくないのですが、遺言や任意後見等の諸制度と連携させて活用することでより多彩な対策を立てることができます。

　しかし、司法書士、税理士、弁護士、行政書士等の専門職の中には、民事信託の利用に消極的な方も多いと聞きます。また、ある相談者が、専門職の勧めによって民事信託を設定したものの、きちんとその内容を理解できておらず、他の専門職にセカンドオピニオンを求めた際に、実は民事信託によらずとも遺言や任意後見制度の利用によって対応可能であったことが判明し、トラブルになったというケースや、専門職の関与のもとに民事信託を設定したものの、その専門職からの適切なサポートが得られず、休眠状態となっているケースも多いようです。

　民事信託は、本来、資産承継や財産管理、事業承継における多様なニーズに対応するために有用な制度の1つであるにもかかわらず、実務の現場において、それが適切に活用されているケースはそれほど多くないように感じます。また、民事信託の可能性は魅力的ですが、この可能性を実現するためには、民事信託を安全に活用するための諸条件や活用したときの弊害の危険性とそれに対する対処方法、大陸法系に属する我が国の私法体系との調整等を理解する必要があります。民事信託を体系的に学び、それらを理解することは、専門職だけでなく、民事信託の利用を希望する一般の方にとっても、個

別具体的なケースにおいて、民事信託の利用が必要であるか否かを判断すること、利用が必要である場合にどのような位置づけで、どのような内容で民事信託を利用するかを判断することに役立つのではないでしょうか。

　そこで、第1部において、実務の現場で適切に民事信託を利用できるように民事信託の仕組みを解説し、第2部において、筆者の博士論文「資産承継の場面における制度間の棲み分けと連携についての検討―意思能力の喪失及び死亡後の意思実現に向けて―」を簡潔にまとめた「遺言・任意後見・死後事務の委任契約・民事信託の連携・棲み分け論」を掲載しています。

　本書は、一般書・理論書的な性格が強いものですが、筆者のテイハンからの第1号書籍である「資産承継・事業承継の実務―民事信託・遺言・任意後見・種類株式の活用―」（令和4年）がその実務面を解説したものとなっていますので、そちらもご一読いただくとより民事信託の実務の理解が深まると思います。

目　次

はじめに　*i*

第1部　民事信託の仕組み

序　章 …………………………………………………………………… 3
1　信託制度の起源 …………………………………………………… 3
2　日本における近代的信託の導入と発展 ……………………… 4
3　資産承継・事業承継の場面における民事信託の活用 ……… 5

第1章　民事信託の意義と適用領域 ………………………………… 7
1　意　義 ……………………………………………………………… 7
2　適用領域 …………………………………………………………… 8

第2章　信託の成立 ……………………………………………………… *10*
1　民事信託の設定方法と効力の発生 …………………………… *10*
　(1)　信託契約 ……………………………………………………… *10*
　　ア　意　義　*10*
　　イ　方式自由の原則　*11*
　　ウ　諾成契約　*12*
　　エ　遺言代用信託　*12*
　(2)　遺　言 ………………………………………………………… *13*
　　ア　意　義　*13*
　　イ　要式行為　*14*
　　ウ　受託者の指定　*15*
　　エ　遺言執行者の指定　*16*
　(3)　自己信託 ……………………………………………………… *17*
　　ア　意　義　*17*
　　イ　要式行為　*17*
　　ウ　相手方のある単独行為か相手方のない単独行為か　*18*

2　信託事項 …………………………………………………………… *19*
3　信託の目的 ………………………………………………………… *20*
　(1)　意　義 ………………………………………………………… *20*
　(2)　定め方の注意点 ……………………………………………… *22*
4　信認関係 …………………………………………………………… *23*
5　擬制信託 …………………………………………………………… *25*
　▼裁判例紹介1　最判平成14年1月17日民集56巻1号20頁　*27*
　▼裁判例紹介2　最判平成15年2月21日民集57巻2号95頁　*29*
　▼裁判例紹介3　最判平成15年6月12日民集57巻6号563頁　*31*
　▼裁判例紹介4　東京地判平成24年6月15日金判1406号47頁　*33*
6　詐害信託 …………………………………………………………… *36*
　(1)　詐害信託の取消し …………………………………………… *36*
　　ア　意　義　*36*
　　イ　受益者に対する詐害行為取消請求　*38*
　　ウ　受益者の一部が悪意の場合　*38*
　　エ　受益者の指定又は受益権の譲渡　*39*
　(2)　詐害信託の否認等 …………………………………………… *39*

第3章　信託の当事者 ……………………………………………… *41*
1　委託者 ……………………………………………………………… *41*
　(1)　意　義 ………………………………………………………… *41*
　(2)　適　格 ………………………………………………………… *41*
　(3)　権　限 ………………………………………………………… *42*
　(4)　地位の移転 …………………………………………………… *47*
2　受託者 ……………………………………………………………… *48*
　(1)　意　義 ………………………………………………………… *48*
　(2)　適　格 ………………………………………………………… *48*
　(3)　権　限 ………………………………………………………… *49*
　　ア　受託者の権限の範囲　*49*

イ　信託事務処理の第三者への委託　*49*

　　ウ　受託者の費用等及び信託報酬等　*50*

　　　①　信託財産からの償還　*50*

　　　②　信託財産からの前払　*51*

　　　③　受益者からの償還・前払　*51*

　　　④　受託者の費用等の償還等の方法　*51*

　　　⑤　他の債権者の権利に対する優先権　*52*

　　　⑥　信託財産責任負担債務の弁済による受託者の代位　*53*

　　　⑦　費用等の償還等と同時履行　*54*

　　　⑧　信託財産が費用等の償還等に不足している場合の措置　*54*

　　　⑨　信託財産からの損害の賠償　*55*

　　　⑩　受託者の信託報酬　*55*

(4)　義　務 …………………………………………………………………… *57*

　　ア　信託事務遂行義務　*57*

　　イ　善管注意義務　*57*

　　ウ　忠実義務　*58*

　　　①　利益相反の禁止　*59*

　　　　(ⅰ)　原　則　*59*

　　　　(ⅱ)　例　外　*60*

　　　　(ⅲ)　効　果　*60*

　　　②　競合行為の禁止　*61*

　　　　(ⅰ)　原　則　*61*

　　　　(ⅱ)　例　外　*62*

　　　　(ⅲ)　効　果　*63*

　　エ　公平義務　*63*

　　オ　分別管理義務　*64*

　　カ　信託事務の処理の委託における第三者の選任及び監督に関する義務　*65*

　　キ　信託事務の処理の状況についての報告義務　*66*

ク　帳簿等の作成等、報告及び保存の義務　*66*

　　　　①　書類等の作成義務　*67*

　　　　②　積極的情報提供の義務　*67*

　　　　③　書類等の保存義務　*68*

　　　　④　閲覧等の請求権に応じる義務　*69*

　　　ケ　他の受益者の氏名等の開示の請求に応じる義務　*71*

　　　コ　その他　*73*

　(5)　権限違反行為等 ……………………………………………………………… *73*

　　　ア　受託者の権限違反行為の取消し　*73*

　　　　①　受託者が信託財産のためにする意思で権限外の行為を行った場合　*73*

　　　　②　受託者が信託財産のためにする意思がなく権限内の行為を行った場合　*74*

　　　イ　損失てん補責任等　*76*

　　　　①　受益者による損失てん補請求権と原状回復請求権　*76*

　　　　②　信託事務処理の第三者への委託との関係　*76*

　　　　③　忠実義務との関係　*77*

　　　　④　分別管理義務との関係　*77*

　　　　⑤　法人である受託者の役員の連帯責任　*77*

　　　　⑥　責任の免除　*77*

　　　　⑦　損失てん補責任等に係る債権の期間制限　*78*

　　　ウ　受益者による受託者の行為差止め　*79*

　　　エ　費用又は報酬の支弁等　*79*

　　　オ　検査役の選任　*80*

　(6)　有限責任 ……………………………………………………………………… *81*

　(7)　任務の終了 …………………………………………………………………… *81*

　　　ア　意　義　*81*

　　　イ　受託者の辞任　*82*

　　　ウ　受託者の解任　*83*

エ　受託者の死亡により任務が終了した場合の信託財産の帰属等　*83*

　(8)　前受託者の義務等 ……………………………………………………… *84*

　　　ア　前受託者の通知及び保管の義務等　*84*

　　　イ　前受託者の相続人等の通知及び保管の義務等　*86*

　　　ウ　費用又は報酬の支弁等　*87*

　(9)　新受託者の選任 ………………………………………………………… *87*

　(10)　信託財産管理者等 ……………………………………………………… *89*

　(11)　受託者の職務代行者の権限 …………………………………………… *91*

　(12)　受託者の変更に伴う権利義務の承継等 ……………………………… *91*

　　　ア　信託に関する権利義務の承継等　*91*

　　　イ　前受託者の責任　*92*

　　　ウ　費用等の償還、報酬の支払い等　*92*

　　　エ　承継された債務に関する前受託者及び新受託者の責任　*93*

　　　オ　前受託者による新受託者等への信託事務の引継ぎ等　*93*

　(13)　受託者が複数ある信託の特例 ………………………………………… *93*

　　　ア　信託財産の合有　*93*

　　　イ　信託事務の処理の方法　*94*

　　　ウ　信託事務の処理についての決定の他の受託者への委託　*94*

　　　エ　信託事務の処理に係る債務の負担関係　*95*

　　　オ　信託の終了の特例　*95*

3　受益者 ………………………………………………………………………… *96*

　(1)　意　義 …………………………………………………………………… *96*

　(2)　適　格 …………………………………………………………………… *96*

　(3)　権　限 …………………………………………………………………… *96*

　　　ア　受益権の取得　*96*

　　　イ　受益者指定権等　*97*

　　　ウ　受益権の譲渡　*98*

　　　　①　意　義　*98*

② 譲渡制限の定め　*98*

　　　③ 対抗要件　*98*

　　　④ 放　棄　*98*

　　エ　受益債権　*99*

　　オ　受益権取得請求権　*101*

　　カ　受益者連続型信託　*103*

　　　① 意　義　*103*

　　　② 有効期間　*104*

　　キ　単独受益者権　*104*

第4章　信託財産と対抗要件　*107*

1　信託財産　*107*

2　信託財産の独立性　*107*

　(1)　信託財産の物上代位性　*108*

　(2)　付　合　*108*

　(3)　識別不能　*109*

　(4)　混　同　*109*

　(5)　強制執行等の制限　*110*

　　ア　意　義　*110*

　　イ　強制執行等のできる債権者　*111*

　　ウ　異議の主張等　*111*

　(6)　信託財産と受託者の破産手続との関係　*112*

　(7)　信託財産に属する債権等についての相殺の制限　*112*

　　ア　第三者からの相殺　*112*

　　　① 原　則　*113*

　　　② 例　外　*113*

　　　　(i) 受託者の承認　*113*

　　　　(ii) 認識の相違　*114*

　　　③ 受託者保護のための相殺禁止　*115*

   イ　受託者の相殺　*115*
  (8)　共有物分割 ………………………………………………………… *116*
  (9)　信託財産責任負担債務 ………………………………………… *118*
  (10)　信託財産に属する財産の占有の瑕疵の承継 ……………… *120*
 3　対抗要件 …………………………………………………………………… *120*

第5章　信託関係人 ……………………………………………………… *122*

 (1)　信託管理人 ……………………………………………………………… *122*
  ア　権　限　*123*
  イ　義　務　*123*
  ウ　催　告　*123*
  エ　資　格　*124*
  オ　費用等及び報酬　*124*
  カ　任務の終了　*125*
  キ　辞　任　*125*
  ク　解　任　*125*
  ケ　新信託管理人の選任等　*125*
  コ　信託管理人による事務の処理の終了等　*125*
 (2)　信託監督人 ……………………………………………………………… *126*
  ア　権　限　*126*
  イ　義　務　*127*
  ウ　催　告　*127*
  エ　資　格　*128*
  オ　費用等及び報酬　*128*
  カ　任務の終了　*128*
  キ　辞　任　*128*
  ク　解　任　*128*
  ケ　新信託監督人の選任等　*128*
  コ　信託監督人による事務の処理の終了等　*128*

(3)　受益者代理人 …………………………………………………… *129*
　　ア　権　限　*129*
　　イ　義　務　*130*
　　ウ　催　告　*130*
　　エ　資　格　*130*
　　オ　費用等及び報酬　*131*
　　カ　任務の終了　*131*
　　キ　辞　任　*131*
　　ク　解　任　*131*
　　ケ　新受益者代理人の選任等　*131*
　　コ　受益者代理人による事務の処理の終了等　*131*

第6章　信託の変更・合併・分割 …………………………… *133*
1　信託の変更 ………………………………………………………… *133*
2　信託の併合 ………………………………………………………… *134*
　(1)　関係当事者の合意等 ……………………………………………… *134*
　(2)　債権者の異議 ……………………………………………………… *136*
3　信託の分割 ………………………………………………………… *138*
　(1)　吸収信託分割 ……………………………………………………… *138*
　　ア　意　義　*138*
　　イ　債権者保護手続　*141*
　(2)　新規信託分割 ……………………………………………………… *144*
　　ア　意　義　*144*
　　イ　債権者保護手続　*147*

第7章　信託の終了及び清算 …………………………………… *150*
1　信託の終了事由 …………………………………………………… *150*
2　信託の清算 ………………………………………………………… *152*
　(1)　清算人の職務 ……………………………………………………… *153*
　(2)　清算人の権限 ……………………………………………………… *153*

⑶　残余財産の帰属 ·· *154*
　　⑷　帰属権利者 ·· *154*
　　⑸　清算受託者の職務の終了等 ·· *155*

第8章　限定責任信託 *156*
1　意　義 ·· *156*
2　登　記 ·· *157*
　　⑴　設定の登記 ·· *158*
　　⑵　変更の登記 ·· *158*
　　⑶　終了の登記 ·· *159*
　　⑷　清算受託者の登記 ·· *159*
　　⑸　清算結了の登記 ··· *160*
　　⑹　裁判による登記の嘱託 ··· *160*
3　取引の相手方に対する明示義務 ··· *161*
4　帳簿等の作成等、報告及び保存の義務等の特例 ································· *161*
5　受託者の第三者に対する責任 ·· *162*
6　受益者に対する信託財産に係る給付の制限 ······································ *163*
7　受益者に対する信託財産に係る給付に関する責任 ······························ *164*
8　受益者に対する求償権の制限 ·· *165*
9　欠損が生じた場合の責任 ·· *165*
10　清　算 ··· *166*

第2部　遺言・任意後見・死後事務の委任契約・民事信託の連携・棲み分け論

第1章　意思能力の低下ないし喪失後の意思実現 *171*
1　意思能力の低下・喪失後の任意代理の委任契約の効力 ························ *171*
2　任意後見の基本的な仕組み ·· *173*
　　⑴　設定方法と登記 ··· *173*

- (2) 類　型 ………………………………………………………………… *174*
  - ア　将来型 *174*
  - イ　即効型 *175*
  - ウ　移行型 *175*
- (3) 任意後見人の資格 ……………………………………………………… *177*
- (4) 任意後見人の人数 ……………………………………………………… *178*
- (5) 委任できる事項と委任できない事項 ………………………………… *178*
  - ア　委任できる事項 *178*
  - イ　委任できない事項 *180*
- (6) 任意後見契約を発効させる手続 ……………………………………… *180*
- (7) 任意後見監督人 ………………………………………………………… *181*
  - ア　意　義 *181*
  - イ　資　格 *181*
  - ウ　人　数 *182*
  - エ　職　務 *182*
  - オ　家庭裁判所による間接的な監督 *183*
  - カ　任意後見監督人が欠けた場合 *184*
  - キ　任意後見監督人の追加選任 *184*
- (8) 報　酬 …………………………………………………………………… *184*
  - ア　任意後見人の報酬 *184*
  - イ　任意後見監督人の報酬 *185*
- (9) 任意後見契約の解除 …………………………………………………… *185*
  - ア　任意後見契約の効力発生前の解除 *185*
  - イ　任意後見契約の効力発生後の解除 *186*
- (10) 任意後見契約の終了 …………………………………………………… *186*
- (11) 法定後見制度との関係 ………………………………………………… *186*
  - ア　任意後見制度優先の原則 *186*
    - ①　任意後見契約法10条の任意後見制度優先の原則 *187*

② 任意後見契約法4条1項2号の任意後見制度優先の原則　*187*

      イ　法定後見制度との相違と関係性　*188*

         ① 成年後見制度を利用する際の手続　*188*

         ② 居住用不動産の処分についての家庭裁判所の許可の要否　*189*

         ③ 後見制度支援信託・後見制度支援預金の利用検討案件となるか否か　*189*

         ④ 取消権　*189*

         ⑤ 監督人の設置　*190*

　3　任意後見と契約自由の原則 ……………………………………………… *192*
　4　信託の意思凍結機能 …………………………………………………… *193*
　(1)　①の理由についての検討 ……………………………………………… *194*
　(2)　②の理由についての検討 ……………………………………………… *196*
　5　民事信託では実現できないこと ………………………………………… *198*

第2章　死後の意思実現 ……………………………………………………… *200*

　1　遺言の基本的な仕組み ………………………………………………… *200*
　(1)　意　義 ………………………………………………………………… *200*
　(2)　遺言能力 ……………………………………………………………… *201*
　(3)　遺言の方式 …………………………………………………………… *201*

　　ア　自筆証書遺言　*201*

         ① 自　書　*202*

         ② 日　付　*203*

         ③ 氏　名　*203*

         ④ 押　印　*203*

         ⑤ 連綴に関する問題　*204*

         ⑥ 自筆証書遺言保管制度　*205*

      イ　公正証書遺言　*206*

         ① 証人の立会い　*206*

         ② 実際の公正証書遺言の作成の流れ　*207*

　　　　③　遺言者が口がきけない者・耳が聞こえない者である場合　*208*

　　　　④　口授の内容と程度　*208*

　　　　⑤　遺言検索システム　*208*

　　ウ　秘密証書遺言　*209*

(4)　共同遺言の禁止 ……………………………………………………………… *210*

(5)　検　　認 …………………………………………………………………………… *210*

(6)　遺言事項 ………………………………………………………………………… *213*

(7)　付言事項 ………………………………………………………………………… *214*

(8)　遺言の撤回 ……………………………………………………………………… *215*

　　ア　意　義　*215*

　　イ　撤回の方式　*215*

　　ウ　抵触の範囲　*216*

　　エ　撤回の撤回　*216*

(9)　遺言執行者 ……………………………………………………………………… *217*

　　ア　法的地位　*217*

　　イ　遺言執行者の指定・選任方法　*217*

　　ウ　職　務　*217*

　　エ　資　格　*218*

　　オ　復任権　*219*

　　カ　報　酬　*219*

(10)　遺言の内容と異なる遺産分割 ……………………………………………… *219*

2　財産の段階的給付―後継ぎ遺贈の議論から― ……………………………… *219*

(1)　後継ぎ遺贈の意義 …………………………………………………………… *219*

　　ア　残された家族の生活保障のケース　*220*

　　イ　家督相続を実現させるニーズの強いケース　*221*

　　ウ　離婚歴があり財産の承継先を確実に指定するニーズの強いケース　*221*

(2)　従来から存在する後継ぎ遺贈型の制度 ………………………………… *221*

　　ア　穂積重遠　*222*

イ　近藤英吉　*222*
　(3)　遺言で行うことの問題 ……………………………………………… *224*
　▼裁判例紹介5　最判昭和58年3月18日判タ496号80頁　*225*
　(4)　後継ぎ遺贈の定義の問題 ……………………………………………… *227*
　(5)　後継ぎ遺贈否定説の検討 ……………………………………………… *228*
　　　ア　遺留分侵害額請求について　*228*
　　　イ　長期的な財産処分の制約について　*229*
　　　ウ　相続秩序に反するという論拠について　*229*
　(6)　信託法上の後継ぎ遺贈の明文の規定の創設とその問題点 ……… *230*
　　　ア　受益者指定権・変更権（信託法89条）との関係　*231*
　　　イ　遺言代用信託（信託法90条）との関係　*231*
　　　ウ　残余財産受益者と帰属権利者との関係　*232*
　　　エ　遺留分侵害額請求との関係　*233*
　(7)　受益者連続型信託の課題 ……………………………………………… *235*
　(8)　飛越し遺贈 …………………………………………………………… *236*
　(9)　配偶者居住権 ………………………………………………………… *237*
　(10)　遺言と民事信託のどちらで行うかの判断基準 …………………… *238*
3　事務執行者の裁量権 …………………………………………………… *240*
　(1)　遺言執行者と受託者の裁量権 ……………………………………… *240*
　▼裁判例紹介6　最判平成5年1月19日民集47巻1号1頁　*242*
　(2)　遺贈する旨の遺言を「遺言による信託設定」と捉えることについて
　　　……………………………………………………………………………… *244*
4　遺言による財産の定期給付と信託による死後の定期給付 ………… *245*
　(1)　負担付遺贈による死後の財産の定期給付 ………………………… *245*
　(2)　受遺者の負担の限度 ………………………………………………… *245*
　(3)　受遺者が負担を履行しなかった場合（民法1027条）…………… *246*
　(4)　信託による死後の定期給付との比較 ……………………………… *247*
　　　ア　託された財産の範囲内での給付　*247*

イ　受益者の履行請求権　*248*

　　ウ　託された者が義務を履行しない場合　*249*

　5　定期給付型の遺贈と解した場合 ･････････････････････････････････････ *250*

　　(1)　遺言執行者による死後の財産の定期給付 ･････････････････････････ *250*

　　(2)　遺言執行者による定期給付型の遺贈と信託による死後の定期給付
　　　　 ･･･ *250*

　6　死後事務の委任契約 ･･･ *254*

　　(1)　意　義 ･･･ *254*

　　(2)　死後事務の委任契約の活用場面 ･････････････････････････････････ *254*

　　(3)　民法653条1号との関係 ･･･ *256*

　　▼裁判例紹介7　最判平成4年9月22日金法1358号55頁　*257*

　　(4)　法典調査会の審議 ･･･ *258*

　　(5)　現行民法653条の解釈と民法651条の関係 ･･･････････････････････ *260*

　　(6)　民法651条 ･･･ *261*

　　▼裁判例紹介8　東京高判平成21年12月21日判時2073号32頁　*263*

　　(7)　死後事務の委任契約と遺言との関係 ･････････････････････････････ *265*

　　(8)　死後事務の費用 ･･･ *266*

　　▼裁判例紹介9　高松高判平成22年8月30日判時2106号52頁　*267*

　　(9)　財産の定期給付の実現の可否 ･･･････････････････････････････････ *269*

第3章　まとめ　本人の意思実現に向けた制度間の連携と今後の展望

　　 ･･･ *271*

　1　意思能力の低下ないし喪失後の意思実現について ･････････････････････ *271*

　　(1)　任意後見による意思実現 ･･･ *272*

　　(2)　民事信託による意思実現 ･･･ *273*

　2　死後の意思実現について ･･ *273*

　　(1)　死後の財産の段階的給付 ･･･ *274*

　　(2)　死後の財産の定期給付 ･･･ *275*

　　ア　死後事務の委任契約　*275*

イ　遺言による定期給付と信託による定期給付　*278*
　3　残された課題と今後の展望 ……………………………………………… *278*

〈参考文献リスト〉　*281*

巻末資料

巻末資料1　信託法施行規則（平成19年法務省令第41号）……………… *291*
巻末資料2　信託計算規則（平成19年法務省令第42号）…………………… *311*
巻末資料3　民事信託契約公正証書例 ………………………………………… *324*
巻末資料4　信託目録例について …………………………………………… *330*
　　(1)　一般的な信託目録例 ……………………………………………… *330*
　　(2)　設定行為を公正証書で作成した場合に可能な信託目録例 …… *333*
巻末資料5　遺言例 …………………………………………………………… *336*
巻末資料6　自己信託設定証書例 …………………………………………… *343*
巻末資料7　限定責任信託について ………………………………………… *345*
　　(1)　限定責任信託設定契約書例 ……………………………………… *345*
　　(2)　申請書例 …………………………………………………………… *349*
　　(3)　登記事項証明書例 ………………………………………………… *350*
　　(4)　印鑑届出 …………………………………………………………… *352*
　　(5)　印鑑カード交付申請書 …………………………………………… *353*
巻末資料8　登記事項証明書【通常の1対1の場合、及び受任者複数の
　　　　　　個別代理の場合】 ……………………………………………… *354*
巻末資料9　登記事項証明書【共同代理の場合】 ………………………… *357*
巻末資料10　登記事項証明書中の同意を要する旨の特約目録 …………… *361*
巻末資料11　任意後見契約公正証書（将来型）…………………………… *362*
巻末資料12　任意後見契約公正証書（即効型）…………………………… *367*
巻末資料13　委任契約及び任意後見契約公正証書（移行型）…………… *368*
巻末資料14　任意後見監督人選任申立書について ………………………… *376*

xvii

(1)　任意後見監督人選任申立書（名古屋家庭裁判所ＨＰより）…… *376*
　　　(2)　申立事情説明書 ……………………………………………………… *379*
　　　(3)　親族関係図 ………………………………………………………… *384*
　　　(4)　任意後見受任者事情説明書 ……………………………………… *385*
　　　(5)　財産目録 …………………………………………………………… *389*
　　　(6)　相続財産目録 ……………………………………………………… *392*
　　　(7)　収支予定表 ………………………………………………………… *395*
巻末資料15　登記事項証明書 ………………………………………………… *397*
巻末資料16　自筆証書遺言書例 ……………………………………………… *399*
巻末資料17　自筆証書遺言の保管申請書例（法務省ＨＰより）………… *400*
巻末資料18　公正証書遺言書例 ……………………………………………… *410*
巻末資料19　検認申立書例（東京家庭裁判所ＨＰより）………………… *412*
巻末資料20　遺言執行者選任申立書例（東京家庭裁判所ＨＰより）…… *415*

第1部
民事信託の仕組み

　第1部では、民事信託の仕組みについて、信託法の規定に基づいて解説します。
　信託を活用した資産承継、相続対策、事業承継のスキームを構築するには、信託設定後に当該信託がどのように運営されていくかということをイメージする必要があります。また、設定後に当該信託の運営に携わる場合も、実務家にあってはこれらの知識を駆使して信託の当事者をサポートすることになります。

序　章

1　信託制度の起源

　日本は、英米法の信託の仕組みを導入したのですが、信託が発祥したとされるイングランドの信託制度は、民事信託を中心に発展してきたのです。通説によると、11世紀から13世紀のイングランドにおいて、ユース（「～のために」という意味のラテン語の「ad opus」が訛って「use」になったといわれています。）という慣習法として成立した制度が信託制度の起源であるとされます。①十字軍、百年戦争等の海外出征の際、騎士が、自分の家族のために、自らの信頼する友人等に土地の管理を委ね、その友人等は、その土地を管理して、収益をその家族に給付し、騎士が無事に帰還したときには、土地を騎士に返還するというもの、②当時のイングランドにあった封建社会においては、相続について様々な制約（相続人は、財産管理権を有する男子に限定されており、土地の保有者の相続人が女子のみである場合は、相続人がいないこととなり、土地は領主に復帰するとされていました。）や負担（臣下が死亡して相続が発生するだけで領主は、相続料（relief）を要求することができ、その相続人が未成年者の場合、領主は、後見権（wardship）に

基づいて相続財産である領地を相続人が成人するまで、その土地からの収益を要求して自分の利益のために用いることが認められていました。）があり、それらを回避するために、封土を第三者（譲受人）に譲渡し、その譲渡に際して、譲受人は、譲渡人の生存中は譲渡人のために、譲渡人が死亡した後は、遺言によって指定する者のために、その土地を保持すべきことを約するというもの等が、信託の起源だといわれています。

このようにイングランドの信託は、家族にスムーズに財産を承継させるために自然発生的に生まれた制度といえます。英米では、このような家族間信託（Family Trust）の利用が普及しています。

2　日本における近代的信託の導入と発展

日本における信託は、明治の中期以降、アメリカから近代的信託制度が導入され、明治38年に担保附社債信託法（明治38年法律52号。平成17年法律87号により「担保付社債信託法」に題名改正）が制定された後、大正初期の経済発展の流れに支えられて、営業信託が発展しました。しかし、当時「信託」の明確な定義がなかったため、信託の名の下に、不動産仲介、高利貸、投資、訴訟代行等の様々な事業が行われていました（信託概念の濫用）。また、それらの信託事業を現在の信託銀行や信託受託会社に比べて、資力、信用力に乏しく、経営も不健全な中小の企業又は個人の信託業者が行っており、社会問題化している状況でした（信託業界の混乱）。

そこで、このような不健全な信託業者を取り締まり、監督するだけでなく、その前提として、規制の対象とすべき信託の概念や民事的な法律関係を明確にするために、大正11年4月21日に旧信託法（大正11年法律62号）及び信託業法（大正11年法律65号）が同時に公布され、翌年1月1日に施行されました。旧信託法及び信託業法は、信託の発展の促進を目的とするものではなく、

当時社会問題化していた雑多な信託業者を取り締まることが目的であったため、私法規定であったにもかかわらず、信託当事者の私的自治を著しく制限するものでした。

　また、現在、信託銀行等の金融機関が多く信託の受託者となっているのは、昭和18年に立法された「普通銀行等ノ貯蓄銀行業務又ハ信託業務ノ兼営等ニ関スル法律」(昭和18年法律43号。平成4年6月26日法律87号により「金融機関ノ信託業務ノ兼営等ニ関スル法律」に題名改正、平成18年12月15日法律109号により「金融機関の信託業務の兼営等に関する法律」に題名改正。以下、これらを「兼営法」といいます。)によって、それまでに存在した経営基盤の脆弱な信託会社が銀行に合併されていったことによります。昭和23年頃から平成16年に改正された信託業法(平成16年法律154号)に基づいて最初に専業の信託会社が免許を受けた平成17年5月まで、兼営法により信託業を兼営することの許可を受けた金融機関のみが信託業を営んできました。

　このような背景から、我が国においては、信託の受託者は、信託銀行等の金融機関を中心に信託業の免許を取得した限られた事業者であり、信託はそれらの者が営業目的で引き受ける信託(商事信託)であるというイメージを色濃く残すことになったのです。

　そのような状況の中、平成18年に信託法が改正され、個人間の資産承継や財産管理、事業承継の対策に信託を取り入れようとする動きが盛んになり、委託者の親族、友人、知人等の信託業を営むものでない者が信託を引き受ける信託(民事信託)が普及し、実務において活用されています。

3　資産承継・事業承継の場面における民事信託の活用

　人は、自己の死後や意思能力の低下ないし喪失に備えて、どのような法的手段によって、どの範囲まで、自らの財産の帰属について決定することがで

きるのか、さらに、死後や意思能力の低下ないし喪失後の事務処理はどのように行われるのか、ということについて正確に理解することはとても難しいことだと思われます。

　本来、死後の場面おいては相続法理、意思能力の低下ないし喪失後の場面では後見法理の領域とされているため、この２つの場面は、これまで必ずしもセットにして論じられてきたわけではありませんが、本人が自由に意思を表明できないという意味では、共通しています。

　我が国が、超高齢社会となり、平均余命が伸びるにつれて、認知症や不慮の事故等により、意思能力が低下した後で亡くなるケースが増えています。資産承継や事業承継の実務においても、最早、死後のスキームを構築するだけでは、問題の根本的な解決を図ることはできず、本人が意思能力の低下ないし喪失したときから死後を含む一貫したスキームを構築することが不可欠の時代となっています。

　そこで、死後の場面と意思能力の低下ないし喪失の場面の両方を適用領域とする民事信託の活用が検討されることになります。民事信託によれば、信託設定後に委託者の意思能力が低下ないし喪失したり、委託者が死亡したりしたとしても、設定当初の信託の内容がそのまま維持されます。民事信託は、意思能力の低下ないし喪失状態における意思実現の場面と本人の死後の意思実現の場面をつなげる架け橋となり得る法的手段です。

　平成18年に信託法が改正されてから、民事信託を個人の資産承継や財産管理、事業承継の対策に取り入れようとする動きが活発になりました。もちろん、民事信託のみで対策を構築し、問題解決に至ることも少なくないのですが、遺言や任意後見等の法制度と連携させて活用することで、より多様な対策を立てることができるようになっています。

第1章　民事信託の意義と適用領域

1　意　義

　信託法において、信託とは、①信託契約、②遺言、③信託宣言による方法のいずれかにより、受託者が特定の者が一定の目的（専らその者の利益を図る目的を除く。）に従い財産の管理又は処分及びその他の当該目的の達成のために必要な行為をすべきものとすることをいうと規定されています（信託法2条1項、3条各号）。これは、目的信託、公益信託、商事信託も含めた上で、信託を定義づけたものです。そのため、民事信託を中心に信託をイメージするときは、信託とは、ある人（委託者）が、自己の有する一定の財産（信託財産）を、信頼できる人（受託者）に託して名義を移し、受託者は、その財産を一定の目的に従って、管理・活用・処分し、信託財産のそのもの又は信託財産から生み出された収益を特定の人（受益者）に給付し、あるいは財産そのものを引渡し、その目的を達成する制度と理解する方がより信託の仕組みをイメージしやすくなるのではないでしょうか。

　民事信託は、信託のうち、信託業を営む者でない、家族・親族等が受託者となる信託のことを指します。この民事信託により、遺言のように遺産の承

継を行うことや、任意後見のように意思能力が低下ないし喪失したときの財産管理等も行うことができます。

　民事信託の適用領域の面では、委託者が信託の設定時に十分な意思能力を有していれば、意思能力が低下ないし喪失する前から効力を生じさせることができるのはもちろん、委託者の意思能力が低下ないし喪失した後や、委託者が死亡した場合も、定めれば信託の効力を維持することができます。

2　適用領域

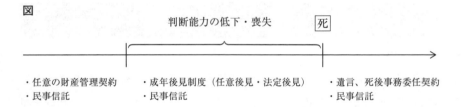

　資産承継の場面においては、自分の意思能力が低下ないし喪失して、法律行為を自身で有効に行うことができなくなるということがあり得るという問題に対応する方策として任意後見を活用すること、また、自分の死亡後に推定相続人間での紛争を予防し、自分の財産についての最終の意思表示を実現するための方策として遺言を活用することになります。このほか、民事信託によって、委託者が信託を設定した後で、意思能力が低下ないし喪失したといった問題や死亡の前後という時期にかかわらず、財産の管理ないし承継を柔軟に行うことが可能となります。

　遺言は、遺言者の死後に効力を生じる制度であり、任意後見は、本人の判断能力が低下・喪失して初めて効力を生じる制度です。一方、民事信託は効力を生じるタイミングやその終了時点を自由に決めることができる制度です。

　したがって、図のとおり、本人の生前においては、任意後見と民事信託、

本人の死後においては、遺言と民事信託が、ともに適用することができるということになります。

　図のように1つの適用領域について、複数の法制度の適用が認められることから、個別具体的な案件においては、各制度をどのように使い分け、連携させるかということが非常に大きなポイントとなります。

第2章　信託の成立

1　民事信託の設定方法と効力の発生

　民事信託は、①委託者と受託者間の契約による方法（信託法3条1号）、②遺言による方法（同条2号）、③信託宣言による方法（同条3号）により設定することができます（③の信託宣言による方法とは、公正証書等によって、委託者と受託者が同一人物（委託者兼受託者）の信託を設定することをいい、「自己信託」と呼ばれます。）。これら①から③の信託という法律関係を成立させる行為は、「信託行為」と呼ばれます。

(1)　信託契約

ア　意　義

　　　信託契約による信託設定は、委託者となるべき者が受託者となるべき者との間で、当該受託者となるべき者に対し、財産の譲渡、担保権の設定その他の財産の処分をする旨並びに当該受託者となるべき者が一定の目的（専らその者の利益を図る目的を除く。）に従い財産の管理又は処分及びその他の当該目的の達成のために必要な行為をすべき旨の契約を締結することによって行い（信託法3条1号）、その効力

は、当該信託契約の締結によって生じます（信託法4条1項）。ただし、信託契約に停止条件又は始期が付されているときは、当該停止条件の成就又は当該始期の到来によってその効力を生じることになります（同条4項）。

イ　方式自由の原則

　信託契約は、特別な法律上の方式や書式等による必要はありませんので、口頭による合意によっても民事信託は成立します（方式自由の原則）。しかし、実務上は、後日の紛争予防の観点から、信託契約を書面により作成することが一般的です（民事信託契約書例は、巻末資料3を参照。）。

　必ずしも公正証書で作成しなければならないものではありませんが、民事信託の実務上は、公正証書によることが望ましいです。

　民事信託は、公正証書での作成が必要である任意後見契約よりも内容の自由度が高く、仕組みを構築し、アウトプットすることがとても難しいものです。そのため、契約が法律上の要件を満たしているか、妥当な内容か、という判断も含め、公証人の意見を参考にしながら契約書を作成した方がより確実です。

　また、現金が信託財産となっている場合、信託が成立した後で、受託者が金融機関で信託口座を開設することもあります（すべての金融機関で開設できるわけではありません。）。実務上、金融機関は、公正証書で作成していない民事信託契約書では、信託口座の開設に消極的です。現金を信託財産とするのであれば、信託の効力発生後の信託口座の開設に備えて、公正証書で民事信託契約書を作成し、締結する前の段階から金融機関とも打ち合わせをする必要があります。

　さらに、信託財産に不動産を含む場合、不動産登記記録中の信託目録と委託者・受託者・受益者等のプライバシー侵害の問題がありますが、公証証書により信託行為を作成することで、それを保護すること

ができます（詳しくは巻末資料4を参照。）。

　ウ　諾成契約

　　平成18年改正前の信託法においては、信託契約は、信託財産の実質的移転によって成立し、効力が生じる要物契約であるとの見解が有力でしたが、この見解によると委託者から受託者に信託財産の処分があるまでは、民事信託の効力が発生しないため、受託者の義務も発生せず、また受益者の利益が害されるおそれがあります。そこで、改正後の現行信託法においては、信託契約は諾成契約であることが明示的に規定されました（しかし、信託契約が諾成契約であるとしても、受託者の負う信託財産の分別管理義務（信託法34条）、その管理・運用に関する善管注意義務（同法29条2項）、信託財産に係る帳簿作成義務（同法37条1項）等については、実際に委託者から受託者に信託財産の処分がされない限り、適用されないものと考えられています。）。また、信託契約の効力発生時期とは別に、委託者から受託者への信託財産の権利移転時期については、解釈に委ねることとされているようです（遺言による信託設定においても同様です。）。

　エ　遺言代用信託

　　信託は、遺言によって設定することもできますが、この場合は遺言者の死亡によりその効力を生じます。

　　また、契約によって信託を設定した場合でも、それを①委託者の死亡の時に受益者となるべき者として指定された者が受益権を取得する旨の定めのある信託（信託法90条1項1号）、②委託者の死亡の時以後に受益者が信託財産に係る給付を受ける旨の定めのある信託（信託法90条1項2号）[1]とすることで、実質的には、遺言のように、委託者の死亡後の財産分配を達成することが可能となります。これを遺言代用信託といいます。

　　もちろん、契約により設定した信託の効力は、原則的にその契約締

結時に生じるので、その契約書において、必ずしも別段の定めとして「委託者の死亡」を効力の発生条件にしなければならないわけではありません。実務上は、委託者の生前に効力を発生させる内容の信託との組み合わせで、例えば、委託者が生きているうちは、自己を受益者として、信託財産から給付を受けることにして、委託者の死亡後は、その妻や子等が、受益者として信託財産から給付を受けるという、受益者の地位をリレーするような形で利用されることも多いです。

なお、委託者が、「私の全財産は、○○に相続させる。」という遺言を作成したとしても、信託財産にそれぞれの効果が重複して及ぶことはありません。信託を設定した以上、信託財産は、本人の死亡後は、信託行為の定めに従って受託者に管理・処分されることになります。

(2) 遺 言

ア 意 義

遺言による信託設定は、受託者となるべき者に対し、財産の譲渡、担保権の設定その他の財産の処分をする旨並びに当該受託者となるべき者が一定の目的（専らその者の利益を図る目的を除く。）に従い財産の管理又は処分及びその他の当該目的の達成のために必要な行為をすべき旨の遺言をすることによって行い（信託法3条2号）、その効力は、当該遺言の効力の発生によって生じます（信託法4条2項）

---

1 ②の受益者は、信託行為に別段の定めがあるときを除き、委託者が死亡するまでは、受益者としての権利を有しません（信託法90条2項）。

受益権の取得について規定する信託法88条の規定によると、受益者となるべき者として指定された者は、受益の意思表示を要せず、当然に受益権を取得することになるため、②の場合も受益者として指定された者は、委託者による信託設定の効力発生時から（委託者の生存中から）、当然に受益権を取得し、受益者変更権等が行使されない限り、受益権を有し続けることになりそうです。しかし、仮にそうだとすると、委託者が信託を変更したり、終了したりしようとする場合に、当該受益者の同意を得なければならないことになり（信託法149条、164条参照）、委託者の意思に沿わないこともあり得るため、原則的に、②の受益者は、委託者が死亡するまでは、受益者としての権利を有さないものとされています。

(遺言例は、巻末資料5のとおりです。)。ただし、遺言に停止条件又は始期が付されているときは、当該停止条件の成就又は当該始期の到来によってその効力を生じることになります（同条4項）。

イ　要式行為

　遺言による信託設定には、民法の遺留分に関する規定をはじめとして、遺贈に関する規定が類推適用され、遺言の方式（民法960条以下）及び効力についても民法の規定が適用されると解されています。

　遺言の方式には、普通方式として、自筆証書遺言（民法968条）、公正証書遺言（民法969条）、秘密証書遺言（民法970条）、特別方式として、一般危急時遺言（民法976条）、難船危急時遺言（民法979条）、伝染病隔離者遺言（民法977条）、在船者遺言（民法978条）がありますが、そのいずれの方式によっても民事信託を設定することができます。

　信託行為としての遺言は、必ずしも公正証書遺言として作成しなければならないものではありませんが、民事信託の実務上は、公正証書遺言によることが望ましいです。民事信託は内容の自由度が高く、仕組みを構築し、それを書面にアウトプットすることがとても難しいものです。遺言が法律上の要件を満たしているか、妥当な内容かという判断も含め、公証人の意見を参考にしながら遺言を作成した方がより確実です。

　また、現金が信託財産となっている場合、信託が成立した後で、受託者が金融機関で信託口座を開設することもあります（すべての金融機関で開設できるわけではありません。）。実務上、金融機関は、公正証書遺言でない遺言については、信託口座の開設に消極的です。現金を信託財産とするのであれば、信託の効力発生後の信託口座の開設に備えて、公正証書遺言で信託設定をすることとし、締結する前の段階から金融機関とも打ち合わせをする必要があります。

　さらに、信託財産に不動産を含む場合、不動産登記記録中の信託目

録と委託者・受託者・受益者等のプライバシー侵害の問題がありますが、公証証書により信託行為を作成することで、それを保護することができます（詳しくは巻末資料4を参照。）。

ウ　受託者の指定

　遺言による信託設定は、遺言者（委託者）の単独行為によるものなので、契約による信託設定とは異なり、遺言者（委託者）の単独の意思表示で民事信託を設定することができますが、実務上は、遺言者は受託者と打ち合わせを行い、就任の承諾を得た上で作成をすることが望まれます。

　遺言によって受託者として指定された者が、実際に信託を引き受けるか否かは、その者が自由に決めることができるため、事前の打ち合わせがなく、遺言者の死亡によって、受益者ないし遺言執行者が、突如その者に受託者への就任をお願いしても、その者は受託者への就任を断ることができてしまいます。また、受託者として指定された者が、信託を引き受けるか否かが決まらないまま期間が経過するとなると、信託財産の帰属先や信託財産について管理処分権を有する者が確定しない状態が続き、遺言者が生前に望んだ財産の管理や給付が実現できないことにもなりかねませんし、民事信託により利益を享受する受益者等の地位が極めて不安定な状態に置かれてしまいます。

　そこで、遺言による信託設定において、受託者となるべき者を指定する定めがあるときは、遺言者の相続人、遺言執行者、遺言による信託において受益者となるべき者として指定された者等、遺言による信託の設定について法律上の利害関係を有する者（以下、本項において「利害関係人」といいます。）は、受託者となるべき者として指定された者に対し、相当の期間を定めて、その期間内に信託の引受けをするかどうかを確答すべき旨を催告することができます（信託法5条1項本文。ただし、当該定めに停止条件又は始期が付されているときは、

当該停止条件が成就し、又は当該始期が到来した後に限ります（同項但書）。）。催告の方法には、特段の制限がないので、口頭を含む適宜の方法よってなされれば足ります。その催告があった場合において、受託者となるべき者として指定された者は、当該期間内に委託者の相続人（委託者の相続人が現に存在しない場合は、受益者（複数の受益者が現に存在する場合にあってはその1人、信託管理人が現に存在する場合にあっては信託管理人）（同条3項））に対し確答をしないときは、信託の引受けをしなかったものとみなされます（同条2項）。利害関係人が複数いる場合には、各利害関係人から異なる期間を定めて催告がなされることがあり得ますが、その場合は、各期間のうち、最も早く終期が到来した時点において、受託者となるべき者として指定された者が、確答をしないときにその者が信託の引受けをしなかったものとみなされます（同条2項）。なお、この利害関係人による催告権のうち、受益者の催告権は信託行為の定めにより制限することができないものとされています（信託法92条2号）。

また、遺言による信託において、当該遺言に受託者の指定に関する定めがないとき、又は受託者となるべき者として指定された者が信託の引受けをせず、もしくは引受けをすることができないときは、裁判所は、利害関係人の申立てにより、受託者を選任することができます（信託法6条1項）。この申立てについての受託者の選任の裁判には、理由を付さなければならず（同条2項）、その裁判について受益者又は既に存在する受託者に限り、即時抗告をすることができます（同条3項。この即時抗告は、執行停止の効力を有します（同条4項）。）。なお、この利害関係人による受託者の選任についての申立権のうち、受益者の申立権は信託行為の定めにより制限することができないものとされています（信託法92条1号）。

エ　遺言執行者の指定

遺言による信託設定は、法定相続分とは異なる財産の承継を実現させようとするものですので、委託者の相続人とは利益相反の関係になることが一般的です。委託者の相続人が民事信託関係の現実的な始動について協力することを期待することは難しいため、遺言により信託設定をする場合は、その遺言によって遺言執行者の指定をすることが望ましいといえます。

(3) **自己信託**

ア　意　義

自己信託とは、信託行為（信託宣言）によって、委託者が、受託者として自己の財産を受益者のために管理・処分する信託のことをいいます。契約や遺言による信託設定とは異なり、委託者と受託者が同一人物なので、客観的には信託財産の所有権が移転したようにはみえませんが、自己信託を設定することで、信託財産の実質的な所有者は、委託者としての個人の資産から、受託者として管理・処分すべき信託財産に置き換わります。

イ　要式行為

自己信託においては、委託者の債権者が、委託者個人の財産に強制執行しようとしても、委託者から「以前から自己信託を設定しているから」として執行を免れることができてしまうと、執行逃れのための自己信託の設定が乱発され多くの債権者が保護されず、社会が混乱しかねません。

そのため、自己信託による信託設定については、契約や遺言による信託設定に比べて厳格な要式性が要求されています。具体的には、自己信託による信託設定は、特定の者が一定の目的に従い自己の有する一定の財産の管理又は処分及びその他の当該目的の達成のために必要な行為を自らすべき旨の意思表示を①公正証書又は公証人の認証を受けた書面もしくは電磁的記録（以下、「公正証書等」といいます。）、

又は②受益者となるべき者として指定された第三者（当該第三者が複数ある場合にあっては、その1人）に対する確定日付のある証書（「確定日付のある証書」とは、民法施行法5条に列挙されているものであり、具体的には、内容証明郵便等のことをいいます。）の書面又は電磁的記録で当該目的、当該財産の特定に必要な事項その他の信託法施行規則3条で定める事項（(i)信託の目的、(ii)信託をする財産を特定するために必要な事項、(iii)自己信託をする者の氏名又は名称及び住所、(iv)受益者の定め（受益者を定める方法の定めを含む。）、(v)信託財産に属する財産の管理又は処分の方法、(vi)信託行為に条件又は期限を付すときは、条件又は期限に関する定め、(vii)信託法第163条9号の事由（当該事由を定めない場合にあっては、その旨）、(viii)(i)から(vii)のほか、信託の条項）を記載し又は記録したものによって行うものとされています（信託法3条3号）。その効力は、自己信託が①の公正証書等によって信託設定がされた場合は、当該公正証書等の作成によって生じ（同法4条3項1号）、②の証書によって信託設定がなされた場合は、受益者となるべき者として指定された第三者（当該第三者が複数ある場合にあっては、その1人）に対する確定日付のある証書による当該信託がされた旨及びその内容の通知の時に生じるものとされています（信託法4条3項2号。②の証書は、①の公正証書等に比べて証明力が弱いため、それにより自己信託を設定した場合は、委託者、受託者及び受益者が同一人である自己信託を設定することはできません。）（公正証書による自己信託設定書例は、巻末資料6のとおりです。）。ただし、自己信託に停止条件又は始期が付されているときは、当該停止条件の成就又は当該始期の到来によってその効力を生じることになります（同条4項）。

ウ　相手方のある単独行為か相手方のない単独行為か

　自己信託については、委託者における信託設定行為の相手方は、受

託者でもある委託者自身であるという点に着目して相手方のない単独行為に準ずるものであるとする考え方と、実質的には、委託者における信託設定行為の相手方は、信託財産から利益を享受する受益者であるという点に着目して相手方のある単独行為に準ずるものであるとする考え方があります。しかし、どちらの考え方によっても、受益者は自己の意思に反して義務を負わされることがないため、委託者の単独行為によって自己信託を設定することに問題はありません。

> **コラム** **確定日付**
>
> 　確定日付とは、変更のできない確定した日付のことで、その日にその証書（文書）が存在していたことを証明するものです。確定日付の付与は、法務局又は公証役場において文書に確定日付印が押捺されることで、その文書の押捺の日付が確定されます。確定日付の付与は、文書の成立や内容の真実性については何ら公証するものではありません。

2　信託事項

　信託行為にてどのような事項を定めるべきかということについて、契約や遺言により信託設定する場合については、明文の規定があるわけではありません。一方、自己信託により信託設定する場合については、信託法施行規則3条で、公正証書等に①信託の目的、②信託をする財産を特定するために必要な事項、③自己信託をする者の氏名又は名称及び住所、④受益者の定め（受益者を定める方法の定めを含む。）、⑤信託財産に属する財産の管理又は処分の方法、⑥信託行為に条件又は期限を付すときは、条件又は期限に関する定め、⑦信託法第163条9号の事由（当該事由を定めない場合にあっては、その旨）、⑧①から⑦のほか、信託の条項を記載すべき旨が法定されていま

す。

　実務上、契約や遺言による信託設定の場合は、自己信託による信託設定の場合の同規則3条を類推して、①信託の目的、②信託財産の内容、③信託期間及び信託の終了事由、④委託者・受託者・受益者に関する事項、⑤受益権の内容、⑥信託管理人・信託監督人・受益者代理人に関する事項、⑦信託財産の管理運用上必要な事項、⑧残余財産帰属者（残余財産受益者を含む。）に関する事項、⑨信託の変更に関する事項、⑩清算に関する事項、⑪受託者、信託管理人、信託監督人及び受益者代理人等の報酬に関する事項等を定めることになります。

3　信託の目的

(1)　意　義

　信託の目的とは、受託者に何をしてもらうかということの基準を意味します。信託の定義についての規定である信託法2条1項は、「この法律において「信託」とは、次条各号に掲げる方法のいずれかにより、特定の者が一定の目的（専らその者の利益を図る目的を除く。同条において同じ。）に従い財産の管理又は処分及びその他の当該目的の達成のために必要な行為をすべきものとすることをいう。」としており、信託においては、「一定の目的」、すなわち、信託の目的が定められている必要があることを明示的に定めています。そのため、信託の目的のない信託は、信託法上の信託の要件を満たさず、無効とされます[2]。また、同項

---

[2] 受働信託のように、受託者が、委託者又は受益者の指図に従って財産の管理処分等をし、自らの意思で積極的に財産の管理処分等をしない信託や、資産流動化のための信託のように、信託の倒産隔離機能を目的とした信託であっても、それが信託を仮装した通謀虚偽表示であると認められるような場合でない限り、有効な信託とされます。

により、この信託の目的は、受託者が「財産の管理又は処分及びその他の当該目的の達成のために必要な行為」をするときに従う基準となるものであることがわかります。

　信託法2条1項は、信託の目的について、「一定の目的（専らその者の利益を図る目的を除く。…）」とし、目的が、専ら受託者自身の利益を図るものであってはならないことを明示しています。受託者は、受益者のため忠実に信託事務の処理その他の行為をしなければならず（信託法30条）、信託の目的がこのように規定されていることから、信託財産の独立性が基礎づけられているといえます（受託者が信託に関連して利益を享受できるのは、①受益者となる場合（同法8条）、②信託報酬を受ける場合（同法54条）に限られます。）。また、信託法2条1項により、「専らその者の利益を図る目的を除く。」とされているのは、受託者も共同受益者の1人として、又は単独受益者として信託の利益を享受することができるものの、受託者が単独受益者として信託法163条2号の規定する1年間という期間を超えて永続的に受託者の利益を図ることを目的として財産の管理処分等を行うことは、受託者が受益者のために、信託財産の管理処分等を行うという信託の本質に反することになるためです（受託者が単独受益者となる状態がいったん生じたとしても、その後に、受益権の一部の譲渡や受託者の交代により、受託者が単独受益者である状態が解消されることもあり得るため、受託者を設定当初から単独受益者とする信託行為をすることや、信託の設定後に受託者がすべての受益権を取得することも有効と考えられています。）。

　信託の目的は、その信託によって達成しようとしていることに応じて適切に定めればよく、より多様な定め方をすることができます。また、受託者の裁量権との関係では、信託の目的の定め方として、受託者に裁量権を広く認めようとする場合は、ある程度の方向性を示す概括的な定めで足りますし、逆に裁量権を狭めて、委託者が信託設定時に持つ意図

に忠実に受託者に職務を遂行してもらおうとする場合は、詳細に定めることになります。

(2) 定め方の注意点

　信託の目的は、委託者が自由に定めればよいのですが、当然のことながら、信託の内容については、この信託の目的と矛盾しないよう留意する必要があります。また、相反する2つの目的等、同時に達成できない複数の目的を達成すると、受託者は何もできなくなるのでそのような定め方はできないということになります。複数の目的を設定する場合には、目的ごとに順位をつける等の配慮が必要ということになります。民事信託は、様々なニーズに対応するための手段であるという認識をもつことが重要ですので、信託の目的には、どのようなニーズに対応するものであるかということも書き込む必要があります。

　また、前記の①「専ら受託者の利益を図るもの」の他に、②公序良俗に反するもの（民法90条）、③法令によりある財産権を享有することが禁止されている者を信託の受託者とすることにより、事実上その財産権を享有するのと同一の利益を得させるもの（信託法9条。法令によりある財産権を享受することが禁止されている者について、当該財産権を信託財産とする信託の受益者になることが禁止されるかの判断は、当該法令の趣旨、信託の目的、受益権の内容を総合的に考慮してなされます。）、④受託者に訴訟行為をさせることを主たる目的として設定されるもの（信託法10条）[3]は、信託の目的とすることができません。

---

[3] 訴訟行為をさせることを主たる目的として設定された信託であることの判断は、信託行為の時点を基準として、当該信託が設定された経緯、信託行為の内容、受託者の職業、委託者と受託者との関係、受託者が得る対価の有無、受託者が信託設定から訴訟行為をするまでの期間等を総合的に考慮してなされ、信託が本条に違反するものとされるときは、受託者は、当該信託の設定当初から無権利者であったことになるので、当該受託者による訴訟は、請求棄却されることになります。

4 信認関係

「信託＝契約」かという点について、日本の信託設定は、そのほとんどが契約によるものであったため、学説としても歴史的に「信託は契約の一種」であるという考え方がなされてきたようですが、「信託が契約で設定できること」と、「信託が契約であること」は異なります。

英米の契約法下においては、契約法は、将来の交換取引を保護する機能を果たすものとして存在し、その交換取引の存在を裏付けるために約因（契約当事者間に譲歩を基礎づける何らかの経済的対価）が必要とされますが、信託は約因がなくても発生するものとされているため、契約に分類されず、契約とは別個の財産法に属するものと位置づけられています[4]。

それではどのようなものを信託関係というかというと、医師・患者関係、弁護士・依頼人関係、後見人・被後見人関係、元請業者・下請業者関係等、当事者の一方が専門家、他方は非専門家であり、相手方に頼らなければならず、しかも、相手方に重要なもの（ex.患者の場合は、自らの生命・身体を託さなければならないような関係、また、依頼人の場合は、刑事事件で死刑になる可能性や民事事件で主観的に相当の価値のある対象等）を託さなければならないような関係、すなわち、当事者が対等でないという関係から出発する様々な場面がそれにあたるとされています。

このように、英米法諸国では、日本において委任契約や準委任契約の下に包括的に処理されている事務においても、人に「任す事務」・「任された事務」を各当事者の自己責任とするのではなく、相手に安心して依存できることを認めてくれる法的措置として、信託的な関係を捉えています。そのような信託的な関係を「信認関係」といい、信じて託された相手方、すなわち信託法にいう受託者には、広範な「信認義務」が発生し、自己の利益追求が原

---

4 樋口・アメリカ契約法82頁。

則として禁止されるのです[5]。

信認関係の特色は、①「受認者及び受益者が信認関係を結ぶか否かについては、選択の自由がある」、②「信認関係の内容についても、一定の選択の自由がある」、③「信認関係においては、受認者が裁量権を有し、自らが信認違反をしない限り、原則として受益者には何ら発言権がない」、④「契約関係にあっては、自分の利益は自分で守らなければならないのに対し、信認関係においては、受認者は受益者の利益を図らなければならない義務を負う。それどころか、自らの利益を図ってはならない。受益者は、受認者が、自分のためだけを考えて働いてくれることを当てにして良い」という4点であるといわれています[6]。

そこで、その立場を前提にして、契約関係と信認関係の相違を検討するに、まず、①及び②については、契約関係の創出と共通しますが、③については、信認関係における受認者のように、権力あるいは権限を当事者の一方だけが有している状態が生じるのは、契約関係における当事者の対等な関係とは異なるといえます。また、④については、契約関係にあっては、自分の利益は自分で守らなければならないのに対し、信認関係においては、受認者は受益者の利益を図らなければならない義務を負うだけでなく、自らの利益を図ってはなりません。受益者は、受認者が、自分のためだけを考えて働いてくれることをあてにしてよく、受益者が安心して依存できる状態に置かれる点が、契約関係とまったく異なる点であるといえます[7]。

したがって、③及び④が、契約関係と信認関係を分ける基準であるといえ、委託者と受益者・受託者間の信託関係についての最も重要な要素であるといえます。一度設定した信託が、委託者の意思能力の喪失や死亡によってもその効力を維持することができる理由として、「受益者の利益保護」を基準に

---

5 樋口・信認23頁。
6 樋口・信認38-39頁参照。
7 樋口・信認38-39頁参照。

考えるべきであるという立場がありますが、この信認義務を前提とした信託関係の成立についてはそれと親和的であるように思えます。

5　擬制信託

　信託は、財産の管理等の事務をある人に委託するという面があるため、その設定は、委任や会社の設立と類似します。例えば、信託制度と法人制度はいずれも、財産の拠出者である（信託では）委託者、（法人では）出資者が自らが有する財産を自らの有するその他の財産から切り離した上で、これを管理者である（信託では）受託者、（法人では）取締役や理事等に管理・処分させながら一定の目的を達成しようとする点や、財産の拠出者や管理者の死亡によっても管理・処分等が終了しない点等が類似しているといえます。一方、法人には法主体性があり、1つの権利主体として行動するものですが、信託においては、信託財産は、受託者に帰属し、自ら1つの権利主体として行動することはないものであることが大きな相違点といえます。

　その法律行為が、信託の設定にあたるか否かを区別するには、当事者間における処分の対象となる財産について、事務の委託を受けた者がその固有財産とは区別して管理し、仮にその者が倒産したとしても対象財産は確保されることを当事者が意図していたか否か、当事者間に信託関係を基礎づける信認関係が認められるか否かが重要な判断基準となります。

　我が国において、信託の成立には、信託設定に向けた当事者の具体的意思が存在することが必要であるとされているので、現時点で、英米法上の擬制信託の論理をそのまま適用して、信託の設定を認定した裁判例は見当たりません。四宮和夫は、信託の成立には、「原因行為（基本的信託行為）と処分行為（または処分の効果発生）を必要とするが、原因行為だけでも…〔中略〕…当事者の信託成立に協力すべき義務を発生させる。」として、その基

本的信託行為のためには、「当事者が信託関係を設定するに相当な意思を表示しなければならない。むろん、『信託』の語を使わなくても、信託設定の趣旨がうかがえるものであればよい。」[8]と述べています。四宮は、その「信託設定の趣旨」とは何か、という点について、その「特に重要な要素」として、「対象の特定性」、「信託目的の確定性」、「受益者の確定性（ただし、私益信託の場合）」を挙げており[9]、その中でも「信託目的の確定性」については、「委託者は、受託者がその趣旨に従って信託義務を遂行しうる程度に行動の指針を示す必要がある」[10]、「受託者の権限は自己の利益のために与えられたものではなく、それは他人のために一定の目的に従って行使されなければならない」[11]としているものの、まとまった定義がなされているわけではありません。

しかし、実社会においては、当事者自身はその法律関係を信託関係として明確に理解していなくても、客観的には、その関係が信託関係とみえる場面が散見することも事実です。預かり金の法律関係を信託と擬制し、「委託者」ないし「受託者」が破綻した場合にも信託財産の独立性が確保されることを初めて認めた最判平成14年1月17日民集56巻1号20頁では、委託者・受託者間の明示的な信託設定行為が存在せず、委託者が、受託者に金銭を預けた際、その預託行為が法律的に信託関係を創出する財産移転行為にあたるというまでの認識がなくても、委託者が信託関係の設定についてまったくの無意識でない限り、預かり状態を信託関係と擬制できるという法理がみられます。また、損害保険代理店の破産と預金債権の帰属が争われた最判平成15年2月21日民集57巻2号95頁では、委託者を損害保険会社、受託者を損害保険代理店とする信託関係の成立を認めず、保険料の振り込まれた損害保険代理店名義

8　四宮106頁。
9　四宮106-107頁。
10　四宮141頁。
11　四宮10頁。

の普通預金口座の預金債権は、損害保険会社ではなく、損害保険代理店に帰属すると判断しました。さらに、弁護士の預かり金についての最判平成15年6月12日民集57巻6号563頁は、信託の成立を否定したものの、その補足意見の中で、当事者間で成立した委任契約の合意の中に「信託法の規定する信託契約の締結と解する余地もあるものと思われるし、場合によっては、委任と信託の混合契約の締結と解することもできる」とし、弁護士と依頼人の預かり金の関係に信託法理の適用可能性を示唆しました。この平成15年判決の補足意見からは、信託的な関係を契約関係から切り離し、信認関係という別の基盤を持つ独自のシステムとして位置づけるという、大陸法・英米法の法体系の違いを超えた利益衡量としての法理を見出すこともできます。さらに、下級審判決においてもA、B、C及びDの4名がA名義の口座に旅行費用を積み立てていたというケースで、Aを受託者とし、B、C及びDを委託者兼受益者とする信託の成立を認めた東京地判平成24年6月15日金判1406号47頁があります。

　今後の進展によっては、明示的に信託を設定する意思表示のないケースにおいても信託関係の成立が認められる法理が形成される可能性もあるのではないでしょうか。

▼裁判例紹介1　最判平成14年1月17日民集56巻1号20頁

[事実の概要]

　平成10年3月27日、注文者（愛知県）と請負者（A建設）の間で、本件公共工事の請負契約を締結し、同年4月2日、請負者と保証会社Yの間で、保証事業法及び本件保証約款に基づいて、注文者のために、Yが保証する旨の本件保証契約を締結し、請負者は、同年4月20日、注文者から前払金として1,696万8,000円の振り込みを受け、自己名義で開設していたZ信用金庫の別口普通預金口座（前払金専用口座）に預金しました。この振込みにより、注文者は、本件保証契約の受益の意思表示をし

たものとみなされました（保証事業法13条1項）。

　しかし、その約2か月後、請負者は営業停止となり、本件公共工事が続行できなくなったため、注文者は、平成10年6月29日、本件請負契約を解除しました。それにより、請負者は、注文者に対して、本件前払金1,696万8,000円から本件公共工事の既済部分に対する代価に相当する額を控除した残金相当額を返金する必要が生じたのですが、請負者はその返金をすることができませんでした。そのため、同年7月31日、保証会社Yは、注文者に対して、保証債務の履行として、前記残金相当額である金669万9,523円を支払いました。それにより、Yは請負者に対し、求償権を取得することになりました。

　同年8月7日、請負者が破産宣告を受け、Xが破産管財人に選任されました。Xは、本件預金は破産財団に属すると主張して、Yに対し、本件預金についてXが債権者であること等の確認を求めるとともに、Z信用金庫に対し本件預金の残額の支払を求めました。

［判旨］

　「本件請負契約を直接規律する愛知県公共工事請負契約約款は、前払金を当該工事の必要経費以外に支出してはならないことを定めるのみで、前払金の保管方法、管理・監査方法等については定めていない。しかし、前払金の支払は保証事業法の規定する前払金返還債務の保証がされたことを前提としているところ、保証事業法によれば、保証契約を締結した保証事業会社は当該請負者が前払金を適正に使用しているかどうかについて厳正な監査を行うよう義務付けられており（27条）、保証事業会社は前払金返還債務の保証契約を締結しようとするときは前払金保証約款に基づかなければならないとされ（12条1項）、この前払金保証約款である本件保証約款は、建設省から各都道府県に通知されていた。そして、本件保証約款によれば、…〔中略〕…前払金の保管、払出しの方法、保証会社Yによる前払金の使途についての監査、使途が適正でないときの

払出し中止の措置等が規定されているのである。したがって、A建設はもちろん愛知県も、本件保証約款の定めるところを合意内容とした上で<u>本件前払金の授受をしたものというべきである。このような合意内容に照らせば、本件前払金が本件預金口座に振り込まれた時点で、愛知県とA建設との間で、愛知県を委託者、A建設を受託者、本件前払金を信託財産とし、これを当該工事の必要経費の支払に充てることを目的とした信託契約が成立したと解するのが相当</u>であり、したがって、本件前払金が本件預金口座に振り込まれただけでは請負代金の支払があったとはいえず、本件預金口座からA建設に払い出されることによって、当該金員は請負代金の支払としてA建設の固有財産に帰属することになるというべきである。また、この信託内容は本件前払金を当該工事の必要経費のみに支出することであり、受託事務の履行の結果は委託者である愛知県に帰属すべき出来高に反映されるのであるから、信託の受益者は委託者である愛知県であるというべきである。そして、本件預金は、A建設の一般財産から分別管理され、特定性をもって保管されており、これにつき登記、登録の方法がないから、委託者である愛知県は、第三者に対しても、本件預金が信託財産であることを対抗することができるのであって（信託法3条1項参照）、信託が終了して同法63条のいわゆる法定信託が成立した場合も同様であるから、信託財産である本件預金はA建設の破産財団に組み入れられることはないものということができる（同法16条参照）。」（下線は筆者による。）。

▼裁判例紹介2　最判平成15年2月21日民集57巻2号95頁

[事実の概要]

　損害保険会社Xは、代理店A（訴外会社）に顧客との損害保険契約の締結等を委託していましたが、代理店Aは、倒産を免れない状況になり、保険料の入金された通帳及び印鑑をXに交付しました。Xは、預金先の

Y信用組合に対し、預金は、Xに帰属するとして、預金全額の払戻しを請求しましたが、Y信用組合は、預金は、Y信用組合の代理店Aに対する貸付債権と相殺したと主張し、Xの請求を拒絶したため、XがYを提訴しました。1審、2審はXの請求を認容したので、Yが上告しました。

［判旨］

「事実関係によれば、金融機関であるYとの間で普通預金契約を締結して本件預金口座を開設したのは、代理店Aである。また、本件預金口座の名義である「X保険㈱代理店A」が預金者として代理店AではなくXを表示しているものとは認められないし、Xが代理店AにYとの間での普通預金契約締結の代理権を授与していた事情は、記録上全くうかがわれない。

そして、本件預金口座の通帳及び届出印は、代理店Aが保管しており、本件預金口座への入金及び本件預金口座からの払戻し事務を行っていたのは、代理店Aのみであるから、本件預金口座の管理者は、名実ともに代理店Aであるというべきである。

さらに、受任者が委任契約によって委任者から代理権を授与されている場合、受任者が受け取った物の所有権は当然に委任者に移転するが、金銭については、占有と所有とが結合しているため、金銭の所有権は常に金銭の受領者（占有者）である受任者に帰属し、受任者は同額の金銭を委任者に支払うべき義務を負うことになるにすぎない。そうすると、Xの代理人である代理店Aが保険契約者から収受した保険料の所有権はいったん代理店Aに帰属し、代理店Aは、同額の金銭をXに送金する義務を負担することになるのであって、Xは、代理店AがYから払戻しを受けた金銭の送金を受けることによって、初めて保険料に相当する金銭の所有権を取得するに至るというべきである。したがって、本件預金の原資は、代理店Aが所有していた金銭にほかならない。

したがって、本件事実関係の下においては、本件預金債権は、Xにで

はなく、代理店Aに帰属するというべきである。」

▼裁判例紹介3　最判平成15年6月12日民集57巻6号563頁

[事実の概要]

依頼人X1は、平成9年9月頃、弁護士X2との間において、X1の債務整理に関する事務処理を委任する旨の契約（以下、「本件委任契約」といいます。）を締結しました。X2は、同年10月8日、本件委任契約に基づきX1の債務整理の委任事務を遂行するため、X2名義の普通預金口座（以下、「本件口座」といいます。）を開設し、X1から同日預かった500万円を本件口座に入金しました（本件口座の預金通帳及び届出印は、当初からX2が管理していました。）。また、本件口座には、X1の売上金や公租公課の還付金等が振り込まれ、X1の債権者に対する配当金、従業員の給料、社会保険料、税金等が出金されていました。X1は、12月納期限分消費税並びにいずれも納期限を平成10年3月2日とする平成9年度消費税及び地方消費税並びに同年度法人税を滞納したため、Y（国）は、同月19日、これらの徴収のため、本件預金債権（払戻請求権）を差し押さえました。

第1審は、本件差押について、X1の訴えを却下するとともに、X2の請求を棄却しました。また、原審は、本件口座に係る預金契約は、X1の出捐によりX1の預金とする意思でX2を使者ないし代理人として締結されたものであり、本件預金債権はX1に帰属するとし、X1らの控訴を棄却しました。そこで、X1らは上告しました。

[判旨]

「債務整理事務の委任を受けた弁護士が委任者から債務整理事務の費用に充てるためにあらかじめ交付を受けた金銭は、民法上は同法649条の規定する前払費用に当たるものと解される。そして、前払費用は、交付の時に、委任者の支配を離れ、受任者がその責任と判断に基づいて支

配管理し委任契約の趣旨に従って用いるものとして、受任者に帰属するものとなると解すべきである。受任者は、これと同時に、委任者に対し、受領した前払費用と同額の金銭の返還義務を負うことになるが、その後、これを委任事務の処理の費用に充てることにより同義務を免れ、委任終了時に、精算した残金を委任者に返還すべき義務を負うことになるものである。そうすると、本件においては、前記500万円は、X2がX1から交付を受けた時点において、X2に帰属するものとなったのであり、本件口座は、X2が、このようにして取得した財産を委任の趣旨に従って自己の他の財産と区別して管理する方途として、開設したものというべきである。これらによれば、本件口座は、X2が自己に帰属する財産をもって自己の名義で開設し、その後も自ら管理していたものであるから、銀行との間で本件口座に係る預金契約を締結したのは、X2であり、本件口座に係る預金債権は、その後に入金されたものを含めて、X2の銀行に対する債権であると認めるのが相当である。したがって、X1の滞納税の徴収のためには、X1のX2に対する債権を差し押さえることはできても、X2の銀行に対する本件預金債権を差し押さえることはできないものというほかはない。」

［補足意見］

「まず、会社が債務整理事務を弁護士に依頼する行為は、事務の処理の委託という面において、これを委任ないし準委任契約の締結ととらえることができる。これに伴って、債務整理事務の処理のために充てる費用として委任者が受任者に金銭等を交付する場合の法律関係については、法廷意見において述べたところである。しかしながら、この場合においても、弁護士は、交付を受けた金銭等を自己の固有財産と明確に区別して管理し、専ら委任事務処理のために使用しなければならないのであって、それを明確にしておくために、金銭を預金して管理する場合における預金名義も、そのことを示すのに適したものとすべきである。」

第2章 信託の成立

「さらに、会社の資産の全部又は一部を債務整理事務の処理に充てるために弁護士に移転し、弁護士の責任と判断においてその管理、処分をすることを依頼するような場合には、財産権の移転及び管理、処分の委託という面において、信託法の規定する信託契約の締結と解する余地もあるものと思われるし、場合によっては、委任と信託の混合契約の締結と解することもできる。この場合には、会社の資産は、弁護士に移転する（同法1条）が、信託財産として受託者である弁護士の固有財産からの独立性を有し、弁護士の相続財産には属さず（同法15条）、弁護士の債権者による強制執行等は禁止され（同法16条1項）、弁護士は信託の本旨に従って善管注意義務をもってこれを管理しなければならず（同法20条）、金銭の管理方法も定められており（同法21条）、弁護士は原則としてこれを固有財産としたりこれにつき権利を取得してはならない（同法22条1項）など、法律関係が明確になるし、債務者が債権者を害することを知って信託をした場合には、受託者が善意であっても債権者は詐害行為として信託行為を取り消すことができる（同法12条）のである。これらの規定が適用されるならば、授受された金銭等をめぐる紛争の生ずる余地が少なくなるものと考えられる。」

▼裁判例紹介4　東京地判平成24年6月15日金判1406号47頁

［事実の概要］

　X2、X3及びX4（以下、「X2ら3名」といいます。）とX5（以下、「X5ら4名」といいます。）は、友人関係にあり、定期的に4人で旅行をする仲でした。平成12年頃、4人での旅行費用を積み立てるための銀行預金口座を開設するため、X5がY2銀行との間で、口座名義を「X1会　代表者X5」（以下、「本件預金口座名義」といいます。）とする普通預金契約（以下、「本件預金債権」といいます。）を締結して普通預金口座（以下、「本件口座」といいます。）を開設しました。本件口座

の普通預金通帳及びキャッシュカードは、X5が保管し、X5ら4名は、毎月各自5,000円から1万円を本件口座に入金ないし振込送金をして、積み立てていました。

　Yは、平成21年8月21日、債務承認弁済契約公正証書の執行力のある正本に基づいて、これに表示されるX5に対する債権合計3,138万2,443円を請求債権、X5のY2銀行普通預金債権等348万6,938円を差押債権とする債権差押命令を得て、本件預金債権を差し押さえ(以下、「本件差押え」といいます。)、同月24日、Y2銀行は、本件差押えに基づいて、本件口座から241万7,648円を払い出してY1に支払い、本件預金残高はゼロになりました。

　そこで、X1会及びX5ら4名は、次の請求をしました。

　第一に、X1会は、民法上の組合であって本件預金債権は同組合に帰属することを理由に、X1会は、Y1に対し、不当利得返還請求権に基づいて、取立金相当額の返済を求めました(第1事件)。また、同じ理由から、X1会は、本件預金契約に基づいて、Y2に取立金相当額の預金の支払いを求めました(第3事件)。

　第二に、本件預金債権のうち4分の3は、X2ら3名にそれぞれ4分の1ずつ帰属するものであることを理由として、X2ら3名は、Y1に対し、不当利得返還請求権に基づいて、それぞれ取立金相当額の4分の1の返還を求めました(第2事件①)。

　第三に、本件預金債権のうち4分の3は、X2ら3名を委託者兼受益者、X5を受託者とする信託財産を構成すると主張して、X2ら(受益者)は、Y1に対し、不当利得返還請求権に基づいて、それぞれ取立金相当額の4分の1の返還を求めました(第2事件②)。また、同じ理由から、X5(受託者)は、Y1に対し、不当利得返還請求権に基づいて、取立金相当額の4分の3の返還を求めました(第4事件)。

　[**判旨**]

(1) 本件預金債権の帰属主体について

X1は、権利能力の無い社団、民法上の組合のいずれにも該当しないとし、「本件預金債権（普通預金）について、Y2銀行との間で、口座の開設、その後の継続的な入出金や通帳その他の管理を行ったのは専らX5であり、口座名義上も『X1会　代表者X5』としてX5のみが表示され、X2らは一切表示されていないのであるから、本件預金債権の預金者はX5と解すべきである」。

(2) 本件預金債権の法的性質について

①「X5ら4名は、毎月一定額をX5ら4名で旅行するための資金として各人の固有財産から分離して確保する（当該目的のためにのみ使用し、他の目的のためには使用しない）こととして、X5にY2銀行との間で前記目的のために預金契約を締結して本件口座を開設させ、それぞれ前記一定額を同口座に振り込む方法でX5に支払い」、②「X5に前記目的にしたがってこれを管理させ、また前記目的にしたがって使用させることを合意し」たこと、及び③「本件口座は、X5のその余の一般財産とは分別して管理されている」ことという事実を総合的に考慮すると、「X2ら3名は、X5との間で、それぞれ、専らX5ら4名で旅行するための資金として管理し、使用することを目的としてX5に金員を支払い、同人をして、本件口座を開設させ、前記目的のために同金員を同口座において管理し、または使用させる旨の、X2ら3名各人を委託者兼受益者、X5を受託者とする信託契約（旧信託法1条）を締結したものであり、本件差押えの時点で本件口座に現存した241万7,648円のうち、それぞれ60万4,412円（合計181万3,236円）は、X2ら3名の各人を委託者兼受益者、X5を受託者とする信託財産」といえる。

(3) 本件預金債権の差押えの可否について

本件預金債権が信託財産であるとすると、「Y1が差押えの上、取り立てた本件預金のうち合計181万3,236円については、X2ら各人を委託

者兼受益者（各60万4,412円）、X5を受託者とする信託財産であって、X5に対する債務名義に基づきこれを差し押さえることは許されない」（旧信託法16条）。

「一方、本件預金債権自体は、前示のとおりX5に帰属すると認めるべきものである以上、Y2銀行としては、取引上、専らX5を権利者として扱えば足りるのであり、また信託財産たる預金債権について、的確な公示手段やこれに係るルールが存在しない現状においては、当該預金が信託財産であるか否かや、具体的にいかなる権利関係にあるかは、Y2銀行としては、…〔中略〕…通常これを容易かつ的確に知る立場にはないから、特段の事情がない限り、預金債権の差押えやこれに基づく取立てにおいても、X5を預金債権者として扱えば足りるというべきであり」、「本件預金債権は弁済により消滅したものと解するのが相当というべきである」。

以上から、「信託財産の帰属主体であるX5は、少なくともY1が差押えの上、取り立てた本件預金のうち181万3,236円について信託の受託者として損失を被り、Y1は、これを法律上の原因に基づかずに利得したことになるから」、取立金相当額の4分の3について、X5のY1に対する不当利得返還請求は認められます（第4事件の請求のみ認容。）。

6 詐害信託

(1) 詐害信託の取消し
ア 意 義

信託が設定されると、委託者に対する債権者は、信託財産を差し押さえることができなくなります（委託者が受益者であるときは、委託

者に対する債権者は受益権を差し押さえることはできます。)。また、委託者が破産しても信託財産はその破産財団に組み込まれることはありません。信託行為の時点で債権者を害する目的で設定された信託については、委託者の債権者の利益と受益者の利益とのバランスを適切に図る観点から当該信託の効力を規制する必要があり、信託法11条は、民法424条の詐害行為取消請求の特例として、詐害信託の取消しの制度を規定しています。

委託者がその債権者を害することを知って信託を設定した場合には、受託者が債権者を害することを知っていたか否かにかかわらず、債権者は、受託者を被告として、民法424条3項に規定する詐害行為取消請求をすることができます（信託法11条1項本文）。ただし、受益者が現に存在する場合においては、当該受益者（当該受益者の中に受益権を譲り受けた者がある場合にあっては、当該受益者及びその前に受益権を譲り渡した全ての者）の全部が、受益者としての指定（信託行為の定めにより又は信託法89条1項に規定する受益者指定権等の行使により受益者又は変更後の受益者として指定されることをいいます。)を受けたことを知った時（受益権を譲り受けた者にあっては、受益権を譲り受けた時）において債権者を害することを知っていたときに限り、民法424条3項に規定する詐害行為取消請求をすることができます（信託法11条1項但書）。

また、この詐害行為取消請求についての訴訟を認容する判決が確定した場合において、信託財産のための借入金等の信託財産責任負担債務（受託者が信託財産に属する財産をもって履行する責任を負う債務のことをいいます（信託法2条9項）。）に係る債権を有する債権者（委託者であるものを除く。）が当該債権を取得した時において債権者を害することを知らなかったときは、委託者は、当該債権を有する債権者に対し、詐害行為取消請求により受託者から委託者に移転する財

産の価額を限度として、当該信託財産責任負担債務について弁済の責任を負います（信託法11条2項）。この場合において、受託者が信託財産責任負担債務を固有財産をもって支払うことで、信託法49条1項（同法53条2項及び54条4項において準用する場合を含む。）により信託財産から費用等の償還を受ける権利は、これを金銭債権とみなして、受託者は、当該権利に基づいて、委託者に対し、受託者から委託者に移転する財産の価額を限度として強制執行等をすることができます（信託法11条3項）。

イ 受益者に対する詐害行為取消請求

　委託者が、その債権者を害することを知って信託をした場合において、受益者が受託者から信託財産に属する財産の給付を受けたときは、債権者は、当該受益者（当該受益者が受益権を譲り受けた者である場合にあっては、当該受益者及びその前に受益権を譲り渡した全ての者）が、受益者としての指定を受けたことを知った時（受益権を譲り受けた者にあっては、受益権を譲り受けた時）において債権者を害することを知っていたときに限り、当該受益者を被告として、民法424条3項に規定する詐害行為取消請求をすることができます（信託法11条4項）。この場合の委託者の詐害意思の立証責任は、委託者の債権者が負い、受益者はその善意の立証責任を負うことになります。

ウ 受益者の一部が悪意の場合

　信託法11条1項但書により、受益者が複数存在するときに詐害行為取消請求が可能なのは、その受益者全員が悪意の場合に限られるため、受益者の1人が善意の場合は詐害行為取消請求をすることはできません。しかし、悪意の受益者にまで信託の利益を享受させる必要はありません。そのため、委託者がその債権者を害することを知って信託を設定した場合には、債権者は、当該受益者（当該受益者が受益権を譲り受けた者である場合にあっては、当該受益者及びその前に受益権を

譲り渡した全ての者）が、受益者としての指定を受けたことを知った時（受益権を譲り受けた者にあっては、受益権を譲り受けた時）において債権者を害することを知っていたときに限り、受益者を被告として、当該受益権を委託者に譲り渡すことを訴えをもって請求することができます（信託法11条5項）[12]。なお、この受益権の譲渡請求権の行使と信託法11条1項の詐害行為取消請求権の行使は、委託者の債権者が選択的に行使することができます。

エ　受益者の指定又は受益権の譲渡

受益者の指定又は受益権の譲渡にあたっては、善意の受益者が存在することをよいことに、信託法11条1項、4項又は5項に定める詐害行為取消請求権や受益権の譲渡請求を免れる目的で、債権者を害することを知らない者（以下、本項において「善意者」といいます。）を無償（無償と同視すべき有償を含む。以下、本項において同じ。）で受益者として指定し、又は善意者に対し無償で受益権を譲り渡すことは禁止されています（同条7項）。これに違反して、受益者の指定又は受益権の譲渡により受益者となった者については、同条1項但書及び4項但書（5項後段において準用する場合を含む。）の規定は、適用されません（同条8項）。

(2)　**詐害信託の否認等**

破産者が委託者として破産債権者を害することを知って、受益者を複数とする信託を設定した場合については、破産債権者を害する事実について善意である受益者が一人でもいるときは、破産管財人による否認権を行使することができません（信託法12条1項、破産法160条1項各号）。

12　この受益権の譲渡請求に係る訴えは、委託者がその債権者を害することを知って信託行為をしたことを当該債権者が知った時から2年を経過したとき、又は、信託行為の時から10年を経過したときは提起することができません（信託法11条6項、民法426条）。

ただし、破産管財人は、悪意の受益者を被告として、その受益権を破産財団に返還することを訴えをもって請求することができます（信託法12条2項）。

なお、民事再生手続や更生手続についても、基本的に同様の仕組みが用意されています（信託法12条3項ないし5項）。

第3章　信託の当事者

　信託は、ある人（委託者）が、自己の有する一定の財産（信託財産）を、信頼できる人（受託者）に託して、名義を移し、受託者は、その財産を一定の目的に従って、管理・活用・処分し、信託財産そのもの、又は信託財産から生み出された収益を特定の人（受益者）に給付し、あるいは財産そのものを引渡し、その目的を達成する制度のことです。この委託者、受託者及び受益者を信託の当事者といいます。

1　委託者

(1)　意　義

　委託者は、信託行為の当事者として、自己の財産を信託財産として拠出し、信託行為によって信託の目的を設定する者のことをいいます。民事信託において、委託者は、資産承継や事業承継等の対策を練ろうと考えている本人自身であり、当該信託をどのような内容とするかについてイニシアティブを握る当事者であるといえます。

(2)　適　格

　信託を設定するときに、委託者に要求される能力については、信託法

上明文の規定がありません。そのため、民法上の意思能力・行為能力についての規定の適用を受けます。また、遺言による信託設定においては、民法上の遺言能力についての規定である民法961条ないし963条の適用を受けます。

　民事信託を設定するときは、委託者に、その内容を十分判断するに足りる意思能力が備わっていることが必要となるので、既に、認知症や不慮の事故等で意思能力が低下ないし喪失している者は、委託者として信託を設定することができません。

(3)　権　限

　委託者は、信託の設定時には不可欠ですが、信託が設定された後は、当該信託について主に利害関係を有するのは受益者であり、また、受託者も基本的に受益者との間で信託に関する権利義務関係を形成していくことになるため、委託者に対し、受益者と同等の権利を付与することは相当でありません。しかし、委託者は、信託設定の当事者であり、信託を設定して一定の目的を達成しようとする者ですので、当該信託の基本的な枠組み等を変更することについては、利害関係を有するものとされています。

　そのため、信託行為に別段の定めとして設けられていなくても、委託者は、次の権利を有します（委託者が、これらの権利を有することを望まない場合は、信託行為において、これらの権利の全部又は一部を有しない旨を定めることができます（信託法145条1項)。)。

① 信託事務の処理の状況等に関する報告請求権（信託法36条）
② 受託者の辞任に関する同意権（同法57条1項）
③ 受益者との合意による受託者の解任権（同法58条1項）
④ 裁判所に対する受託者の解任申立権（同法58条4項）
⑤ 受益者との合意による新受託者の選任権（同法62条1項）

⑥　裁判所に対する信託財産管理者の解任申立権（同法70条の準用する58条4項）

⑦　裁判所に対する信託財産法人管理人の解任申立権（同法74条6項の準用する70条）

⑧　信託管理人の辞任に対する同意権（同法128条2項の準用する57条1項）

⑨　受益者との合意による信託管理人の解任権（同法128条2項の準用する58条1項）

⑩　裁判所に対する信託管理人の解任申立権（同法128条2項の準用する58条4項）

⑪　受益者との合意による新信託管理人の選任権（同法129条1項の準用する62条1項）

⑫　信託監督人の辞任に対する同意権（同法134条2項の準用する57条1項）

⑬　受益者との合意による信託監督人の解任権（同法134条2項の準用する58条1項）

⑭　裁判所に対する信託監督人の解任申立権（同法134条2項の準用する58条4項）

⑮　受益者との合意による新信託監督人の選任権（同法135条1項の準用する62条1項）

⑯　受益者代理人の辞任に対する同意権（同法141条2項の準用する57条1項）

⑰　受益者との合意による受益者代理人の解任権（同法141条2項の準用する58条1項）

⑱　裁判所に対する受益者代理人の解任申立権（同法141条2項の準用する58条4項）

⑲　受益者との合意による新受益者代理人の選任権（同法142条1項の

1　委託者

　　準用する62条1項）
⑳　新受益者代理人に対する就任の有無の催告権（同法142条1項の準用する62条2項）
㉑　裁判所に対する新受益者代理人の選任申立権（同法142条2項の準用する62条4項）
㉒　信託の変更の合意又は受託者に対する意思表示（同法149条1項・3項1号）
㉓　裁判所に対する信託の変更の申立権（同法150条1項）
㉔　信託の併合の合意（同法151条1項）
㉕　吸収信託分割の合意（同法155条1項）
㉖　新規信託分割の合意（同法159条1項）
㉗　受益者との合意による信託終了権（同法164条1項）
㉘　裁判所に対する信託の終了の申立権（同法165条1項）
㉙　裁判所に対する公益確保のための信託終了申立権等（同法166条1項、169条1項、173条1項）
㉚　信託の終了時の法定帰属権利者（同法182条2項）
㉛　受益権証券発行信託による受益権原簿の閲覧等請求権（同法190条2項）
㉜　会計監査人設置信託における受益者との合意による新会計監査人の選任権（同法250条1項）
㉝　遺言信託における信託の引受けの有無の催告権（同法5条1項）
㉞　遺言信託における裁判所に対する新受託者の選任申立権（同法6条1項）
㉟　財産目録の閲覧等謄写請求権（同法38条6項）
㊱　新受託者に対する就任承諾の有無の催告権（同法62条2項）
㊲　裁判所に対する新受託者の選任申立権（同法62条4項）
㊳　裁判所に対する信託財産管理命令の申立権（同法63条1項）

㊴　裁判所に対する信託財産法人管理命令の申立権（同法74条2項）
㊵　信託管理人に対する就任承諾の有無の催告権（同法123条2項）
㊶　裁判所に対する信託管理人の選任申立権（同法123条4項）
㊷　新信託管理人に対する就任承諾の有無の催告権（同法129条1項の準用する62条2項）
㊸　裁判所に対する新信託管理人の選任申立権（同法129条1項の準用する62条4項）
㊹　信託監督人に対する就任承諾の有無の催告権（同法131条2項）
㊺　裁判所に対する信託監督人の選任申立権（同法131条4項）
㊻　新信託監督人に対する就任承諾の有無の催告権（同法135条1項の準用する62条2項）
㊼　裁判所に対する新信託監督人の選任申立権（同法135条1項の準用する62条4項）
㊽　受益者代理人に対する就任承諾の有無の催告権（同法138条2項）
㊾　信託財産の保全処分に関する資料の閲覧等請求権（同法172条1項ないし3項）
㊿　遺言の方法による受益者の定めのない信託における裁判所に対する信託管理人の選任申立権（同法258条6項）

　一方、委託者が、原則として有しないとされていますが、信託行為に別段の定めを設けることにより委託者の全部又は一部が受益者とともに権利の全部又は一部を行使することが認められる権利として、次のものがあります。

(i)　信託法23条5項又は6項の規定による違法な強制執行等に対する異議を主張する権利（信託法145条2項1号）
(ii)　信託法27条1項又は2項（これらの規定を同法75条4項において準

⑾　用する場合を含む。）の規定による受託者の権限違反行為の取消権（同法145条2項2号）
⒤　信託法31条6項又は7項の規定による受託者の利益相反行為に関する取消権（同法145条2項3号）
⒥　信託法32条4項の規定による受託者の競合行為に関し介入する権利（同法145条2項4号）
⒦　信託法38条1項の規定による信託財産に係る帳簿及び信託事務の処理に関する書類等の閲覧又は謄写の請求権（同法145条2項5号）
⒧　信託法39条1項の規定による他の受益者の氏名等の開示の請求権（同法145条2項6号）
⒨　信託法40条の規定による受託者に対する損失のてん補又は原状の回復の請求権（同法145条2項7号）
⒩　信託法41条の規定による受託者である法人の理事等に対する損失のてん補又は原状の回復の請求権（同法145条2項8号）
⒪　信託法44条の規定による受託者に対する差止めの請求権（同法145条2項9号）
⒳　信託法46条1項の規定による検査役の選任の申立権（同法145条2項10号）
⒴　信託法59条5項の規定による前受託者に対する差止めの請求権（同法145条2項11号）
⒵　信託法60条3項又は5項の規定による前受託者の相続人等又は破産管財人に対する差止めの請求権（同法145条2項12号）
⒳ⅲ　信託法226条1項の規定による限定責任信託における受益者への違法な給付に係る金銭のてん補又は支払の請求権（同法145条2項13号）
⒳ⅳ　信託法228条1項の規定による限定責任信託における受益者への給付により欠損が生じた場合に係る金銭のてん補又は支払の請求権（同法145条2項14号）

⒂ 信託法254条１項の規定による会計監査人設置信託における会計監査人に対する損失のてん補の請求権（同法145条２項15号）

　なお、(i)、(vii)から(ix)まで、又は(xi)から(xv)までに掲げる権利を信託行為の別段の定めにより、受益者とともに委託者の全部又は一部も有するとした場合には、信託法24条、45条（同法226条６項、228条６項及び254条３項において準用する場合を含む。）又は同法61条の規定の適用については、受益者のみでなく当該委託者も、一定の費用又は報酬の支弁を受ける権利を有したり、一定の場合における損害賠償義務を免除されたりすることとされています（同法145条３項）。

(4)　地位の移転
　委託者の地位は、信託の関係者の利益を損なうことがないように、受託者及び受益者の同意（委託者が複数ある場合は、他の委託者、受託者及び受益者）を得た場合、又は信託行為において定めた方法による場合に限り、第三者に移転させることができます（信託法146条）。
　また、委託者の地位は、委託者の死亡によって、その相続人に承継されます（設定行為の別段の定めにより相続によって委託者の地位を承継しない旨を定めることができます。）。ただし、遺言によって設定された信託においては、当該遺言に別段の定めがなされていない限り、委託者の相続人は、委託者の地位を相続により承継しません（同法147条）。これは、遺言による信託の設定は、法定相続分とは異なる財産の承継を実現させようとするものですので、委託者の相続人と受益者とは利益相反の関係になり、委託者の地位を承継した相続人に適切な権利行使を期待することが難しいためです。

2 受託者

(1) 意 義

受託者は、実質的にも形式的にも委託者から信託財産の移転を受けるとともに、委託者によって設定された信託の目的に従って、信託財産を管理・活用・処分する義務を負い、受益者のために財産管理人として信託事務を処理する者のことをいいます。

(2) 適 格

信託関係は、委託者と受託者との信頼関係の存在が大前提となるものであり、受託者は、信託財産の管理処分等を託される者です。信託関係は、信認関係に基づくものなので、受託者は、財産管理の担い手として、委託者や受益者の信頼に応え得る能力を備えている者である必要があります。

したがって、未成年者は、信託の受託者になることはできません（信託法7条）。また、意思能力を有しない者は、その者の行った法律行為は、無効とする（民法3条の2）とされているので、受託者になれたとしても、意思能力や財産管理能力が不十分であるため、実際に信託事務の処理を有効に行うことは難しいと思われます（民法上の代理人については、「制限行為能力者が代理人としてした行為は、行為能力の制限によっては取り消すことができない。」（民法102条本文）とされていますが、代理の場合は、信託とは異なり、委任者が代理人を監視・監督したり、代理人に指示したりすることができます。他方、信託において、委託者は、信託の設定後、原則的に当該信託の受託者については限られた影響を及ぼすことしかできないため、受託者の選考に関してはより慎重になる必要があります）。法人も受託者になることができますが、信託の引受けがその法人の目的の範囲内である必要があります。なお、商事

信託においては、内閣総理大臣の免許を受けた者（信託会社）でなければ受託者になることができません（信託業法3条）。

民事信託においては、信託業法との関係で、司法書士や弁護士等の法律専門職が業として反復継続して、受託者になることはできず、主には、委託者が信頼する親族・知人・友人等が受託者に就任することが想定されています。受託者には高度な能力が要求されますが、そのような専門性を有する委託者の親族・知人・友人等を探すことは、一般的には難しいことが多いのではないでしょうか。民事信託を設定する際は、的確のある受託者を確保することと設定後に法律専門職が、後述の信託管理人、信託監督人や受益者代理人等の信託関係人に就くことや、民事信託の運営についてのアドバイザーの役割を担うことにより、受託者をサポートし続ける体制作りが大きなポイントとなります。

(3) 権　限
ア　受託者の権限の範囲

受託者は、信託財産に属する財産の管理又は処分及びその他の信託の目的の達成のために必要な行為（ex.信託財産を引当てとする借入れ等）をする権限を有します（信託法26条本文）。ただし、信託行為により受託者の権限に制限（ex.投資対象の財産について制限すること、一定の権限行使についてある者の承諾を必要とすること等）を加えることもできます（同条但書）。

イ　信託事務処理の第三者への委託

受託者は、自ら信託事務を処理することを一応の前提としますが、①信託行為に信託事務の処理を第三者に委託する旨又は委託することができる旨の定めがあるとき（信託法28条1号）、②信託行為に信託事務の処理の第三者への委託に関する定めがない場合において、信託事務の処理を第三者に委託することが信託の目的に照らして相当であると認められるとき（同条2号）、③信託行為に信託事務の処理を第

三者に委託してはならない旨の定めがある場合において、信託事務の処理を第三者に委託することにつき信託の目的に照らしてやむを得ない事由があると認められるとき（同条3号）には、信託事務の処理を第三者に委託することができます。なお、受託者が前記①から③の場合、適法に第三者へ信託事務の処理を委託したときにおける受託者の義務については、信託法35条により、受託者が前記①から③の場合以外に不適法に第三者へ信託事務の処理を委託したときにおける受託者の責任については、同法40条2項により規定されています。

　民事信託では、受託者は主に委託者が信頼する親族、知人、友人等が就任することが想定されているため、受託者が法律専門職や業として財産管理をする者のように、信託事務の処理に関して精通していないことも多いと思います。そのため、信託行為において、信託事務処理を第三者に委託することができるようにしておくことが望ましいと思われます。

ウ　受託者の費用等及び信託報酬等

① 信託財産からの償還

　受託者が、信託事務を処理するのに必要と認められる費用を弁済する方法として、(i)信託財産に属する財産を直接充当する方法と、(ii)受託者の固有財産により充当する方法がありますが、受託者が(ii)の方法による場合は、信託行為に別段の定めがあるときを除き、民法650条1項における受任者の委任者に対する費用償還請求権の規定に準じて、当該費用及び支出の日以後におけるその利息（以下、「費用等」といいます。）については、利益相反行為（自己取引）の禁止の原則（信託法31条1項1号）の例外として、信託財産からの償還を受けることができるとされています（信託法48条1項）。なお、受託者が同法40条1項に規定する損失てん補責任又は原状回復責任を負う場合には、信託行為に別段の定めがあるときを除き、こ

れを履行した後でなければ、信託財産からの償還を受けることができないとされています（同法48条4項）。

② 信託財産からの前払

受託者は、信託事務を処理するについて費用を要するときは、信託行為に別段の定めがあるときを除き、民法649条における受任者の委任者に対する費用前払請求権の規定に準じて、利益相反行為（自己取引）の禁止の原則（信託法31条1項1号）の例外として、信託財産からその前払を受けることができます（信託法48条2項）。受託者が、その前払を受けるには、信託行為に別段の定めがあるときを除き、受益者に対し、前払を受ける額及びその算定根拠を通知しなければなりません（同条3項）。なお、受託者が信託法40条1項に規定する損失てん補責任又は原状回復責任を負う場合には、信託行為に別段の定めがあるときを除き、これを履行した後でなければ、信託財産からその前払を受けることができないとされています（同条4項）。

③ 受益者からの償還・前払

前記①及び②にかかわらず、受託者は、受益者との間の合意に基づいて当該受益者から費用等の償還又は費用の前払を受けることができます（信託法48条5項）。

④ 受託者の費用等の償還等の方法

受託者は、前記①②により信託財産から費用等の償還又は費用の前払を受けることができる場合には、その額の限度で、信託財産に属する金銭を固有財産に帰属させることができます（信託法49条1項）。その場合において、必要があるときは、信託行為に別段の定めがあるときを除き、受託者は、信託財産に属する財産（当該財産を処分することにより信託の目的を達成することができないこととなるものを除く。）を処分することができます（同条2項）。受託者

は、(i)信託行為に当該行為をすることを許容する旨の定めがあるとき（信託法31条2項1号）、(ii)受託者が当該行為について重要な事実を開示して受益者の承認を得たとき（同項2号）、(iii)相続その他の包括承継により信託財産に属する財産に係る権利が固有財産に帰属したとき（同項3号）、(iv)受託者が当該行為をすることが信託の目的の達成のために合理的に必要と認められる場合であって、受益者の利益を害しないことが明らかであるとき、又は当該行為の信託財産に与える影響、当該行為の目的及び態様、受託者の受益者との実質的な利害関係の状況その他の事情に照らして正当な理由があるとき（同項4号）のいずれかに該当するときは、信託行為に別段の定めがあるときを除き、信託財産に属する金銭を固有財産に帰属させること（信託法49条1項）に代えて、代物弁済と同様に、信託財産に属する財産で金銭以外のものを固有財産に帰属させることができます（同条3項）。

なお、信託法49条1項の規定により信託財産に属する金銭を固有財産に帰属させる権利は、信託財産に属する財産に対し強制執行又は担保権の実行の手続が開始したときは、これらの手続との関係においては、金銭債権とみされます（同条4項）。そのため、書面によってこの権利を有することを証明した受託者も、当該強制執行又は担保権の実行の手続において、配当要求をすることができることになります（同条5項）。

⑤ 他の債権者の権利に対する優先権

各債権者（信託財産責任負担債務に係る債権を有する債権者に限る。以下、本項について同じ。）の共同の利益のためにされた信託財産に属する財産の保存、清算又は配当に関する費用等について受託者の有する信託法49条1項の規定により信託財産に属する金銭を固有財産に帰属させる権利は、信託財産に属する財産に対する強制

執行又は担保権の実行の手続において、他の債権者（当該費用等がすべての債権者に有益でなかった場合にあっては、当該費用等によって利益を受けていないものを除く。）の権利に優先します（信託法49条6項）。この場合においては、その優先権の順位は、民法307条1項に規定する共益費用の先取特権と同順位とされます（同項）。

　また、信託財産に属する財産の保存のために支出した金額その他の当該財産の価値の維持のために必要であると認められる費用等について、受託者の有する信託法49条1項の規定により信託財産に属する金銭を固有財産に帰属させる権利は、信託財産に属する財産に対する強制執行又は担保権の実行の手続において、その金額について、他の債権者の権利に優先します（信託法49条7項1号）。信託財産に属する財産の改良のために支出した金額その他の当該財産の価値の増加に有益であると認められる費用等については、その金額又は現に存在する増価額のいずれか低い金額について、他の債権者の権利に優先します（同項2号）。

⑥　信託財産責任負担債務の弁済による受託者の代位

　受託者は、信託財産負担債務については、その債権者との関係では債務者であるところ、受託者の固有財産をもってした弁済は、実質的には、弁済をするについて正当な利益を有する者による弁済といえるため、法定代位の制度が設けられています。

　すなわち、受託者は、信託財産責任負担債務を固有財産をもって弁済した場合において、これにより信託法49条1項の規定により信託財産に属する金銭を固有財産に帰属させる権利を有することとなったときは、当該信託財産責任負担債務に係る債権を有する債権者に代位します（信託法50条1項）。この場合には、当該受託者が有する権利は、債権者代位との関係においては、金銭債権とみなされます（同項）。

そして、弁済を受けた債権者の受託者に対する協力義務の円滑な履行に資するため、受託者が債権者に代位するときは、受託者は、遅滞なく、当該債権者の有する債権が信託財産責任負担債務に係る債権である旨及びこれを固有財産をもって弁済した旨を当該債権者に通知しなければならないとされています（信託法50条2項）。

⑦ 費用等の償還等と同時履行

受託者は、信託行為に別段の定めがあるときを除き、信託法49条1項の規定により受託者が信託財産に属する金銭を固有財産に帰属させる権利が消滅するまでは、受益者又は信託法182条1項2号に規定する帰属権利者に対する信託財産に係る給付をすべき債務の履行を拒むことができるとされ（信託法51条）、それらは同時履行の関係にあるとされています。

⑧ 信託財産が費用等の償還等に不足している場合の措置

受託者は、信託法48条1項又は2項の規定により信託財産から費用等の償還又は費用の前払を受けるのに信託財産（同法49条2項の規定により処分することができないものを除く。本項において同じ。）が不足している場合において、委託者及び受益者（委託者が現に存在しないときは受益者、受益者が現に存在しないときは委託者）に対し、(i)信託財産が不足しているため費用等の償還又は費用の前払を受けることができない旨（信託法52条1項1号）、及び(ii)受託者の定める相当の期間内に委託者又は受益者から費用等の償還又は費用の前払を受けないときは、信託を終了させる旨（同項2号）を通知し、当該受託者の定める相当の期間を経過しても委託者又は受益者から費用等の償還又は費用の前払を受けなかったときは、信託を終了させることができます（信託法52条1項柱書・2項・3項）。

なお、信託法48条1項又は2項の規定により信託財産から費用等

の償還又は費用の前払を受けるのに信託財産が不足している場合において、委託者及び受益者が現に存しないときは、受託者は、信託を終了させることができます（同法52条4項）。

⑨　信託財産からの損害の賠償

　受託者は、信託行為に別段の定めがあるときを除き、(i)受託者が信託事務を処理するため自己に過失なく損害を受けた場合には、当該損害の額、(ii)受託者が信託事務を処理するため第三者の故意又は過失によって損害を受けた場合（(i)の場合を除く。）には、当該第三者に対し賠償を請求することができる額について、信託財産からその賠償を受けることができます（信託法53条1項）。

　また、受託者が損失てん補責任又は原状回復責任を先履行することを要することについての規定である信託法48条4項、受託者が受益者と合意したときのみ当該受益者に対して請求権を有することについての規定である同条5項、費用等の償還等と同時履行についての規定である信託法51条及び信託財産が費用等の償還等に不足している場合に受託者が信託を終了させることができることについての規定である同法52条については、受託者が同法53条1項によって信託財産から損害賠償を受ける権利にも準用されます(同法53条2項)。

⑩　受託者の信託報酬

　受託者は、信託の引受けについて商法512条の規定の適用がある場合のほか、信託行為に受託者が信託財産から信託報酬（信託事務の処理の対価として受託者の受ける財産上の利益をいう。）を受ける旨の定めがある場合に限り、信託財産から信託報酬を受けることができます（信託法54条1項）。

　民事信託は、商事信託（営利を目的とする受託者に預ける信託）ではない形、つまり営利目的でない信託ですが、そのことは、受託者が報酬を一切受領してはいけないという意味ではありません。親

族等が個人的に受託者となる場合であれば、信託報酬を受領することは問題ありません。信託業法は、信託業者を規制する法律ですので、親族等が受託者になっても、信託業法の対象にはなりません。言い換えると、信託報酬を受領する行為が信託業法違反になるわけではありません。親族等が受託者となって財産管理をすることに対して、その信託業務の対価としての報酬をもらうことが可能です（任意後見契約において親族の任意後見人が報酬を受領することと同様です。）。

　一方、営業目的をもって、不特定多数の人から反復継続して信託業務を引き受け、信託報酬を受領するとなると、当該受託者は信託業法の適用を受けることになります。この場合は信託業の免許が必要になり、信託業の免許を持つ信託銀行又は信託会社でなければ受託者として報酬を受領できません。受託者に株式会社やNPO等の法人、弁護士、司法書士、税理士等の専門職が就任すること自体は制限されませんが、受託者として報酬をもらうことは、信託業法違反になりますので、注意が必要です。

　受託者が、信託財産から信託報酬を受ける場合には、信託報酬の額は、信託行為に信託報酬の額又は算定方法に関する定めがあるときはその定めるところにより、その定めがないときは相当の額とされ（信託法54条2項）、後者のときは、受託者による恣意的な報酬額の決定を防止する観点から、受託者は、信託財産から信託報酬を受けるには、受益者に対し、信託報酬の額及びその算定の根拠を通知しなければならないとされています（同条3項）。

　また、受託者が損失てん補責任又は原状回復責任を先履行することを要することについての規定である信託法48条4項、受託者が受益者と合意したときのみ当該受益者に対して請求権を有することについての規定である同条5項、受託者による権利行使の方法に関す

る規定である信託法49条1項ないし5項、費用等の償還等と同時履行についての規定である同法51条及び信託財産が費用等の償還等に不足している場合に受託者が信託を終了させることができることについての規定である同法52条、民法上の委任に関する規定である民法648条2項及び3項については、受託者が報酬を受ける権利にも準用されます（信託法53条2項）。

(4) 義　務

受託者は、受益者の利益保護のため、次のアからコの義務を負いながら信託事務を処理していきます。

ア　信託事務遂行義務

信託事務遂行義務について、信託法29条1項は、「受託者は、信託の本旨に従い、信託事務を処理しなければならない。」と規定しています。「信託の本旨」とされているのは、委託者は、受託者の信託事務の処理によって信託の目的が達成されることを期待しているわけですが、この信託の目的が達成されるためには、受託者は信託行為により定められた事務を形式的に行っているだけでは足りません。もう一歩踏み込んで、信託行為の定めの背後にある委託者の意図に従って信託事務を処理することが求められています。

イ　善管注意義務

受託者が、信託事務の処理をする際の注意義務の基準について、信託法29条2項は、「受託者は、信託事務を処理するに当たっては、善良な管理者の注意をもって、これをしなければならない。ただし、信託行為に別段の定めがあるときは、その定めるところによる注意をもって、これをするものとする。」と規定し、受託者は、原則的に、善管注意義務をもって信託事務を処理することとなります。しかし、受託者の注意義務の基準については、私的自治の尊重により、信託行為の定めにより加重したり、軽減したりすることができるものとされ、

受託者の善管注意義務の規定が任意規定であることを明示しています。なお、受託者の善管注意義務の規定が任意規定であるとしても、信託が委託者及び受益者の受託者に対する信認関係を基礎としていることから、信託行為の定めにより受託者の善管注意義務を完全に免除することは、同項但書が「信託行為に別段の定めがあるときは、その定めるところによる注意をもって、これをするものとする。」としていることから、信託の本旨に反し、許されないものと考えられています。

善管注意義務に違反したか否かについては、受託者の行為時を基準時として判断され、違反したと判断される場合には、受託者は損失てん補責任等（信託法40条）を負うことになります。

ウ　忠実義務

受託者の忠実義務について、信託法30条は、「受託者は、受益者のため忠実に信託事務の処理その他の行為をしなければならない。」と規定しています。これは、受託者の注意義務についての一般規定ですが、単なる訓示規定ではなく、効力規定とされています。

忠実義務には、①信託財産の利益と受託者個人の利益とが衝突するような地位に身を置いてはならない（第1原則）、②信託事務の処理に際して自ら利益を得てはならない（第2原則）、③信託事務の処理に際して第三者の利益を図ってはならない（第3原則）という3つの原則が含まれています[13]。忠実義務のうち特に典型的と思われるものについては、後述の利益相反の禁止（信託法31条1項各号）及び競合行為の禁止（同法32条1項）として個別具体的に規定されていますが、受託者の行為のうちこれらにより捕捉できないものが、信託法30条の一般規定の対象となります（信託法は、受託者と受益者の利益が相反する場合を忠実義務の問題として捉え、受益者と第三者の利益が相反する場合を善管注意義務の問題として捉えています。）。

13　四宮231頁。

忠実性は、実質的に判断されるので、忠実義務について定める信託法30条も、善管注意義務について定める信託法29条2項と同様に任意規定とされています。信託行為に当該行為をすることを許容する定めがある場合や、受託者が当該行為をするにつき重要な事実を開示して受益者の承認を得た上で当該行為を行った場合等については、受託者は忠実義務を果たしたことになります。そのため、信託法30条には、利益相反の禁止の例外についての規定である同法31条2項や、競合行為の禁止の例外についての規定である同法32条2項のような例外規定は設けられていません。

① 利益相反の禁止
（ⅰ）原　則

受託者の利益相反行為として、信託法31条1項は、①信託財産に属する財産（当該財産に係る権利を含む。）を固有財産に帰属させ、又は固有財産に属する財産（当該財産に係る権利を含む。）を信託財産に帰属させること（自己取引）（信託法31条1項1号）、②信託財産に属する財産（当該財産に係る権利を含む。）を他の信託の信託財産に帰属させること（信託財産間取引等）（同項2号）、③第三者との間において信託財産のためにする行為であって、自己が当該第三者の代理人となって行うもの（双方代理的取引）（同項3号）、④信託財産に属する財産につき固有財産に属する財産のみをもって履行する責任を負う債務に係る債権を被担保債権とする担保権を設定することその他第三者との間において信託財産のためにする行為であって受託者又はその利害関係人と受益者との利益が相反することとなるもの（間接取引）（同項4号）が該当するとし、客観的にこれらに該当する場合に限り、受託者はそれらの行為をすることができないとしています。

また、受益者保護の観点から、受託者は、①から④の行為をし

たときは、信託行為に別段の定めがあるときを除き、受益者に対し、当該行為についての重要な事実を通知しなければならないとされています（信託法31条3項）。

(ii) 例　外

信託法31条2項は、利益相反行為の禁止の例外として、形式的には前記(i)①から④の利益相反行為に該当するものの、実質的には受益者の利益を害するおそれがないものとして、①信託行為に当該行為をすることを許容する旨の定めがあるとき（信託法31条2項1号）、②受託者が当該行為について重要な事実を開示して受益者の承認を得たとき（同項2号）[14]、③相続その他の包括承継により信託財産に属する財産に係る権利が固有財産に帰属したとき（同項3号）、④受託者が当該行為をすることが信託の目的の達成のために合理的に必要と認められる場合であって、受益者の利益を害しないことが明らかであるとき、又は当該行為の信託財産に与える影響、当該行為の目的及び態様、受託者の受益者との実質的な利害関係の状況その他の事情に照らして正当な理由があるとき（同項4号）とし、信託法31条1項で原則的に禁止されている利益相反行為が例外的に許容されるケースを明示しています。

(iii) 効　果

(ii)の利益相反行為の禁止の例外に該当しない(i)①及び②の行為は、いずれも受託者が単独で行うことができる忠実義務違反の典型的行為であり、かつ、第三者の取引の安全に配慮する必要がないため、受益者保護の観点から無効とされます（信託法31条4

---

[14] 信託行為に受託者が重要な事実を開示して受益者の承認を得たとしても、当該利益相反行為をすることができない旨の定めがあるときは、受益者の承諾を得ても、当該利益相反行為は禁止されます（信託法31条2項但書）。

項)。ただし、そのような無効な行為であっても、受益者がそれを追認することで、当該行為の時にさかのぼってその効力を生ずることとされます（同条５項）。

　また、受託者が、(ⅱ)の利益相反行為の禁止の例外に該当しない(ⅰ)①及び②の（無効な）行為をした上で、当該行為に係る財産について第三者との間で処分等をした場合は、当該第三者が、当該行為が違法な利益相反行為であることを知っていたとき又は知らなかったことにつき重大な過失があったときは、受益者は、当該処分その他の行為を取り消すことができます（同条６項）。(ⅱ)の利益相反行為の禁止の例外に該当しない(ⅰ)①及び②の受託者の行為は、無効であるので（同条４項）、当該行為の対象財産は、法的には信託財産のままの状態にあります。受託者が当該財産を固有財産として第三者に処分その他の行為をすることは、受託者の権限違反行為（信託法27条）と同視できるため、この取消権の行使については、信託法27条３項及び４項の規定を準用するとされています（同法31条６項）。

　さらに、(ⅱ)の利益相反行為の禁止の例外に該当しない(ⅰ)③及び④の行為については、当該第三者が当該行為が違法な利益相反行為であることを知っていたとき又は知らなかったことにつき重大な過失があったときに限り、受益者は、当該行為を取り消すことができます（同法31条７項）。これらの行為については、受益者保護の観点だけでなく、取引の安全にも配慮する必要があるため、前記の信託法31条６項の場合と同様に、受託者の権限違反行為（信託法27条）に準じてこの取消権の行使については、信託法27条３項及び４項の規定を準用するとされています（同法31条７項）。

②　競合行為の禁止
　(ⅰ)　原　則

受託者は、忠実義務を負っているので、その基本原則からすれば、受託者として有する権限を自身の固有財産の計算で行使することは受益者の利益を害することになります。一方、受託者として有する権限は広範に及ぶことがあり得、受託者がその権限に基づいて信託事務の処理として行うことができる行為については、自身の固有財産の計算で行うことができないとすると、受託者の固有財産による取引の機会が不当に奪われてしまうこともあり得、そのバランスを図ることが必要となります。

　信託法32条1項は、「受託者は、受託者として有する権限に基づいて信託事務の処理としてすることができる行為であって<u>これをしないことが受益者の利益に反するもの</u>については、これを固有財産又は受託者の利害関係人の計算でしてはならない。」（下線は筆者による。）とし、客観的にこれに該当する場合に限り、当該行為を原則として忠実義務に反する違法な競合行為として禁止するとされています。

　また、受託者は、原則的に禁止される競合行為を固有財産又は受託者の利害関係人の計算でした場合は、受益者に対し、当該行為についての重要な事実を通知しなければならないとされています（信託法32条3項本文）[15]。

(ⅱ) 例　外

　信託法32条2項は、競合行為の禁止の例外として、形式的には前記(ⅰ)の禁止される競合行為に該当するものの、実質的には受益者の利益を害するおそれがないものとして、①信託行為に当該行為を固有財産又は受託者の利害関係人の計算ですることを許容する旨の定めがあるとき（同項1号）、②受託者が当該行為を固有

15　受益者に対する通知について、信託行為に別段の定めがあるときは、その定めるところによることになります（信託法32条3項但書）。

財産又は受託者の利害関係人の計算であることについて重要な事実を開示して受益者の承認を得たとき（当該行為を固有財産又は受託者の利害関係人の計算ですることができない旨の信託行為の定めがあるときを除く（同項但書）。）（同項2号）とし、信託法32条1項で原則的に禁止されている競合行為が例外的に許容されることを明示しています。

(iii) 効　果

競合行為は、それが信託法32条1項に該当し、同条2項に該当しない違法な競合行為であっても、当該行為自体は有効です。ただし、受益者の利益保護の観点からは、当該競合行為の効果を信託財産に帰属させることが効果的であると考えられるため、受益者は、当該行為時から1年を経過するまでの間は、当該行為は信託財産のためにされたものとみなすことができます（信託法32条4項本文・5項）。ただし、第三者の権利を害する場合は、受益者は、当該行為は信託財産のためにされたものとみなすことができません（信託法32条4項但書）。

エ　公平義務

1つの信託に複数の受益者がいる場合においては、受託者は、一部の受益者のみを有利に扱うような信託事務の処理をすることは許されず、各受益者を公平に扱い、その職務を行わなければなりません（信託法33条）。

公平性は、実質的に判断されるので、公平義務について定める信託法33条も忠実義務について定める信託法30条及び善管注意義務について定める信託法29条2項と同様に任意規定とされています。①信託行為にある受益者を優先して扱うことや劣後して扱うことの定めがある場合、②信託行為の定めにおいて劣後して扱うこととされていて不利益を受けるおそれのある受益者がそれを承認している場合、③複数の

受益者に内容の異なる受益権（ex.元本受益権と収益受益権）が帰属している場合等については、受託者は信託行為や受益権の内容に応じて信託事務を処理することで公平義務を果たしたことになります。

民事信託は、贈与・遺贈の代替手段として、様々な財産の給付の仕方を実現することが考えられます。受益者ごとに異なる給付財産の数量・種類を定めたり、異なる性質の受益権を帰属させたりすることができます。そのため、受託者が、受益者ごとに異なる扱いをしたとしても、それが信託行為や受益権の内容に応じたものであれば、ここにいう公平義務に従って適切に職務を行っていることになります。

オ　分別管理義務

信託財産の所有権は、受託者に帰属していますが、信託財産は、受託者の固有財産とは別扱いされる財産ですので、信託財産と受託者の固有財産は、きちんと区別できるようにしておかなければなりません。また、受託者が複数の信託の受託者となっているときでも、信託財産は、他の信託財産ときちんと区別できるようにしておかなければなりません。

受託者は、信託財産に属する財産を適切に管理し、信託財産について生じた損失についての受益者の立証を容易にするために、信託財産に属する財産と固有財産及び他の信託の信託財産に属する財産とを、①信託法14条の信託の登記又は登録をすることができる財産（③に掲げるものを除く。）については、当該信託の登記又は登録（信託法34条1項1号）、②信託法14条の信託の登記又は登録をすることができない財産（③に掲げるものを除く。）については、(i)それが動産（金銭を除く。）の場合は、信託財産に属する財産と固有財産及び他の信託の信託財産に属する財産とを外形上区別することができる状態で保管する方法（信託法34条1項2号イ）、(ii)それが金銭その他の(i)に掲げる財産以外の財産の場合は、その計算を明らかにする方法（信託法

34条１項２号ロ)、③信託法206条１項その他の法令の規定により、当該財産が信託財産に属する旨の記載又は記録をしなければ、当該財産が信託財産に属することを第三者に対抗することができないとされているもの(信託法14条の信託の登記又は登録をすることができる財産を除く。)については、信託法206条１項その他の法令の規定に従い信託財産に属する旨の記載又は記録をするとともに、その計算を明らかにする方法(信託法34条１項３号、信託法施行規則４条)により、分別して管理しなければなりません。この②及び③についての信託財産に属する財産と固有財産及び他の信託の信託財産に属する財産とを分別して管理する方法については、信託行為にて別段の定めを設けることが許容されています(信託行為にて分別管理義務自体を免除するような定めを設けることはできません。)(信託法34条２項)。これは、①の当該信託の登記又は登録をする義務を信託行為の定めにより免除することはできないことを明示したものですが、頻繁に信託財産が出入りするような事情がある場合に、その都度、登記又は登録をしていては、時間と費用がかかり、取引の効率が悪くなるので、信託行為の定めによって、登記又は登録をする義務を一時的に猶予することは許されます。

　なお、受託者が分別管理義務に違反して、信託財産に属する財産を管理した場合において、信託財産に損失又は変更を生じたときは、受託者は、信託法34条の規定に従い分別して管理をしたとしても損失又は変更が生じたことを証明しなければ、損失てん補責任等を負うことになります(信託法40条４項)。

カ　信託事務の処理の委託における第三者の選任及び監督に関する義務

　受託者が、信託法28条の規定により信託事務の処理を第三者に委託するときは、受託者は、信託の目的に照らして適切な者に委託し(信託法35条１項)、かつ、当該第三者に対し、信託の目的の達成のため

に必要かつ適切な監督を行わなければなりません（同条2項）。当該第三者の故意又は過失によって信託財産に損失が生じたときに、受託者は、当該第三者についての選任監督上の過失があるときに限り、責任を負います。

　なお、当該第三者が、①信託行為において指名された第三者（信託法35条3項1号）、②信託行為において受託者が委託者又は受益者の指名に従い信託事務の処理を第三者に委託する旨の定めがある場合において、当該定めに従い指名された第三者（同項2号）であるときは、受託者は前記信託法35条1項及び2項の選任監督責任を負うことはありません（同条3項柱書）。その代わり、受託者は、信託行為に別段の定めがあるときを除き、当該第三者が不適任もしくは不誠実であること又は当該第三者による事務の処理が不適切であることを知ったときは、その旨の受益者に対する通知、当該第三者への委託の解除その他の必要な措置をとらなければならないとされています（同条3項但書、4項）。

キ　信託事務の処理の状況についての報告義務

　委託者又は受益者は、受託者に対し、信託事務の処理の状況並びに信託財産に属する財産及び信託財産責任負担債務の状況について報告を求めることができ、受託者はそれに応じる義務を負います（信託法36条）。

ク　帳簿等の作成等、報告及び保存の義務

　信託事務処理の適正性の担保と受益者の受託者に対する監督的機能の強化のために、受託者は、受益者の利益を保護するために、書類を作成し、保存する義務やそれを積極的に受益者に情報提供する義務を負います。それらの義務は、信託法37条各項に規定されていますが、それらの義務が軽減されたり、免除されたりすると、受託者の任務遂行の適正性が確保されないおそれがあるだけでなく、後述する信託法

38条の受益者の閲覧等請求権が機能しないことになりかねないため、同条3項を除き、各規定は強行規定とされ、信託行為の定めにより、受益者に不利な内容とすることはできないと解されています（受益者に有利な内容とすることはできると解されています。）。

① 書類等の作成義務

　受託者は、信託事務に関する計算並びに信託財産に属する財産及び信託財産責任負担債務の状況を明らかにするため、法務省令で定めるところにより、信託財産に係る帳簿その他の書類又は電磁的記録（以下、「信託帳簿」といいます。）を作成しなければなりません（信託法37条1項、信託法施行規則33条1号、信託計算規則4条1項）。信託帳簿は、一の書面その他の資料として作成することを要せず、他の目的で作成された書類又は電磁的記録をもって信託帳簿とすることができます（信託計算規則4条2項）。

　また、受託者は、少なくとも毎年一回、一定の時期に、法務省令で定めるところにより、貸借対照表、損益計算書その他の財産開示資料等の書類又は電磁的記録（以下、「貸借対照表等」といいます。）を作成しなければなりません（信託法37条2項）。財産状況開示資料は、信託帳簿に基づいて作成され（信託法施行規則33条1号、信託計算規則4条5項）、信託財産に属する財産及び信託財産責任負担債務の概況を明らかにするものでなければなりません（信託法施行規則33条1号、信託計算規則4条4項）。

　なお、受託者は、信託帳簿又は財産状況開示資料の作成にあたっては、信託行為の趣旨をしん酌しなければならないとされています（信託計算規則4条6項）。

② 積極的情報提供の義務

　受託者は、貸借対照表等を作成したときは、信託行為に別段の定めがあるときを除き、その内容について受益者（信託管理人が現に

存在する場合にあっては、信託管理人）に報告しなければなりません（信託法37条3項）。

③　書類等の保存義務

　貸借対照表等の保存義務と保存期間について、受託者は、貸借対照表等を作成した場合には、その作成の日から10年間（当該期間内に信託の清算の結了があったときは、その日までの間。）、当該書類（当該書類に代えて電磁的記録を書面に記載されている事項をスキャナ（これに準ずる画像読取装置を含む。）により読み取る方法により作成した場合にあっては、当該電磁的記録）又は電磁的記録（当該電磁的記録に代えて書面を作成した場合にあっては、当該書面）を保存する義務を負います（信託法37条4項本文、信託法施行規則26条）。ただし、受益者（複数の受益者が現に存在する場合にあってはそのすべての受益者、信託管理人が現に存在する場合にあっては信託管理人。）に対し、当該書類もしくはその写しを交付し、又は当該電磁的記録に記録された事項を電磁的方法のうち①信託行為に定めた方法、又は②提供規定（信託法37条4項但書（同条5項後段において準用する場合を含む。）もしくは6項但書又は222条6項但書（同条7項後段において準用する場合を含む。）もしくは8項但書）により電磁的記録に記録された事項の提供を受ける者が定めた方法により提供したときは、保存をする義務を負いません（信託法37条4項但書、信託法施行規則27条）。

　また、受託者は、信託財産に属する財産の処分に係る契約書その他の信託事務の処理に関する書類又は電磁的記録を作成し、又は取得した場合には、その作成又は取得の日から10年間（当該期間内に信託の清算の結了があったときは、その日までの間。）、当該書類（当該書類に代えて電磁的記録を書面に記載されている事項をスキャナ（これに準ずる画像読取装置を含む。）により読み取る方法に

より作成した場合にあっては、当該電磁的記録）又は電磁的記録（当該電磁的記録に代えて書面を作成した場合にあっては、当該書面）を保存する義務を負います（信託法37条5項、信託法施行規則26条）。ただし、受益者（複数の受益者が現に存在する場合にあってはそのすべての受益者、信託管理人が現に存在する場合にあっては信託管理人。）に対し、当該書類もしくはその写しを交付し、又は当該電磁的記録に記録された事項を電磁的方法のうち①信託行為に定めた方法、又は②提供規定により電磁的記録に記録された事項の提供を受ける者が定めた方法により提供したときは、保存をする義務を負いません（信託法37条5項但書、信託法施行規則27条）。

さらに、受託者は、貸借対照表等の書類又は電磁的記録を作成した場合には、信託の清算の結了の日までの間、当該書類（当該書類に代えて電磁的記録を書面に記載されている事項をスキャナ（これに準ずる画像読取装置を含む。）により読み取る方法により作成した場合にあっては、当該電磁的記録）又は電磁的記録（当該電磁的記録に代えて書面を作成した場合にあっては、当該書面）を保存する義務を負います（信託法37条6項、信託法施行規則26条）。ただし、その作成の日から10年間を経過した後において、複数の受益者が現に存在する場合にあってはそのすべての受益者、信託管理人が現に存在する場合にあっては信託管理人。）に対し、当該書類もしくはその写しを交付し、又は当該電磁的記録に記録された事項を電磁的方法のうち①信託行為に定めた方法、又は②提供規定により電磁的記録に記録された事項の提供を受ける者が定めた方法により提供したときは、保存をする義務を負いません（信託法37条6項但書、信託法施行規則27条）。

④　閲覧等の請求権に応じる義務

　　受益者は、受託者に対し、請求の理由を明らかにして、信託帳簿

又は信託財産に属する財産の処分に係る契約書その他の信託事務の処理に関する書類（信託法38条1項1号）及びそれらの書類の電磁的記録に記録された事項を紙面又は映像面に表示する方法により表示したもの（同項2号、信託法施行規則28条1号）の閲覧又は謄写の請求をすることができます（信託法38条1項柱書）。

受益者から当該請求があったときは、受託者は、①当該請求した受益者（以下、本項において「請求者」といいます。）がその権利の確保又は行使に関する調査以外の目的で請求を行ったとき（信託法38条2項1号）、②請求者が不適当な時に請求を行ったとき（同項2号）、③請求者が信託事務の処理を妨げ、又は受益者の共同の利益を害する目的で請求を行ったとき（同項3号）、④請求者が当該信託に係る業務と実質的に競争関係にある事業を営み、又はこれに従事するものであるとき（同項4号）、⑤請求者が閲覧又は謄写によって知り得た事実を利益を得て第三者に通報するため請求したとき（同項5号）、⑥請求者が、過去2年以内において、閲覧又は謄写によって知り得た事実を利益を得て第三者に通報したことがあるものであるとき（同項6号）を除き、当該請求を拒むことはできません（同条2項柱書）。なお、①及び②のときについては、閲覧等請求権の行使に一般的に妥当するものであるため、受益者が1人であると、複数であるとを問わず拒否事由になりますが、③から⑥のときについては、請求者の他に利益を保護すべき受益者の存在が前提となるため、③から⑥のときは、受益者が複数ある信託のすべての受益者から当該請求があったとき、又は受益者が1人である信託の当該受益者から当該請求があったときは、受託者は当該請求を拒むことができます（信託法38条3項）。

また、信託行為において、(i)貸借対照表等の書類又は電磁的記録の作成に欠くことのできない情報その他の信託に関する重要な情報

（信託法38条4項1号）、及び(ii)当該受益者以外の者の利益を害するおそれのない情報（信託法38条4項2号）以外の情報について、受益者が同意をしたときは閲覧又は謄写の請求をすることができない旨の定めがある場合には、当該同意をした受益者又はその承継人は、その同意を撤回することができません（同条4項柱書）。当該同意をした受益者又はその承継人から、閲覧又は謄写の請求があったときは、(i)及び(ii)の情報に該当する部分を除き、これを拒むことができます（同条5項）。

なお、信託債権者等の利害関係人は、通常、その関心は信託財産や信託の損益の状況にあるので、受託者に対し、貸借対照表等の書類又は電磁的記録に記録された事項を紙面又は映像面に表示する方法により表示したものの閲覧又は謄写の請求をすることができます（信託法38条6項、信託法施行規則28条2号）。

> **コラム　信託の会計**
>
> 受託者が、信託財産の状況等を帳簿を作成し、それを受益者等に開示することで、受益者等がその内容を検討するためには、信託の会計が適切な会計慣行（一般に公正妥当と認められる会計の慣行）に従ってなされる必要があります（信託法13条）。
>
> しかし、信託法によってすべての会計処理や表示の方法等の細目を定めることは、適切ではないため、信託法では会計については基本事項だけを定め、細目については企業会計基準委員会（ASBT）による「信託の会計処理に関する実務上の取扱い（実務対応報告第23号）」、証券信託における企業会計審議会による「金融商品に関する会計基準（企業会計基準10号）」等の会計慣行が存在する場合には、特段の事情がない限り、それに従わなければなりません。

ケ　他の受益者の氏名等の開示の請求に応じる義務

受益者が複数ある信託における受益者の意思決定（信託法92条各号に掲げる権利の行使に係るものを除く。）は、すべての受益者の一致又は多数決によってこれを決するのが原則です（信託法105条1項本

文、2項本文)。そのため、受益者が面識のない他の受益者に連絡を取ることが必要となる場合に、受益者が他の受益者の氏名及び住所や受益権の内容等を知ることができる仕組みとする必要がありますが、それら個人情報を他の受益者に知られたくない受益者も存在し得るため、そのバランスを図ることが必要となります。また、委託者にも、受益者相互に各受益権の内容を知らせたくないような事情や、受託者が、受益者の個人情報を把握することができなかったり、困難であったりする事情があるような場合もあり得るためです。

そこで、信託法は、他の受益者の氏名等の開示の請求について、受益者が複数ある信託においては、受益者は、受託者に対し、当該請求の理由を明らかにして、①他の受益者の氏名又は名称及び住所(信託法39条1項1号)、②他の受益者が有する受益権の内容(同項2号)を相当な方法により開示することを請求することができるとしています(信託法39条1項柱書)。受託者は、①当該請求を行う受益者(以下、本項において「請求者」といいます。)がその権利の確保又は行使に関する調査以外の目的で請求を行ったとき(信託法39条2項1号)、②請求者が不適当な時に請求を行ったとき(同項2号)、③請求者が信託事務の処理を妨げ、又は受益者の共同の利益を害する目的で請求を行ったとき(同項3号)、④請求者が前項の規定による開示によって知り得た事実を利益を得て第三者に通報するため請求を行ったとき(同項4号)、⑤請求者が、過去2年以内において、開示によって知り得た事実を利益を得て第三者に通報したことがあるものであるとき(同項5号)に該当すると認められる場合を除き、開示請求を拒むことができません。

なお、開示請求についての規定である信託法39条1項及び開示の拒否事由についての規定である同条2項は、信託行為に別段の定めを設けることができる任意規定とされています(同条3項)。

コ　その他

　前記アからケの義務のほか、信託法は信託行為において、受託者が、①信託法の規定により受託者が受益者（信託管理人が現に存在する場合にあっては、信託管理人。②③において同じ。）に対し通知すべき事項を委託者に対しても通知する義務（信託法145条4項1号）、②信託法の規定により受託者が受益者に対し報告すべき事項を委託者に対しても報告する義務（同項2号）、③信託法77条1項又は184条1項の規定により受託者がする計算の承認を委託者に対しても求める義務（同項3号）を負う旨を定めることができると規定しています。

(5) 権限違反行為等

ア　受託者の権限違反行為の取消し

① 受託者が信託財産のためにする意思で権限外の行為を行った場合

　受託者が信託財産のためにする意思で権限外の行為を行った場合において、当該行為は信託財産に帰属しないとすると当該行為の相手方の保護に欠けてしまいます。

　そこで、金銭の借入れ等、当該行為が、受託者の固有財産に効果を帰属させ得る行為であるときは、(i)当該行為の相手方が、当該行為の当時、当該行為が信託財産のためにされたものであることを知っていたこと、(ii)当該行為の相手方が、当該行為の当時、当該行為が受託者の権限に属しないことを知っていたこと又は知らなかったことにつき重大な過失があったことのいずれにも該当するときは、受益者は、当該行為を取り消すことができます（信託法27条1項）。

　一方、当該行為が、信託財産の第三者への売却等の信託財産を直接に目的とする行為である場合は、受託者は、当該行為の効果を信託財産に帰属させる法律行為をしており、当該行為の相手方もその財産について権利を取得する意思を有しているため、受託者の固有財産のみが引当てになっていると認識している可能性はありません。

そのため、前記(i)の要件は当然に満たされているといえ、あと前記(ii)の要件が満たされれば信託法27条1項の規定により受益者による当該行為の取消権が認められることになります。ただし、信託法14条の信託の登記又は登録をすることができる財産については、対抗要件が備えられていないと当該行為の相手方はその財産が信託財産であることの対抗を受けないこととなるため、当該行為の対象となる信託財産が信託法14条の信託の登記又は登録をすることができる財産である場合は、信託法27条1項の規定にかかわらず、(A)当該行為の当時、当該信託財産に属する財産について信託法14条の信託の登記又は登録がされていたこと、(B)当該行為の相手方が、当該行為の当時、当該行為が受託者の権限に属しないことを知っていたこと又は知らなかったことにつき重大な過失があったことのいずれにも該当するときに限り、受益者は、当該行為を取り消すことができます（信託法27条2項）。

　なお、これらの取消権は、受益者が複数あるときは、その1人が行使することで、他の受益者にもその取消しの効力が生じます（同条3項）。また、これらの取消権は、受益者（信託管理人が現に存在する場合にあっては、信託管理人）が取消しの原因があることを知った時から3か月間行使しないとき又は行為の時から1年を経過したときは、時効によって消滅します（同条4項）。

② 受託者が信託財産のためにする意思がなく権限内の行為を行った場合

　例えば、受託者が信託の事務処理として土地を購入しなければならないところ、その土地がお手頃な値段であったことから自身のためにその土地を購入したというように、受託者が信託財産のためにする意思がなく権限内の行為を行った場合、受益者の利益を保護する必要があります。このような場合については、まず、信託法32条

1項が、「受託者は、受託者として有する権限に基づいて信託事務の処理としてすることができる行為であってこれをしないことが受益者の利益に反するものについては、これを固有財産又は受託者の利害関係人の計算でしてはならない。」とし、競合行為の禁止を定めています。しかし、受託者の権限は広範に及ぶ可能性もあるのに、受託者の権限により信託の事務処理としてすることができる行為については、受託者の固有財産の計算によることが一切許されないとすると、受託者の固有財産による取引機会を不当に奪うことになりかねません。そこで、信託法32条2項は、(i)信託行為に当該行為を固有財産又は受託者の利害関係人の計算ですることを許容する旨の定めがあるとき（同項1号）、又は(ii)受託者が当該行為を固有財産又は受託者の利害関係人の計算ですることについて重要な事実を開示して受益者の承認を得たとき（当該行為を固有財産又は受託者の利害関係人の計算ですることができない旨の信託行為の定めがあるときを除く。）（同項但書、同項2号）の2つの場合に例外として競合行為を許容するとしています。

　その上で、競合行為の禁止に違反した場合の効果について、受益者の救済を実効的なものとするため、受益者は、当該行為の時から1年が経過するまでは、第三者の権利を害しない限り、当該行為が信託財産のためにされたものとみなすことができるとされています（信託法32条4項・5項）。

　なお、受益者保護の観点から、受託者が信託法32条1項に掲げる競合行為をしたときは、それが同条2項により例外的に許容される場合であるか否かにかかわらず、受益者に対して、競合行為がされた事実を認識して受託者の行為を事後的にチェックする機会を与えるため、受託者は、信託行為に別段の定めがあるときを除き、受益者に対し、当該行為についての重要な事実を通知しなければならな

いとされています（同条3項）。

イ　損失てん補責任等

① 受益者による損失てん補請求権と原状回復請求権

　受託者がその任務を怠ったことによって、信託財産に損失が生じた場合、受益者（共同信託（受託者が複数の信託のこと、以下同じ。）の場合は、受益者又は他の受託者。本項において同じ。）は、当該受託者に対し、当該損失のてん補を請求することができます（信託法40条1項1号・85条2項）。また、同様に、受託者がその任務を怠ったことによって、信託財産に変更が生じた場合、受益者は、当該受託者に対し、原状の回復を請求することができます（信託法40条1項2号・85条2項）。どちらの場合も、受託者がその任務を怠ったことについて、受託者に故意又は過失があることを要します。

　受益者は、この損失てん補請求権と原状回復請求権のどちらを行使するかを選択することができます（受益者が原状回復請求権を行使し、現状の回復をしても信託財産に損失が生じているときは、さらに、損失てん補請求権を行使することができます。）。例外として、原状の回復が著しく困難であるとき、原状の回復をするのに過分の費用を要するとき、その他受託者に原状の回復をさせることを不適当とする特別の事情があるときには、受益者は、原状回復請求権を行使することはできません（信託法40条1項但書・85条2項）。

　なお、受託者が複数ある信託において、2人以上の受託者がその任務に違反する行為をしたことにより、信託法40条の損失てん補責任と原状回復請責任を負う場合には、当該行為をした各受託者は、連帯債務者となります（同法85条1項）。

② 信託事務処理の第三者への委託との関係

　受託者が信託法28条の規定に違反して信託事務の処理を第三者に委託した場合において、信託財産に損失又は変更を生じたときは、

受託者（共同信託の場合は、受益者又は他の受託者）は、第三者に委託をしなかったとしても信託財産に損失又は変更が生じたことを証明しなければ、損失てん補責任及び原状回復責任を免れることができません（信託法40条2項）。

③　忠実義務との関係

　　受託者が、忠実義務についての規定である信託法30条、利益相反行為の禁止についての規定である信託法31条1項及び2項又は競合行為についての規定である信託法32条1項及び2項に違反する行為をした場合は、受託者は、当該行為によって受託者又はその利害関係人が得た利益の額と同額の損失を信託財産に生じさせたものと推定されます（信託法40条3項）。

④　分別管理義務との関係

　　受託者が分別管理義務に違反して信託財産に属する財産を管理した場合において、信託財産に損失又は変更を生じたときは、受託者は、信託法34条の規定に従い分別して管理をしたとしても損失又は変更が生じたことを証明しなければ、損失てん補責任及び原状回復責任を免れることができません（信託法40条4項）。

⑤　法人である受託者の役員の連帯責任

　　法人である受託者の理事、取締役もしくは執行役又はこれらに準ずる者は、当該法人が信託法40条の規定による損失のてん補責任又は原状回復責任を負う場合において、当該法人が行った法令又は信託行為の定めに違反する行為につき悪意又は重大な過失があるときは、受益者に対し、当該法人と連帯して、損失のてん補責任又は原状回復責任を負います（信託法41条）。

⑥　責任の免除

　　受益者は、信託法40条の規定による損失てん補責任又は原状回復責任、及び信託法41条の規定による法人である受託者の役員の損失

てん補責任又は原状回復責任について、事後的にその全部又は一部を免除することができます（信託法42条）。受益者が複数ある場合は、この免除についての意思表示は、受益者全員の一致によって決する必要があります（信託法105条１項・４項）。

共同信託の場合、これにより受託者の責任が免除されたときは、他の受託者は、信託行為に別段の定めがあるときを除き、当該責任を負うべき受託者に対し、当該責任の追及に係る請求をすることができません（信託法85条３項）。

⑦ 損失てん補責任等に係る債権の期間制限

信託法40条の規定による損失てん補責任又は原状回復責任については、債務不履行責任の一種として捉え、それに係る債権の消滅時効についても債務不履行責任の例によるとされています（信託法43条１項）。また、信託法41条の規定による法人である受託者の役員の損失てん補責任又は原状回復責任に係る債権は、①受益者が当該債権を行使することができることを知った時から５年間行使しないとき（信託法43条２項１号）、又は②当該債権を行使することができる時から10年間行使しないとき（同項２号）に時効によって消滅します（同項柱書）。

なお、受益者としての指定を受けた者は、原則的に、当然に受益権を取得するので（信託法88条１項本文）、自身が受益権を取得していることに気づいていないこともあり得ます。そのため、信託法40条の規定による損失てん補責任又は原状回復責任又は信託法41条の規定による法人である受託者の役員の損失てん補責任又は原状回復責任に係る受益者の債権の消滅時効は、受益者が受益者としての指定を受けたことを知るまでの間（受益者が現に存在しない場合にあっては、信託管理人が選任されるまでの間）は、進行しないものとされています（信託法43条３項）。この受益者の債権は、受託者

がその任務を怠ったことによって信託財産に損失又は変更が生じた時から20年を経過したときは、消滅します（同条4項）。

ウ　受益者による受託者の行為差止め

　受託者が法令もしくは信託行為の定めに違反する行為をし、又はこれらの行為をするおそれがある場合において、当該行為によって信託財産に著しい損害が生ずるおそれがあるときは、受益者（共同信託の場合は、受益者又は他の受託者）は、当該受託者に対し、当該行為をやめることを請求することができます（信託法44条1項・85条4項）。

　また、受託者が公平義務に違反する行為をし、又はこれをするおそれがある場合において、当該行為によって一部の受益者に著しい損害が生ずるおそれがあるときは、当該受益者（共同信託の場合は、当該受益者又は他の受託者）は、当該受託者に対し、当該行為をやめることを請求することができます（信託法44条2項・85条4項）。

　これら差止請求権は裁判外で行使することもできますが、裁判外の行使ではその効果が十分に期待できないこともあり得るため、実務上は、裁判上の行使として差止請求権を被保全債権とする仮の地位を定める仮処分の申立て（民事保全法23条2項）がなされることが多いと思われます。

エ　費用又は報酬の支弁等

　信託法40条、41条又は44条の規定による請求に係る訴えを提起した受益者が勝訴（一部勝訴を含む。）した場合において、当該訴えに係る訴訟に関し、必要な費用（訴訟費用を除く。）を支出したとき、又は弁護士、弁護士法人、弁護士・外国法事務弁護士共同法人、司法書士もしくは司法書士法人に報酬を支払うべきときは、その費用又は報酬は、その額の範囲内で相当と認められる額を限度として、信託財産から支弁するものとされています（信託法45条1項）。

　また、当該訴えを提起した受益者が敗訴した場合であっても、悪意

があったときを除き、当該受益者は、受託者に対し、これによって生じた損害を賠償する義務を負わないものとされています（同条2項）。

オ　検査役の選任

　受託者の信託事務の処理に関し、不正の行為又は法令もしくは信託行為の定めに違反する重大な事実があることを疑うに足りる事由があるときは、受益者は、信託事務の処理の状況並びに信託財産に属する財産及び信託財産責任負担債務の状況を調査させるため、裁判所に対し、検査役の選任の申立てをすることができます（信託法46条1項）。当該申立てがあった場合には、裁判所は、これを不適法として却下する場合を除き、検査役を選任しなければなりません（同条2項。検査役選任の申立てを却下する裁判には、理由を付さなければなりません（同条3項）。）。

　選任された検査役は、その職務を行うため必要があるときは、受託者に対し、信託事務の処理の状況並びに信託財産に属する財産及び信託財産責任負担債務の状況について報告を求め、又は当該信託に係る帳簿、書類その他の物件を調査することができ（信託法47条1項）、当該調査の結果を記載し、又は記録した書面又は電磁的記録（商業登記規則36条1項に規定する電磁的記録媒体（電磁的記録に限る。）及び信託法47条2項の規定により電磁的記録の提供を受ける者が定める電磁的記録）を裁判所に提供して報告をしなければなりません（同条2項、信託法施行規則29条1項。裁判所は、当該報告について、その内容を明瞭にし、又はその根拠を確認するため必要があると認めるときは、当該検査役に対し、更に報告を求めることができます（信託法47条3項）。）。検査役は、当該報告をしたときは、受託者及び検査役選任の申立てをした受益者に対し、裁判所に報告した書面の写しを交付し、又は電磁的記録に記録された事項を電磁的記録に記録された事項の提供を受ける者が定める方法により提供しなければなりません

(同条4項、信託法施行規則29条2項)。

　受託者は、裁判所に報告した書面の写しの交付又は電磁的記録に記録された事項を電磁的記録に記録された事項の提供を受ける者が定める方法による提供があったときは、直ちに、その旨を受益者(検査役選任の申立てをしたものを除く。)に通知しなければならないとされています(信託法47条5項本文、信託法施行規則29条2項)。この通知義務は、信託行為に別段の定めを設けることで免除することができます(信託法47条5項但書)。なお、受託者が通知を怠ることに備えて、報告を受けた裁判所は、必要があると認めるときは、受託者に対し、調査の結果を受益者(検査役選任の申立てをしたものを除く。)に通知することその他の当該報告の内容を周知するための適切な措置をとるべきことを命じなければならないとされています(同条6項)。

(6) **有限責任**

　受益債権に係る債務については、受託者は、信託財産に属する財産のみをもってこれを履行する責任を負うとされています(信託法100条)。これは、受託者に義務違反行為が認められないときの扱いですので、受託者に、義務違反行為が認められ、受益者に損害を与えたときは、当該受託者は、信託法40条等に基づく責任を負うことになります。

(7) **任務の終了**

　ア　**意　義**

　　受託者の任務は、信託の清算が結了した場合のほか、①受託者である個人の死亡(信託法56条1項1号)[16]、②受託者である個人が後見開始又は保佐開始の審判を受けたこと(同項2号)、③受託者(破産手続開始の決定により解散するものを除く。)が破産手続開始の決定を受けたこと(同項3号)[17]、④受託者である法人が合併以外の理由

16　受託者の地位は一身専属的なものであって、受託者の相続人に承継されるものではありません。

により解散したこと（同項4号）、⑤信託法57条の規定による受託者の辞任（同項5号）、⑥信託法58条の規定による受託者の解任（同項6号）、⑦信託行為において定めた事由（同項7号）によって終了します（信託法56条1項本文）。ただし、②又は③に掲げる事由による場合にあっては、信託行為に別段の定めがあるときは、その定めるところによります（同項但書）[18]。

　また、受託者である法人が合併をした場合における合併後存続する法人又は合併により設立する法人及び受託者である法人が分割をした場合における分割により受託者としての権利義務を承継する法人は、信託行為に別段の定めがあるときを除き、受託者の任務を引き継ぐことになります（信託法56条2項・3項）。

イ　受託者の辞任

　受託者は、①委託者及び受益者の同意を得たとき（信託法57条1項本文）[19]、②信託行為に別段の定めがあるとき（同項但書）、又は③やむを得ない事由があることを理由に裁判所の許可を得たとき（同条2項）[20・21]のいずれかの場合に、辞任することができます。

　民法上の委任は、「各当事者がいつでもその解除をすることができる。」（民法651条1項）とされていますが、信託においては、委託者

17　受託者の任務は、受託者が再生手続や更生手続開始の決定を受けたことによっては、原則的に終了しません（信託法56条5項本文・7項。この場合、管財人（更生手続においては、会社更生法74条2項（金融機関等の更生手続の特例等に関する法律47条及び第213条において準用する場合を含む。）の期間を除く。）又は保全管理人があるときは、受託者の職務の遂行並びに信託財産に属する財産の管理及び処分をする権利は、管財人に専属します（信託法56条6項）。）。ただし、信託行為で受託者が再生手続開始の決定を受けたことによって受託者の任務が終了する旨の定めがあるときは、終了します（信託法56条5項但書）。

18　③の事由が生じた場合において、信託行為の別段の定めにより受託者の任務が終了しないときは、受託者の職務は、破産者が行うことになります（信託法56条4項）。

19　委託者が現に存在しない場合には、受託者が受益者のみの同意を得て辞任することはできず、②又は③の手続によって辞任する必要があります（信託法57条6項）。

及び受益者から受託者に対する一方向的な信認関係から成り立っており、いったん受託者が信託を引き受けた後で、自由に辞任できるとすると代わりの受託者の確保が困難であること等、委託者及び受益者の利益を著しく害することになりかねないため、このような仕組みとなっています。

ウ 受託者の解任

委託者及び受益者は、信託行為に別段の定めがあるときを除き、いつでも、その合意により、受託者を解任することができます（信託法58条1項・3項）。委託者及び受益者が受託者に不利な時期に受託者を解任したときは、委託者及び受益者は、信託行為に別段の定めがあるときを除き、やむを得ない事由がない限り受託者の損害を賠償しなければなりません（信託法58条2項・3項）。なお、委託者が現に存在しないときは、受益者のみの意思によって受託者を解任することはできないため（同条7項）、信託行為の別段の定め（同条3項）又は後述の裁判所の解任の手続（同条4項）によることになります。

また、委託者又は受益者は、受託者がその任務に違反して信託財産に著しい損害を与えたことその他重要な事由があるときは、裁判所に受託者解任の申立てをすることができます（信託法58条4項）。この裁判は理由を付してなされ（同条6項）、委託者、受託者又は受益者は、この裁判に対して、即時抗告をすることができます（同条7項）。

エ 受託者の死亡により任務が終了した場合の信託財産の帰属等

信託財産は、受託者に帰属していますが、受託者の固有財産とは区別されており、その意味で独立性を有します。前受託者の死亡により

---

20 受託者は、裁判所に対して辞任の許可申立てをする場合には、その原因となる事実を疎明しなければなりません（信託法57条3項）。

21 辞任の許可の裁判に対しては、不服を申し立てることができません（信託法57条5項）。

任務が終了した場合、信託財産は受託者の固有財産に含まれないため、前受託者の相続人に信託財産の所有権が相続承継されるということはありません。前受託者が死亡してから新受託者が就任するまでの間、信託財産の帰属者がいないという状態に陥ることを避けるため、受託者の死亡（信託法56条1項1号）により受託者の任務（共同信託の場合は、すべての受託者の任務）が終了した場合には、信託財産は、民法951条の規定に準じて、法人とみなすとされています（信託法74条1項・86条3項）。この場合において、必要があると認めるときは、裁判所は、利害関係人の申立て[22]により、信託財産法人管理人[23]による管理を命ずる処分（以下、「信託財産法人管理命令」といいます。）[24]をすることができます（信託法74条2項）。

ただし、新受託者が就任したときは、信託財産法人は、民法955条の規定に準じて、はじめから成立しなかったものとみなされ（同条4項本文）[25]、信託財産法人管理人の代理権は、民法956条1項の規定に準じて、新受託者が信託事務の処理をすることができるに至った時に消滅します（同条5項）。

(8) 前受託者の義務等

ア 前受託者の通知及び保管の義務等

受託者の任務が、①受託者（破産手続開始の決定により解散するものを除く。）が破産手続開始の決定を受けたこと（信託法56条1項3号）、②受託者である法人が合併以外の理由により解散したこと（同

---

22 この申立てに係る事件については、信託法63条2項から4項までの規定が準用されます（信託法74条3項）。
23 信託財産法人管理人については、信託法66条から72条までの規定が準用されます（信託法74条6項）。
24 信託財産法人管理命令をする場合については、信託法64条の規定が準用されます（信託法74条6項）。
25 この場合、信託財産法人管理人がその権限内でした行為の効力は妨げられません（信託法74条4項但書）。

項4号)、③信託法57条の規定による受託者の辞任(同項5号)、④信託法58条の規定による受託者の解任(同項6号)、⑤信託行為において定めた事由(同項7号)により終了した場合には、信託行為に別段の定めがあるときを除き、受託者であった者(以下、「前受託者」といいます。)は、受益者(共同信託の場合は、受益者又は他の受託者)に対し、その旨を通知しなければならないとされています(信託法59条1項・86条1項)。①の事由により受託者の任務が終了した場合には、前受託者は、破産管財人に対し、信託財産に属する財産の内容及び所在、信託財産責任負担債務の内容のほか、信託財産に属する財産の内容及び所在(信託法施行規則5条1号)、信託財産責任負担債務の内容(同条2号)、知れている受益者及び信託法182条1項2号に規定する帰属権利者の氏名又は名称及び住所(同条3号)、信託行為の内容(同条4号)を通知しなければならないとされています(信託法59条2項、信託法施行規則5条)。

また、受託者の任務(共同信託の場合は、すべての受託者の任務。本項においては以下同じ。)が、前記②から⑤の事由により終了した場合には、信託行為に別段の定めがあるときを除き、前受託者は、新たな受託者(信託法64条1項の規定により信託財産管理者が選任された場合にあっては、信託財産管理者。以下、「新受託者等」といいます。)が信託事務の処理をすることができるに至るまで、引き続き信託財産に属する財産の保管をし、かつ、信託事務の引継ぎに必要な行為をしなければなりません(信託法59条3項・86条1項)[26]。なお、③の事由(受託者が委託者及び受益者の同意を得て辞任する場合に限る。)により受託者の任務が終了した場合には、前受託者は、信託行

---

26 この場合(信託法59条4項本文に規定する場合を除く。)において、前受託者が信託財産に属する財産の処分をしようとするときは、受益者は、新受託者等が信託事務の処理をすることができるに至るまでは、前受託者に対し、当該財産ことを請求することができます(信託法59条5項)。

為に別段の定めがあるときを除き、新受託者等が信託事務の処理をすることができるに至るまで、引き続き受託者としての権利義務を有します（信託法59条4項・86条1項）。

イ　前受託者の相続人等の通知及び保管の義務等

　　受託者の任務（共同信託の場合は、すべての受託者の任務。以下、本項において同じ。）が、①受託者である個人の死亡（信託法56条1項1号）、②受託者である個人が後見開始又は保佐開始の審判を受けたこと（同項2号）により終了した場合において、前受託者の相続人（法定代理人が現に存在する場合にあっては、その法定代理人）又は成年後見人もしくは保佐人（以下、「前受託者の相続人等」と総称します。）がその事実を知っているときは、信託行為に別段の定めがあるときを除き、前受託者の相続人等は、知れている受益者（共同信託の場合、受益者及び他の受託者）に対し、これを通知しなければなりません（信託法60条1項・86条2項）。その際、前受託者の相続人等は、新受託者等又は信託財産法人管理人が信託事務の処理をすることができるに至るまで、信託財産に属する財産の保管をし、かつ、信託事務の引継ぎに必要な行為をしなければなりません（信託法60条2項）。前受託者の相続人等が信託財産に属する財産の処分をしようとするときは、受益者は、新受託者等又は信託財産法人管理人が信託事務の処理をすることができるに至るまで、これらの者に対し、当該財産の処分をやめることを請求することができます（同条3項）。

　　また、受託者の任務が、受託者（破産手続開始の決定により解散するものを除く。）が破産手続開始の決定を受けたこと（信託法56条1項3号）により終了した場合には、破産管財人は、新受託者等が信託事務を処理することができるに至るまで、信託財産に属する財産の保管をし、かつ、信託事務の引継ぎに必要な行為をしなければなりません（同条4項・86条2項）。この場合において、破産管財人が

信託財産に属する財産の処分をしようとするときは、受益者は、新受託者等が信託事務の処理をすることができるに至るまで、破産管財人に対し、当該財産の処分をやめることを請求することができます（信託法60条5項）。

なお、前受託者の相続人等又は破産管財人は、新受託者等又は信託財産法人管理人に対し、信託法60条1項、2項又は4項の規定による行為をするために支出した費用及び支出の日以後におけるその利息の償還を請求することができます（同条6項）。この請求権の優先権の範囲については、その共益的な性質から、受託者が信託財産から費用等の償還を受ける権利についての優先権の範囲（信託法49条6項、7項）と同様とされています（信託法60条7項）。

ウ　費用又は報酬の支弁等

信託法59条5項、60条3項又は5項による差止請求権に係る訴えを提起した受益者が勝訴（一部勝訴を含む。）した場合において、当該訴えに係る訴訟に関し、必要な費用（訴訟費用を除く。）を支出したとき、又は弁護士、弁護士法人、弁護士・外国法事務弁護士共同法人、司法書士もしくは司法書士法人に報酬を支払うべきときは、その費用又は報酬をその額の範囲内で相当と認められる額を限度として、信託財産から支弁を受ける権利が認められています（信託法61条1項）。

また、訴えを提起した受益者が敗訴した場合であっても、悪意があったときを除き、当該受益者は、受託者に対し、これによって生じた損害を賠償する義務を負いません（同条2項）。

(9)　新受託者の選任

信託法56条1項各号に掲げる事由により受託者の任務が終了した場合において、信託行為に新たな受託者（以下、「新受託者」といいます。）に関する定めがあるときは、その者が新受託者となりますが、そのような定めがないとき、又は信託行為の定めにより新受託者となるべき者と

して指定された者が信託の引受けをせず、もしくはこれをすることができないときは、委託者及び受益者（委託者が現に存在しない場合は、受益者）は、その合意により、新受託者を選任することができます（信託法62条1項・8項）。この場合において、同項の合意に係る協議の状況（委託者が現に存在しない場合は、受益者の状況）その他の事情に照らして必要があると認めるときは、裁判所は、利害関係人の申立てにより、新受託者を選任することができます（同条4項）。この裁判は、理由を付してなされ（同条5項）、この裁判に対しては、委託者もしくは受益者又は現に存在する受託者に限り、即時抗告をすることができます（同条6項）。なお、この即時抗告は、執行停止の効力を有します（同条7項）。

信託行為に新受託者となるべき者を指定する定めがあるときは、利害関係人は、新受託者となるべき者として指定された者に対し、相当の期間を定めて、その期間内に就任の承諾をするかどうかを確答すべき旨を催告することができます（同条2項本文。ただし、当該定めに停止条件又は始期が付されているときは、当該停止条件が成就し、又は当該始期が到来した後に限る（同項但書）。）。この催告があった場合において、新受託者となるべき者として指定された者は、同項の期間内に委託者及び受益者（委託者が現に存在しない場合は受益者。複数の受益者が現に存在する場合にあってはその1人、信託管理人が現に存在する場合にあっては信託管理人）に対し確答をしないときは、就任の承諾をしなかったものとみなされます（信託法62条3項・8項）。これにより、委託者又は受益者は、信託法62条1項又は4項の規定により、合意又は裁判により新受託者を選任することができることになります。

なお、委託者が現に存在しない場合、受託者の辞任又は解任においては、受益者のみの同意による受託者の辞任又は受益者のみの意思による受託者の解任がいずれも禁止されているのに対し（信託法57条6項、58

条8項)、新受託者の選任については、受益者のみで可能とされているのは、受託者不在の場合における新受託者の選任は、受託者の辞任又は解任の場合に比べて、より必要性と緊急性が高いためとされています。

(10) **信託財産管理者等**

　信託法56条1項各号に掲げる事由により受託者の任務が終了した場合において、新受託者が選任されておらず、かつ、必要があると認めるときは、新受託者が選任されるまでの間、裁判所は、利害関係人の申立てにより、信託財産管理者を選任し、その者による管理を命ずる処分(以下「信託財産管理命令」といいます。)をすることができます(信託法63条1項、64条1項。信託財産管理命令に対しては、利害関係人に限り、即時抗告をすることができます(同条4項)が、信託財産管理者の選任の裁判に対しては、不服を申し立てることができません(信託法64条2項)。[27]。この場合において、裁判所書記官は、信託財産に属する権利で登記又は登録がされたものがあることを知ったときは、職権で、遅滞なく、信託財産管理命令の登記又は登録を嘱託することとされています(信託法64条5項)[28]。信託財産管理者が選任されると、受託者の職務の遂行並びに信託財産に属する財産の管理及び処分をする権利は、信託財産管理者に専属します(同法66条1項)。前受託者が信託財産管理者の選任の裁判があった後に信託財産に属する財産に関してした法律行為は、信託財産との関係においては、その効力を主張することができません(信託法65条1項)[29]。

27　裁判所が信託財産管理者の選任の裁判をしたときは、直ちに①信託財産管理者を選任した旨、②信託財産管理者の氏名又は名称が公告されます(信託法64条3項)。
28　信託財産管理命令を取り消す裁判があったとき、又は信託財産管理命令があった後に新受託者が選任された場合において当該新受託者が信託財産管理命令の登記もしくは登録の抹消の嘱託の申立てをしたときは、裁判所書記官は、職権で、遅滞なく、信託財産管理命令の登記又は登録の抹消を嘱託することになります(信託法64条6項)。
29　前受託者が信託財産管理者の選任の裁判があった日にした法律行為は、当該裁判があった後にしたものと推定されます(信託法65条2項)。

信託財産管理者は、就職の後直ちに信託財産に属する財産の管理に着手します（同法67条）。信託財産管理者は、その職務を行うにあたっては、受託者と同一の義務及び責任を負います（同法69条）。信託財産管理者が、民法103条の定める範囲、すなわち、①保存行為、②信託財産に属する財産の性質を変えない範囲内において、その利用又は改良を目的とする行為の範囲を超える行為をするには、裁判所の許可を得なければならず（信託法66条4項）[30]、この許可を得ずしてなされた行為は、無効とされます（同条5項本文。ただし、善意の第三者に対抗することはできません（同項但書）。）。

　信託財産管理者が複数あるときは、原則的には、これらの者が共同してその権限に属する行為をしなければなりませんが、（同条2項本文）、裁判所の許可[31]を得て、それぞれ単独にその職務を行い、又は職務を分掌することができます（同項但書）。また、第三者の意思表示は、信託財産管理者の1人に対してすれば足ります（同条3項）。

　受託者の辞任の規定である信託法57条2項から5項までの規定は信託財産管理者の辞任について、受託者の解任の規定である信託法58条4項から7項までの規定は信託財産管理者の解任について、それぞれ準用されます（信託法70条）[32]。

　信託財産管理者は、信託財産から裁判所が定める額の費用の前払及び報酬を受けることができます（信託法71条1項）。裁判所は、費用又は報酬の額を定める裁判をする場合には、信託財産管理者の陳述を聴かなければなりません（同条2項）。

　この費用又は報酬の額を定める裁判に対しては、信託財産管理者に限り、即時抗告をすることができます（同条3項）。

30　この許可の裁判に対しては、不服を申し立てることができません（信託法66条8項）。
31　この許可の裁判に対しては、不服を申し立てることができません（信託法66条8項）。
32　信託法57条2項中「やむを得ない事由」とあるのは、「正当な事由」と読み替えて準用されます（信託法70条）。

後述の前受託者による新受託者等への信託事務の引継ぎ等の規定である信託法77条の規定は、信託財産管理者の選任後に新受託者が就任した場合について準用されます（同法72条）。

(11) 受託者の職務代行者の権限

現受託者に代わり、新たに臨時の受託者を選任する方法としては、信託法63条以下に規定する信託財産管理者を選任する方法のほか、民事保全法23条2項の規定に基づき、受託者の代行者選任の仮処分を求める方法が考えられますが、その職務代行者については、仮処分命令に別段の定めがある場合を除き、信託法66条の規定する信託財産管理者の権限と同様の権限を有するものとされています（同法73条）。

(12) 受託者の変更に伴う権利義務の承継等

ア 信託に関する権利義務の承継等

受託者の死亡（信託法56条1項1号）により受託者の任務が終了した場合において、新受託者が就任したときは、新受託者は、前受託者の任務が終了した時に、その時に存在する信託に関する権利義務を前受託者から承継したものとみなされます（信託法75条1項）。また、受託者の辞任（信託法57条1項に定める委託者及び受益者の同意による辞任、信託行為の定めによる辞任に限る。）により受託者の任務が終了した場合（信託法59条4項但書の場合を除く。）には、前受託者は、新受託者等が信託事務の処理をすることができるに至るまで、引き続き受託者としての権利義務を有するため、新受託者は、新受託者等が就任した時に、その時に存在する信託に関する権利義務を前受託者から承継したものとみなされます（信託法75条2項)[33]。これらの場合において、新受託者が就任するに至るまでの間に前受託者、信託財産管理者又は信託財産法人管理人がその権限内でした行為の効力は妨げません（同条3項）。受託者の権限違反行為の取消しについての規定である信託法27条の規定は、新受託者等が就任するに至るまでの

間に前受託者がその権限に属しない行為をした場合について準用されます（同条4項）。

イ　前受託者の責任

前受託者（その相続人を含む。以下、本項において同じ。）が、信託法40条の規定による損失てん補責任や原状回復責任を負う場合又は法人である前受託者の理事、取締役もしくは執行役もしくはこれらに準ずる者（以下、「理事等」と総称します。）が信託法41条の規定による法人である受託者の役員の損失てん補責任又は原状回復責任を負う場合には、新受託者等又は信託財産法人管理人は、前受託者又は理事等に対し、損失てん補や原状回復の請求をすることができます（信託法75条5項）。

ウ　費用等の償還、報酬の支払い等

前受託者（その相続人を含む。以下、本項において同じ。）が信託財産から費用等の償還もしくは損害の賠償を受けることができ、又は信託報酬を受けることができる場合には、前受託者は、新受託者等又は信託財産法人管理人に対し、費用等の償還もしくは損害の賠償又は信託報酬の支払を請求することができます（信託法75条6項本文）。ただし、新受託者等又は信託財産法人管理人は、信託財産に属する財産をもってこれを履行する責任を負うに留まります（同項但書）。

なお、前受託者は、この請求に係る債権の弁済を受けるまで、信託財産に属する財産を留置することができます（信託法75条9項）。また、前受託者が費用等の償還等の請求をするときで、受託者が信託法40条の規定による損失てん補責任や原状回復責任を負う場合には、信

33　共同信託の場合は、信託行為に別段の定めがあるときを除き、信託法75条1項及び2項の規定にかかわらず、受託者の1人の任務が信託法56条1項各号に掲げる事由により終了した場合には、その任務が終了した時に存在する信託に関する権利義務は他の受託者が当然に承継し、その任務は他の受託者が行います（信託法86条3項）。

託行為に別段の定めがあるときを除き、この責任を先に履行しなければなりません（信託法75条7項の準用する同法48条4項）。

エ　承継された債務に関する前受託者及び新受託者の責任

　　前記アにより信託債権に係る債務が新受託者に承継された場合にも、前受託者は、信託財産に属する財産のみをもって履行する責任を負う債務（信託法21条2項参照）を除き、自己の固有財産をもって、その承継された債務を履行する責任を負い続けます（信託法76条1項）。一方、新受託者は、債務を承継した場合に、信託財産に属する財産のみをもってこれを履行する責任を負うに留まります（同条2項）。

オ　前受託者による新受託者等への信託事務の引継ぎ等

　　新受託者等が就任した場合には、前受託者は、遅滞なく、信託事務に関する計算を行い、受益者（複数の受益者が現に存在する場合にあってはそのすべての受益者、信託管理人が現に存在する場合にあっては信託管理人）に対して、その承認を求めるとともに、新受託者等が信託事務の処理を行うのに必要な信託事務の引継ぎをしなければならないとされています（信託法77条1項）[34]。受益者が前受託者から計算の承認を求められた時から1か月以内に異議を述べなかった場合には、当該受益者は、当該計算を承認したものとみなされます（同条3項）。

(13)　**受託者が複数ある信託の特例**

ア　信託財産の合有

　　受託者が2人以上ある信託（共同信託）においては、信託財産は、その合有とされます（信託法79条）。

---

[34] 受益者（信託管理人が現に存在する場合にあっては、信託管理人）が前受託者の計算を承認した場合には、前受託者の職務の執行に不正の行為があったときを除き、当該受益者に対する信託事務の引継ぎに関する責任は、免除されたものとみなされます（信託法77条2項）。

イ 信託事務の処理の方法

共同信託においては、委託者は、一般的に、受託者相互が監視することにより、適正に信託事務の処理が行われることを期待していると考えられることから、信託事務の処理については、信託行為に別段の定めがあるときを除き、受託者の過半数をもって決するものとされています（信託法80条1項・6項）。保存行為については、信託行為に別段の定めがあるときを除き、各受託者が単独で決することができます（同条2項・6項）。信託行為に別段の定めがあるときを除き、各受託者は相互に他の受託者を代理する権限を有しているものとみなされ（同条5項・6項）、各受託者は、対外的に単独で、当該決定に基づいて信託事務を執行することができるとされています（同条3項・6項）。

ただし、共同信託には、委託者が各受託者が個別に独立してそれぞれの専門性を活かして信託事務を処理することを期待しているものがあり、このような場合には、信託行為に受託者の職務の分掌に関する定めを置くことができ、各受託者は、その定めに従い、自己の分掌する職務の限度で、独立して信託事務の処理について決定し、執行することができます（同条4項）[35]。

なお、受託者が複数ある信託においては、第三者の意思表示は、その1人に対してすれば足りますが、受益者の意思表示については、信託行為に別段の定めがあるときは、その定めるところによるとされています（同条7項）。

ウ 信託事務の処理についての決定の他の受託者への委託

共同信託においては、委託者は、一般的に、受託者相互が監視することにより、適正に信託事務の処理が行われることを期待していると

---

[35] 信託財産に関する訴えについて、各受託者は、自己の分掌する職務に関し、他の受託者のために原告又は被告となります（信託法81条）。

考えられることから、共同受託者の1人から、他の受託者に対する信託事務の処理に関する決定権限の委託を広く認めてしまうと、その期待に反することになりかねません。そのため、共同信託においては、各受託者は、信託行為に別段の定めがある場合又はやむを得ない事由がある場合を除き、他の受託者に対し、信託事務（常務に属するものを除く。）の処理についての決定を委託することができないこととされています（信託法82条）。

エ　信託事務の処理に係る債務の負担関係

共同信託において、信託事務を処理するにあたって各受託者が第三者に対し債務を負担した場合には、各受託者は、連帯債務者となります（信託法83条1項）。

信託行為に受託者の職務の分掌に関する定めがある場合においては、各受託者は、自己の分掌する職務の限度で独立して信託事務の処理を決定し、執行することができるため、受託者の1人の行為の相手方は、通常、他の受託者の存在を認識していません。そのため、信託行為に受託者の職務の分掌に関する定めがある場合において、ある受託者がその定めに従い信託事務を処理するにあたって第三者に対し債務を負担したときは、他の受託者は、信託財産に属する財産のみをもってこれを履行する責任を負うに留まります（同条2項本文）。ただし、当該第三者が、その債務の負担の原因である行為の当時、当該行為が信託事務の処理としてされたこと及び受託者が2人以上ある信託であることを知っていた場合であって、信託行為に受託者の職務の分掌に関する定めがあることを知らず、かつ、知らなかったことにつき過失がなかったときは、当該他の受託者の固有財産も責任財産となります（同項但書）。

オ　信託の終了の特例

信託法163条3号は、「受託者が欠けた場合であって、新受託者が就

任しない状態が一年間継続したとき」を信託の終了事由の1つとして規定していますが、共同信託の場合は、同号中「受託者が欠けた場合」とあるのは、「すべての受託者が欠けた場合」とされます（信託法87条1項）。

共同信託においては、受託者の一部が欠けた場合であって、信託法86条4項但書の規定によりその任務が他の受託者によって行われず、かつ、新受託者が就任しない状態が1年間継続したときも、信託は終了します（信託法87条2項）。

3 受益者

(1) 意　義
受益者は、委託者が信託により利益を享受させようとした者であり、信託財産の実質的所有者のことをいいます。

(2) 適　格
受益者の資格について、信託法上明文の規定があるわけではありませんが、信託法9条の脱法信託における受益者は、信託の利益を享受することができません。

(3) 権　限
受益者は、受託者に対して、信託行為により定められた受益権を行使することで、信託の利益を享受することができます。

ア　受益権の取得
信託行為の定めにより受益者となるべき者として指定された者（信託法89条1項に規定する受益者指定権等の行使により受益者又は変更後の受益者として指定された者を含む。）は、信託行為に別段の定め（ex.受益権の取得について受益の意思表示を要する旨の定め、受益権

の取得について条件や期限を付す旨の定め、委託者等が受益者を変更する権利を有する旨の定め等）があるときを除き、当然に受益権を取得します（信託法88条1項）[36]。

受託者は、受益者となるべき者として指定された者が、その指定されたことを常に知っているとは限らないため、指定された者が、受益権を取得したことを知らないときは、信託行為に別段の定めがあるときを除き、その者に対し、遅滞なく、その旨を通知しなければなりません（同条2項）。

イ　受益者指定権等

受益者を指定し、又は変更する権利（以下、「受益者指定権等[37]」といいます。）を有する者（委託者、受託者又は第三者）の定めのある信託においては、受益者指定権等は、受託者（受益者指定権等を有する者が受託者である場合は、受益者となるべき者）に対する意思表示によって行使します（信託法89条1項・6項）。

また、受益者指定権等を有する者が誰であるかを問わず、受益者指定権等は、遺言によって行使することができます（同条2項）。遺言は相手方のない単独行為であるため、遺言者の死亡により受益者変更権等の行使の効力が生じても、受託者がそれを知らないまま、変更前の受益者の受益権行使に対応してしまうこともあり得ます。そのような場合、遺言の存在や内容を知らない受託者の利益を保護するため、遺言によって受益者指定権等が行使された場合において、受託者がこ

36　民法上の第三者のためにする契約においては、給付を受ける当該第三者の権利は、当該第三者が債務者に対して契約の利益を享受する意思を表示した時に発生するものとされています（民法537条3項）。

37　受益者指定権等が一身専属的な権利であるか否かは、信託行為の趣旨の解釈によります。そのため、受益者指定権等は、原則的に、相続によって承継されないものとされます（信託法89条5項本文）。しかし、例外的に、信託行為に別段の定めがあるときに、その定めにより、相続によって承継されるものとすることができます（同項但書）。

れを知らないときは、これにより受益者となったことをもって当該受託者に対抗することができないとされています（同条3項）。

なお、受託者は、受益者を変更する権利が行使されたことにより受益者であった者がその受益権を失ったときは、信託行為に別段の定めがあるときを除き、その者に対し、遅滞なく、その旨を通知しなければならないとされています（同条4項）。

ウ　受益権の譲渡
① 意　義

受益権は、受益者の有する権利の総体であって、義務の要素を含まず、また、受託者は、受益権の譲渡人に対する抗弁事由をもって常に譲受人にも対抗することができること（信託法95条）から、受益者は、受益権の性質上譲渡が許されない場合を除き、受託者の承諾を要することなく、その有する受益権を譲渡することができます（同法93条1項）。

② 譲渡制限の定め

受益権の譲渡を禁止し、又は制限したいという場合は、その旨の信託行為の定め（以下、「譲渡制限の定め」といいます。）を設けることができます。その譲渡制限の定めは、その定めがされたことを知り、又は重大な過失によって知らなかった譲受人その他の第三者に対抗することができるものとされています（信託法93条2項）。

③ 対抗要件

受益権の譲渡は、譲渡人が受託者に通知をし、又は受託者が承諾をしなければ、受託者その他の第三者に対抗することができず（信託法94条1項）、かつ、この通知及び承諾は、確定日付のある証書によってしなければ、受託者以外の第三者に対抗することができません（同条2項）。

④ 放　棄

受益者は、信託の利益の享受を強制されるわけではありませんので、受託者に対し、受益権を放棄する旨の意思表示をすることができます（信託法99条1項本文）。ただし、①委託者は自らが受益者となる受益信託を設定することができること、②委託者又は受託者は信託設定後に他の受益者から受益権を譲り受けることができることから、受益者が信託行為の当事者である委託者や受託者である場合は、受益権の放棄をすることができないこととされています（同項但書）。ただし、これは、信託法99条に規定する遡及効を有する受益権の放棄ができないということであり、将来効を有する一般の権利としての放棄ができないということではありません。

　また、受益権の放棄の効果として、受益者は、当初から受益権を有していなかったものとみなされ（同条2項本文）、放棄した受益者は、既に給付を受けていたものがあれば不当利得として信託財産に返還すべきことになり、他に受益者がいない限り、当該信託は、設定当初から受益者が存在しないことになって、目的の不達成により終了することになります（当該信託は、初めから無効とされるわけではなく、将来に向かって終了することになります。）。しかし、放棄により受益権が遡及的に消滅するとなると、放棄に先立って行われた信託の変更が事後的に受益者の同意を欠くものとされたり、受益権に質権が設定されている場合に質権者の利益が害されたりするおそれがあるため、受益権を放棄する旨の意思表示によって第三者の権利を害することはできないこととされています（同条2項但書）。

エ　受益債権

　受益債権とは、「信託行為に基づいて受託者が受益者に対し負う債務であって信託財産に属する財産の引渡しその他の信託財産に係る給付をすべきものに係る債権」のことをいいます（信託法2条7項）[38]。

この受益債権に係る債務については、受託者は、信託財産に属する財産のみをもってこれを履行する責任を負います（同法100条）。

また、受益債権と信託債権との優先劣後関係については、①受益債権と信託債権は、ともに受託者に対する債権ですが、受益債権は信託財産から給付を受けることを内容とするものであり、信託債権は、基本的に信託財産の価値の維持や増加を目的とし受託者の信託事務の処理に基づくものであること、②受益債権と信託債権を同順位とすると、信託債権者のリスク管理に重大な影響を及ぼすことになり、信託債権者からの与信を減少させたり、市場に混乱を招くおそれがあったりすること等から受益債権は、信託債権に劣後するものとされています（同法101条）。

受託者が、受益者に対して信託に係る給付をしなければならないにもかかわらず、受益者が給付を受ける権利の行使を怠っていたり、受益者の所在が不明であったりする場合に、受託者が長期間にわたって給付をすることができないときについて、受益債権の消滅時効は、債権の消滅時効の例によるとされています（信託法102条1項）。また、除斥期間として、受益債権を行使することができる時から20年を経過したときは、受益債権は消滅するとされています（同条4項）。

なお、受益債権の消滅時効の起算点については、受益者が、受益者としての指定を受けたことを知るに至るまでの間（受益者が現に存在しない場合にあっては、信託管理人が選任されるまでの間）は、消滅時効は進行しないとされています（同条2項）。また、消滅時効の援用については、①受託者が、消滅時効の期間の経過後、遅滞なく、受

---

38 一方、受益権は、「受益債権」及び「これを確保するためにこの法律の規定に基づいて受託者その他の者に対し一定の行為を求めることができる権利」を合わせたもののことをいい（信託法2条7項）、受益者の有する権利の総体あるいは包括的な地位のことをいうため、受益権は、受益債権を含む広い概念といえます。

益者に対し受益債権の存在及びその内容を相当の期間を定めて通知し、かつ、受益者からその期間内に履行の請求を受けなかったとき（信託法102条3項1号）、又は②消滅時効の期間の経過時において受益者の所在が不明であるとき、その他信託行為の定め、受益者の状況、関係資料の滅失その他の事情に照らして、受益者に対し①の通知をしないことについて正当な理由があるとき（同項2号）に限り、援用することができるとされています。

オ　受益権取得請求権

受益者の利益に重大な影響を及ぼすおそれのある信託の変更等については、それが受益者の意思に反し、あるいは受益者が損害を受けるおそれがある場合に、受益者は、受益権の譲渡だけでなく、受託者に対し、自己の有する受益権を公正な価格で取得することを請求することができます（受益権取得請求権）。ただし、受託者に対する受益権取得請求権を行使するケースをあまりにも広く認めると信託の安定性を害し、受益権取得請求権を行使しなかった受益者や信託債権者の利益を害することにもなりかねません。そこで、信託法103条は、受益者（当該変更に賛成する旨の意思表示をした受益者を除く。）が、受託者に対し、受益権取得請求権を行使し得るケースを、①信託の目的の変更（信託法103条1項1号）、②受益権の譲渡の制限（同項2号）、③受託者の義務の全部又は一部の減免（当該減免について、その範囲及びその意思決定の方法につき信託行為に定めがある場合を除く。）（同項3号）、④受益債権の内容の変更（当該内容の変更について、その範囲及びその意思決定の方法につき信託行為に定めがある場合を除く。）（同項4号）、⑤信託行為において定めた事項（同項5号）に係る信託の変更がなされるときに限定しています（信託法103条1項本文・3項。①②に係る信託の変更の場合には、その変更により損害を受けるおそれがない受益者（当該変更に賛成する旨の意思表示をした

受益者を除く。）も受益権取得請求権を行使することができます（信託法103条1項但書・3項）。）。

また、信託の併合又は分割がされる場合には、これらにより損害を受けるおそれのある受益者（当該信託の合併又は分割に賛成する旨の意思表示をした受益者を除く。）は、受託者に対し、自己の有する受益権を公正な価格で取得することを請求することができます（信託法103条2項本文・3項）。ただし、前記①②の変更を伴う信託の併合又は分割がされる場合にあっては、その変更により損害を受けるおそれがない受益者（当該信託の合併又は分割に賛成する旨の意思表示をした受益者を除く。）も受益権取得請求権を行使することができます（同項但書・3項）。

なお、受託者が、受益者が受益権取得請求権を行使し得る信託の変更、合併又は分割の意思決定をしたときは、その意思決定の日から20日以内に、受益者に対し、①重要な信託の変更等をする旨（信託法103条4項1号）、②重要な信託の変更等の効力発生日（同項2号）、③重要な信託の変更等の中止に関する条件を定めたときは、その条件（同項3号）を通知又は公告しなければならないとされており（信託法103条4項・5項）、受益者は、当該通知又は公告の日から20日以内に、受益権取得請求に係る受益権の内容を明らかにして、受益権取得請求権を行使しなければなりません（同条6項）。いったん受益権取得請求権を行使した受益者は、受託者の承諾を得ない限り、その受益権取得請求を撤回することができません（同条7項）。なお、受益者が受益権取得請求権を行使し得る信託の変更、合併又は分割が中止されたときは、受益権取得請求は、その効力を失います（同条8項）。

受益権取得請求の際の受益権の価格は、私的自治の観点から、第一次的には、受託者と受益者との協議により決定します。受託者と受益者との間に協議が調ったときは、受託者は、受益権取得請求の日から

60日を経過する日（その日までに効力発生日が到来していない場合にあっては、効力発生日）までにその支払をしなければなりません（信託法104条1項）。しかし、受益権取得請求の日から30日以内に協議が調わないときは、受託者又は受益者は、その期間の満了日後30日以内に裁判所に対し、価格の決定の申立てをすることができます（信託法104条2項）[39・40]。受益権取得請求に係る受託者による受益権の取得の効力は、当該受益権の価格に相当する金銭の支払の時に生じ（同条9項）、それにより受託者が受益権を取得したときは、信託の変更、併合又は分割の意思決定において別段の定めがされたときを除き、その取得に係る受益権は消滅します（同条12項）。

カ　受益者連続型信託

① 意　義

　　後継ぎ遺贈の民法上の効力についての争いを受けて、平成18年の信託法の改正によって、受益者連続型信託についての信託法91条が創設され、「受益者の死亡により、当該受益者の有する受益権が消滅し、他の者が新たな受益権を取得する旨の定め（受益者の死亡により順次他の者が受益権を取得する旨の定めを含む。）のある信託は、当該信託がされた時から30年を経過した時以後に現に存在する受益者が当該定めにより受益権を取得した場合であって当該受益者が死亡するまで又は当該受益権が消滅するまでの間、その効力を有する。」という規定が設けられました。

　　この規定により、信託の仕組みによって、後継ぎ遺贈を実現でき

---

[39] 信託法103条7項の規定にかかわらず、この期間内に受益権の価格の決定の申立てがないときには、その期間の満了後は、受益者は、いつでも、受益権取得請求を撤回することができます（信託法104条7項）。

[40] 受益権の価格の決定の裁判に対しては、申立人及び申立てをすることができる者は、即時抗告をすることができ（信託法104条5項）、その即時抗告は、執行停止の効力を有するとされています（同条6項）。

るようになりました（厳密には、この規定は後継ぎ遺贈だけでなく、委託者の生前中からも受益者が連続していくような信託を含む規定です。）。

② 有効期間

受益者連続型信託の有効期間は、信託法91条により「当該信託がされた時から30年を経過した時以後に現に存在する受益者が当該定めにより受益権を取得した場合であって当該受益者が死亡するまで又は当該受益権が消滅するまでの間」とされています。そのため、例えば、第一次受益者をA、第二次受益者をB、第三次受益者をCとする受益者連続型信託において、Aの死亡によるBの受益権取得が当該信託が設定されたときから30年を経過時よりも前のときは、Bが当該信託が設定されたときから30年を経過時以後に死亡したとしてもCは受益権を取得することができますが、Aの死亡によるBの受益権取得が当該信託が設定されたときから30年を経過後のときは、Bが死亡してもCは受益権を取得することができないことになります。

キ 単独受益者権

信託において受益者は、受益者の受託者に対する監督についての権利と受益者の意思決定についての権利を有します。

このうち、前者の権利は、受益者の利益保護を強化し、受託者に対する実効的な監督を可能にするためのものといえ、信託法92条各号列挙の次の権利については、信託行為の定めにより受益者の権利を制限することができない単独受益者権であるとされています。

① 信託法の規定による裁判所に対する申立権（信託法92条1号）
② 信託法5条1項の規定による催告権（同法2号）
③ 信託法23条5項又は6項の規定による異議を主張する権利（同法3

号）
④　信託法24条1項の規定による支払の請求権（同法4号）
⑤　信託法27条1項又は2項（これらの規定を信託法75条4項において準用する場合を含む。）の規定による取消権（同法5号）
⑥　信託法31条6項又は7項の規定による取消権（同法6号）
⑦　信託法36条の規定による報告を求める権利（同法7号）
⑧　信託法38条1項又は6項の規定による閲覧又は謄写の請求権（同法8号）
⑨　信託法40条の規定による損失のてん補又は原状の回復の請求権（同法9号）
⑩　信託法41条の規定による損失のてん補又は原状の回復の請求権（同法10号）
⑪　信託法44条の規定による差止めの請求権（同法11号）
⑫　信託法45条1項の規定による支払の請求権（同法12号）
⑬　信託法59条5項の規定による差止めの請求権（同法13号）
⑭　信託法60条3項又は5項の規定による差止めの請求権（同法14号）
⑮　信託法61条1項の規定による支払の請求権（同法15号）
⑯　信託法62条2項の規定による催告権（同法16号）
⑰　信託法99条1項の規定による受益権を放棄する権利（同法17号）
⑱　信託法103条1項又は2項の規定による受益権取得請求権（同法18号）
⑲　信託法131条2項の規定による催告権（同法19号）
⑳　信託法138条2項の規定による催告権（同法20号）
㉑　信託法187条1項の規定による交付又は提供の請求権（同法21号）
㉒　信託法190条2項の規定による閲覧又は謄写の請求権（同法22号）
㉓　信託法198条1項の規定による記載又は記録の請求権（同法23号）
㉔　信託法226条1項の規定による金銭のてん補又は支払の請求権（同法24号）

㉕ 信託法228条1項の規定による金銭のてん補又は支払の請求権（同法25号）

㉖ 信託法254条1項の規定による損失のてん補の請求権（同法26号）

　また、後者の権利については、受益者が複数いる信託における受益者の意思決定（前記①から㉖の単独受益者権の行使に係るものを除く。）は、信託行為に別段の定め[41]があるときを除き、すべての受益者の一致によってこれを決するとされています（信託法105条1項）。

41　受益者集会における多数決による旨の定めが典型的な例です（受益者集会については、信託法106条から122条参照。）。

第4章　信託財産と対抗要件

1　信託財産

　信託の対象となる財産（信託財産）について、信託法2条1項は、単に「財産」と規定しています。信託の対象となる財産は、金銭的価値に見積もることができる積極財産であり、かつ、委託者の財産から分離することが可能な財産であれば足りるという趣旨です。具体的には、金銭、不動産、有価証券、知的財産権、特許を受ける権利、外国の財産権、事業等も含まれますが、委託者の生命・身体・名誉等の人格権は含まれません。

　なお、信託の対象となる財産には、消極財産は含まれないため、債務を信託することはできません。しかし、委託者の負担する債務について、受託者が民法上の債務引受をし、信託財産責任負担債務とすることは可能です。

2　信託財産の独立性

　信託財産は、受託者に帰属していますが、受託者は、信託財産を自分の利

2 信託財産の独立性

益のために自由に使用・収益・処分することが認められるわけではありません。受託者は、信託の目的に従って管理・運用等を行い、信託の利益を受益者に帰属させる必要があるため、信託財産と固有財産とは別扱いとされ、信託財産は、委託者・受託者・受益者から独立した財産となります（信託財産の独立性）。信託財産の独立性は、信託法中の次の(1)から(9)の規律にみられます。

(1) 信託財産の物上代位性

信託財産の管理、処分、滅失、損傷その他の事由により受託者が得た財産は信託財産に属します（信託法16条1号）。例えば、信託財産を売却することによって受託者が取得する売買代金の支払請求権や信託財産に属する金銭で受託者が購入した財産等、信託財産が他の財産に形を変えても、その新たな形となった財産が信託財産を構成します（信託財産の物上代位性）。

また、この信託法上の物上代位は、民法上の物上代位より広く、①信託行為において信託財産に属すべきものと定められた財産（信託法16条柱書）、②信託財産について付合、混和又は加工があった場合等において信託財産に属することとなった財産（同法17条ないし19条）、③限定責任信託又は会計監査人設置信託において一定の要件のもとに受益者又は会計監査人から受託者に対して支払われたり、交付されたりした金銭その他の財産（同法226条3項、228条3項、254条2項）、④受託者が任務を懈怠したことにより信託財産に生じた損失につきてん補した金銭（同法40条）、⑤信託の併合又は分割により新たな信託の信託財産に属することとなった財産、⑥信託財産に対する贈与によって受託者が無償で取得した財産、⑦受託者が信託財産を引当てとして借り入れた金銭等も信託財産を構成します（同法16条2号）。

(2) 付　合

信託財産と受託者の固有財産、もしくは他の信託の信託財産に属する

財産との付合、混和又はこれらの財産を材料とする加工があった場合には、各信託の信託財産及び固有財産は各別の所有者に属するものとみなして、民法242条から248条までの規定を適用するものとされています（信託法17条）。受託者の固有財産や他の信託の信託財産については、法的には、いずれも受託者が所有権を有しているため、民法上の付合、混和、加工についての民法242条から248条までの規定を適用することはできません。しかし、実質的には、各財産の利益は受託者個人や各信託の受益者に別々に帰属するものなので、各財産が各別の所有者に属するものとみなした上で、民法上の規定を適用するとされています。

(3) **識別不能**

受託者には、信託財産と固有財産及び他の信託の信託財産を区別して管理すべき義務（分別管理義務）がありますが（信託法34条）、受託者がこの分別管理義務に違反したり、天災等のやむを得ない事由が発生したりすることにより、信託財産と固有財産又は他の信託の信託財産が識別することができなくなった場合、仮に受託者が破産手続開始の決定を受けたときの倒産隔離の対象財産や識別不能状態にある財産の一部が滅失したときの損失の分担が問題となります。

信託財産について識別不能の状態が生じた場合には、各財産の共有持分が、その識別不能の状態が生じた当時における当該各財産の価格の割合に応じて、信託財産と固有財産又は各信託の信託財産に属するものとみなされます（信託法18条1項・3項）。また、その価格の割合を立証することが困難な場合は、共有持分の割合は均等であると推定されます（同条2項）。

(4) **混　同**

信託財産は、受託者の固有財産から独立した別個の財産であって、その経済的利益は実質的に受益者に帰属することから、民法上の混同の特則として、信託法20条は次のように規定しています。

まず、同一物について所有権及び他の物権が信託財産と固有財産又は他の信託の信託財産とにそれぞれ帰属した場合には、民法179条1項本文の規定にかかわらず、当該他の物権は、消滅しません（信託法20条1項）。

また、所有権以外の物権及びこれを目的とする他の権利が信託財産と固有財産又は他の信託の信託財産とにそれぞれ帰属した場合には、民法179条2項前段の規定にかかわらず、当該他の権利は、消滅しません（信託法20条2項）。

さらに、①信託財産に属する債権に係る債務が受託者に帰属した場合（信託財産責任負担債務となった場合を除く。）（信託法20条3項1号）、②信託財産責任負担債務に係る債権が受託者に帰属した場合（当該債権が信託財産に属することとなった場合を除く。）（同項2号）、③固有財産又は他の信託の信託財産に属する債権に係る債務が受託者に帰属した場合（信託財産責任負担債務となった場合に限る。）（同項3号）、④受託者の債務（信託財産責任負担債務を除く。）に係る債権が受託者に帰属した場合（当該債権が信託財産に属することとなった場合に限る。）（同項4号）には、民法520条本文の規定にかかわらず、当該債権は、消滅しません。

(5) 強制執行等の制限

ア 意義

信託財産に属する財産は、形式的には受託者に帰属しますが、信託の利益は受益者に帰属するため、受託者の債権者による信託財産に属する財産に対する強制執行、仮差押え、仮処分もしくは担保権の実行もしくは競売（担保権の実行としてのものを除く。以下、本項において同じ。）又は国税滞納処分（その例による処分を含む。以下、本項において同じ。）（以下、これらを「強制執行等」といいます。）は、信託法21条1項各号に掲げる信託財産責任負担債務に係る債権（信託

財産に属する財産について生じた権利を含む。）に基づく場合を除いて行うことができません（信託法23条1項）。

イ　強制執行等のできる債権者

契約又は遺言による信託の委託者の債権者は、原則的に信託財産に対して強制執行等のできる債権者にあたりません。そのため、その信託が詐害信託であるとして信託財産に強制執行等をしようとする場合は、まず、債権者の側で詐害信託の取消訴訟（信託法11条1項）を提起して、信託財産として委託者から受託者に拠出された財産を委託者に復帰させる必要があります。

一方、自己信託の場合は、信託財産責任負担債務に係る債権を有する債権者のほか、当該委託者（受託者であるものに限る。）に対する債権で信託前に生じたものを有する債権者は、自己信託がされたときから2年間に限り（信託法23条4項）、詐害信託の取消訴訟（同法11条1項）を提起せずに、債務名義等に基づいて直ちに信託財産に属する財産に対し、強制執行等をすることができます（同法23条2項）。

ウ　異議の主張等

前記ア及びイに違反してされた強制執行、仮差押え、仮処分又は担保権の実行もしくは競売に対しては、受託者又は受益者は、第三者異議の訴えに準ずる訴えを提起することで異議を主張することができます（信託法23条5項）。また、前記ア及びイに違反してされた国税滞納処分に対しては、受託者又は受益者は、当該処分について不服申立てをすることで異議を主張することができます（同条6項）。

なお、これらの異議に係る訴えを提起した受益者が勝訴（一部勝訴を含む。）した場合において、当該訴えに係る訴訟に関し、必要な費用（訴訟費用を除く。）を支出したとき、又は弁護士、弁護士法人、弁護士・外国法事務弁護士共同法人、司法書士もしくは司法書士法人に報酬を支払うべきときは、その費用又は報酬は、その額の範囲内で

相当と認められる額を限度として、信託財産から支弁することとされています（信託法24条1項）。一方、これらの異議に係る訴えを提起した受益者が敗訴した場合であっても、悪意があったときを除き、当該受益者は、受託者に対し、これによって生じた損害を賠償する義務を負わないこととされています（同条2項）。

(6) **信託財産と受託者の破産手続との関係**

　受託者と破産手続との関係については、まず、受託者が破産手続開始の決定を受けた場合であっても、信託財産に属する財産は、破産財団に属しないとされています（信託法25条1項）。また、受益債権（信託行為に基づいて受託者が受益者に対し負う債務であって信託財産に属する財産の引渡しその他の信託財産に係る給付をすべきものに係る債権（同法2条7項））及び信託債権（受託者が信託財産に属する財産のみをもって履行の責任を負う債務に係る債権（受益債権を除く。））であって受託者が信託財産に属する財産のみをもってその履行の責任を負うものは、いずれも破産債権とならないとされています（信託法25条2項）。さらに、信託財産に属する財産とともに受託者の固有財産を引当財産とする信託債権は、受託者の破産手続の対象となりますが、この信託債権は、経済的実質的には、第三者の財産に物上担保を設定しているとみることができるため、免責許可の決定による信託債権に係る債務の免責は、受託者の固有財産との関係では効力が認められるものの、信託財産との関係においては効力を主張することができないとされています(同条3項)。

　信託財産と受託者の再生手続の関係については、信託法25条4項ないし6項が、信託財産と受託者の更生手続との関係については、同条7項が、前記の受託者と破産手続との関係について定めた同条1項ないし3項と同趣旨の規定を設けています。

(7) **信託財産に属する債権等についての相殺の制限**

　ア　第三者からの相殺

① 原　則

　　受託者が固有財産又は他の信託の信託財産（以下、本項において「固有財産等」といいます。）に属する財産のみをもって履行する責任を負う債務（以下、本項において「固有財産等責任負担債務」といいます。）に係る債権の債権者は、原則的に、当該債権を自働債権として信託財産に属する債権に係る債務と相殺する意思表示をしても、その効力が生じることはありません（信託法22条1項柱書）。

　　当該債権者の債権が、受託者の固有財産のみを引当てとする場合、当該債権を回収するためにそれを自働債権として信託財産に属する債権に係る債務と相殺することは、当該債権を受託者個人の債権者は、受託者の固有財産しか引き当てを受けることができず、信託財産に属する財産に対する強制執行等の制限（同法23条1項）等の信託の基本原則に反するため、そのような相殺はすることができません。また、受託者がA信託とB信託の2つの信託の受託者となっているときに、当該債権者の債権がA信託の信託財産のみを引き当てとする場合は、B信託の信託財産に当該債権者に対する債権があったとしても、当該債権者は、自己の債権を自働債権として相殺することは、B信託の信託財産から債権を回収してしまうことになりますし、B信託の受益者の利益を損なうことになるため、そのような相殺はすることができません。

② 例　外

　(ⅰ) 受託者の承認

　　　①において原則的に禁止される相殺も、(a)信託行為に当該相殺を固有財産又は受託者の利害関係人の計算ですることを許容する旨の定めがあるとき（信託法32条2項1号）、(b)当該相殺を固有財産又は受託者の利害関係人の計算ですることができない旨の信託行為の定めがない場合で、受託者が当該相殺を固有財産又は受

託者の利害関係人の計算ですることについて重要な事実を開示して受益者の承認を得たとき（同項2号）等の利益相反行為の禁止の例外に該当する事情がある場合、受託者は当該相殺を承認することができます（信託法22条2項）。信託財産の独立性の確保と信託財産の保護の観点からは、そのような相殺を有効とした方が受益者にとって利益になる場合もあると考えられるためです。なお、受託者による承認の前に信託財産に属する債権について差押えをした債権者に対しては、相殺の効力を主張することができないと考えられています（最判平成9年6月5日民集51巻5号2053頁は、「譲渡禁止の特約のある指名債権について、譲受人が右特約の存在を知り、又は重大な過失により右特約の存在を知らないでこれを譲り受けた場合でも、その後、債務者が右債権の譲渡について承諾を与えたときは、右債権譲渡は譲渡の時にさかのぼって有効となるが、民法116条の法意に照らし、第三者の権利を害することはできないと解するのが相当である」としており、その事案と類似の法的構造であるといえるためです。)。

(ⅱ) 認識の相違

①において、原則的に禁止される相殺も、(a)固有財産等責任負担債務に係る債権の債権者が、当該債権を取得した時又は当該信託財産に属する債権に係る債務を負担した時のいずれか遅い時において、相殺の受働債権である信託財産に属する債権が固有財産等に属するものでないことを知らず、かつ、知らなかったことにつき過失がなかった場合（信託法22条1項1号）、(b)固有財産等責任負担債務に係る債権の債権者が、当該債権を取得した時又は当該信託財産に属する債権に係る債務を負担した時のいずれか遅い時において、相殺の自働債権である固有財産等責任負担債務が信託財産責任負担債務でないことを知らず、かつ、知らなかった

ことにつき過失がなかった場合（同項2号）には、民法478条において定める受領権者としての外観を有する者に対する弁済についての規定と同様の観点から、例外的に相殺をすることが認められます。

③　受託者保護のための相殺禁止

信託財産責任負担債務（信託財産に属する財産のみをもってその履行の責任を負うものに限る。）に係る債権の債権者は、(a)当該債権を取得した時又は当該固有財産に属する債権に係る債務を負担した時のいずれか遅い時において、当該固有財産に属する債権が信託財産に属するものでないことを知らず、かつ、知らなかったことにつき過失がなかった場合（信託法22条3項但書）や、(b)受託者が相殺を承認した場合（同条4項）を除き、当該債権をもって固有財産に属する債権に係る債務と相殺をすることができません（同条3項）。

イ　受託者の相殺

受託者から行う相殺については、受託者の義務（善管注意義務、忠実義務又はそれらを具体化した利益相反行為の禁止）の問題とされているため、信託法においてそれを直接的に禁止する規定が設けられているわけではありません。

受託者が信託財産に属する債権を自働債権として、それと受託者の固有財産に属する財産のみをもって履行する義務を負う債務に係る債権との間において、相殺の意思表示をした場合、受託者は信託財産に属する債権によって、自らの債務を支払ったことになり、信託財産を個人的に利用したことになります。そのため、当該相殺は、利益相反として禁止行為とされる「第三者との間において信託財産のためにする行為であって受託者又はその利害関係人と受益者との利益が相反することとなるもの」（信託法31条1項4号）に該当し、第三者がこれを知っていたとき又は知らなかったことにつき重大な過失があったと

きに限り、受益者は、受託者による相殺の意思表示を取り消すことができることになります（同条7項）。ただし、①信託行為に当該相殺をすることを許容する旨の定めがあるとき（信託法31条2項1号）、②受託者が当該相殺について重要な事実を開示して受益者の承認を得たとき（同項2号）、③受託者が当該相殺をすることが信託の目的の達成のために合理的に必要と認められる場合であって、受益者の利益を害しないことが明らかであるとき、又は当該相殺の信託財産に与える影響、当該相殺の目的及び態様、受託者の受益者との実質的な利害関係の状況その他の事情に照らして正当な理由があるとき（同項4号）は、利益相反行為の禁止の例外として、相殺を有効に行うことができます。

　なお、受託者が、信託財産に属する債権と他の信託の信託財産に属する債権との間においてする相殺の意思表示をすることは、信託法31条1項各号に定める利益相反の禁止行為に該当せず、受託者の義務（当該相殺が双方代理にあたるときは忠実義務、当該相殺が第三者との取引によるときは善管注意義務）の問題とされます。

(8) 共有物分割

　民法上、共有物の分割は、各共有者の分割請求に基づき、まず共有者間で協議をし、その協議が調わないときはその分割を裁判所に請求することで行います。しかし、信託法17条又は18条の適用の結果、信託財産と固有財産又は信託財産と他の信託の信託財産とに共有持分が属する場合において、共有物分割を行う場合に、誰を共有者として扱うべきかが問題となります。そのような場合の民法の特則として、信託法19条は次のように規定しています。

　まず、受託者に属する特定の財産について、その共有持分が信託財産と固有財産とに属する場合には、①信託行為において定めた方法（信託法19条1項1号）、②受託者（受託者が複数あるときは、固有財産に共

有物が属する受託者）と受益者（信託管理人が現に存在する場合にあっては、信託管理人）との協議による方法（同項2号）、③分割をすることが信託の目的の達成のために合理的に必要と認められる場合であって、受益者の利益を害しないことが明らかであるとき、又は当該分割の信託財産に与える影響、当該分割の目的及び態様、受託者（受託者が複数あるときは、固有財産に共有物が属する受託者）の受益者との実質的な利害関係の状況その他の事情に照らして正当な理由があるときは、受託者が決する方法（同項3号）によって、当該共有財産の分割をすることができます（信託法19条1項・84条）。②の協議が調わないときその他①から③に掲げる方法による分割をすることができないときは、受託者（受託者が複数あるときは、固有財産に共有物が属する受託者）又は受益者（信託管理人が現に存在する場合にあっては、信託管理人）は、裁判所に対し、同項の共有物の分割を請求することができるとされています（信託法19条2項・84条）。

　また、受託者に属する特定の財産について、その共有持分が信託財産と他の信託の信託財産とに属する場合（受託者が複数あるときは、その場合において、当該信託財産に係る信託又は他の信託財産に係る信託に受託者が複数ある場合）には、①各信託の信託行為において定めた方法（信託法19条3項1号）、②各信託の受益者（信託管理人が現に存在する場合にあっては、信託管理人）の協議による方法（同項2号）、③各信託について、分割をすることが信託の目的の達成のために合理的に必要と認められる場合であって、受益者の利益を害しないことが明らかであるとき、又は当該分割の信託財産に与える影響、当該分割の目的及び態様、受託者（受託者が複数あるときは、各信託財産の共有持分が属する受託者）の受益者との実質的な利害関係の状況その他の事情に照らして正当な理由があるときは、各信託の受託者が決する（受託者が複数あるときは、協議する）方法（同項3号・84条）により、当該共有財産の分

割をすることができます（信託法19条3項・84条）。②（受託者が複数あるときは、②又は③）の協議が調わないときその他①から③に掲げる方法による分割をすることができないときは、各信託の受益者（信託管理人が現に存在する場合にあっては、信託管理人）は、裁判所に対し、同項の共有物の分割を請求することができるとされています（信託法19条4項・84条）。

(9) 信託財産責任負担債務

　受託者が信託財産に属する財産をもって履行する責任を負う債務を信託財産責任負担債務といいます（信託法2条9項）。具体的には、①受益債権（信託法21条1項1号）、②信託財産に属する財産について信託前の原因によって生じた権利（同項2号）[42]、③信託前に生じた委託者に対する債権であって、当該債権に係る債務を信託財産責任負担債務とする旨の信託行為の定めがあるもの（同項3号）[43]、④信託法103条1項又は2項の規定による受益権取得請求権（同項4号）、⑤信託財産のためにした行為であって受託者の権限に属するものによって生じた権利（同項5号）[44]、⑥信託財産のためにした行為であって受託者の権限に属しないもののうち、(i)信託法27条1項又は2項（これらの規定を信託法75条4項において準用する場合を含む。(ii)において同じ。）の規定により取り消すことができない行為（当該行為の相手方が、当該行為の当時、

---

[42] 例えば、既に担保権が設定されている不動産について、信託行為又は受託者の信託の事務処理によって当該不動産が信託財産となった場合における当該担保権のことをいいます。

[43] 委託者が負担する債務について、信託設定時の信託行為の定めにより受託者が信託財産責任負担債務として引き受けることとした場合の当該債務に係る債権のことをいいます。

[44] 受託者が信託行為の定めに基づいて、信託財産のために借入れをした場合における当該借入れに係る貸金債権のことをいいます。なお、この受託者の行為は、客観的に受託者の権限の範囲内のものである必要があり、かつ、その行為により生じる経済的な利益・不利益を信託財産に帰属させるとの受託者の主観的意思がある必要があります。

当該行為が信託財産のためにされたものであることを知らなかったもの（信託財産に属する財産について権利を設定し又は移転する行為を除く。）を除く。）（信託法21条1項6号イ）、(ⅱ)信託法27条1項又は2項の規定により取り消すことができる行為であって取り消されていないもの（信託法21条1項6号ロ）によって生じた権利、⑦信託法31条6項に規定する処分その他の行為又は同条7項に規定する行為のうち、これらの規定により取り消すことができない行為又はこれらの規定により取り消すことができる行為であって取り消されていないものによって生じた権利（信託法21条1項7号）、⑧受託者が信託事務を処理するについてした不法行為によって生じた権利（同項8号）、⑨⑤から⑧までに掲げるもののほか、信託事務の処理について生じた権利（同項9号）[45]に係る債務のことをいいます。

また、この信託財産責任負担債務のうち、(A)受益債権（信託法21条2項1号）、(B)信託行為に信託法216条1項の定めがあり、かつ、同法232条の定めるところにより登記がされた場合における信託債権（信託財産責任負担債務に係る債権であって、受益債権でないものをいいます。以下、本項において同じ。）（信託法21条2項2号）、(C)(A)(B)に掲げる場合のほか、この法律の規定により信託財産に属する財産のみをもってその履行の責任を負うものとされる場合における信託債権（同項3号）[46]、

---

45 例えば、受託者が土地の工作物である信託財産を所有することにより負担する民法717条1項但書の損害賠償債務に係る債権等のことをいいます。
46 ①前受託者の有する費用等の償還請求権等に関する新受託者等の責任（信託法75条6項）、②承継された債務に関する新受託者の責任（同法76条2項）、③職務分掌の定めがある場合の共同受託者の責任（同法83条2項）、④受益債権に係る受託者の責任（同法100条）、⑤受益権取得請求に係る債務に関する受託者の責任（同法104条11項）、⑥受益者集会の費用に関する受託者の責任（同法122条2項）、⑦信託管理人等の費用等の請求に関する受託者の責任（同法127条4項（137条、144条及び256条で準用する場合を含む。））、⑧帰属権利者が有する債権で残余財産の給付をすべき債務に係る清算受託者の責任（同法183条5項）等のことをいいます。

(D)信託債権者との間で信託財産に属する財産のみをもってその履行の責任を負う旨の合意がある場合における信託債権（同項4号）に係る債務について、受託者は、信託財産に属する財産のみをもってその履行の責任を負います（信託法21条2項柱書）。すなわち、信託法21条1項各号に掲げる①から⑨の権利に係る債務から同条2項各号に掲げる(A)から(D)の権利に係る債務を除いたものについては、信託財産に属する財産と受託者の固有財産に属する財産がともに責任財産になるということです。

⑽ **信託財産に属する財産の占有の瑕疵の承継**

　受託者は、信託財産に属する財産の占有について、委託者の占有の瑕疵を承継します（信託法15条）。例えば、委託者となる者が、ある財産を悪意で占有している場合に、善意の受託者に当該財産を信託財産として自益信託を設定して移転させ、受託者のみで10年占有したことによる取得時効を成立させたり、即時取得をさせたりして自らの占有の瑕疵を受託者の占有により治癒させて不当に利益を得るようなことができないような仕組みになっています。

3　対抗要件

　信託が設定されると信託財産を構成する財産が受託者に帰属しますが、信託財産については、受託者個人に対する債権者はそれを差し押さえることができませんし、受託者が破産したとしても、信託財産は破産財団には組み込まれません。信託の設定により、受託者の財産のうち一定のものが別扱いされることになるので、取引の安全を図るため、信託財産を構成する財産であることが公示される必要があります（公示の原則）。

　そこで、信託法14条は、信託財産であることの公示について、「登記又は登録をしなければ権利の得喪及び変更を第三者に対抗することができない財

産については、信託の登記又は登録をしなければ、当該財産が信託財産に属することを第三者に対抗することができない。」と規定しています。公示が要求されるのは、不動産、著作権、特許権等の「登記又は登録をしなければ権利の得喪及び変更を第三者に対抗することができない財産」に限定されているので、現金や一般的な動産、金銭債権等については、信託財産であることの公示は要求されていません。なお、動産や金銭債権については、「動産及び債権の譲渡の対抗要件に関する民法の特例等に関する法律（平成10年法律104号）」による登記制度がありますが、これは、民法上、対抗要件として規定されている動産については引渡し、債権については一定の通知・承諾の代わりとして登記をすることを可能とするものに過ぎないため、動産や金銭債権は、「登記又は登録をしなければ権利の得喪及び変更を第三者に対抗することができない財産」に該当せず、それらが信託財産であることを第三者に対抗するために登記・登録は要求されません。

第5章　信託関係人

　民事信託では、受益者が高齢者や未成年者のように、受託者の監督をするのに十分な能力を有していない者であることも想定されます。そこで、信託法は、受益者の正常な受益権行使が実現されるように、次の3種類の信託関係人の規定を置いています。これらの信託関係人には、信託業法の規制が及ばないため、司法書士、弁護士、行政書士、税理士等の専門職が業として職に就くことができます。

(1)　**信託管理人**

　　信託管理人は、受益者が現に存在しない場合[47]に、将来的に現れることになる受益者に代わって、受託者の監督や信託に係る意思決定を行う者です（信託法123条ないし130条）。例えば、未だ生まれていない子を受益者として指定する場合、ある大会の優勝者を受益者として指定したところ優勝者が未だ決まってない場合、信託行為の定めによって受益者を指定する権利を有する者が未だその指定権を行使しない場合（信託法89条）等、受益者の候補者・対象者はいるものの、未だ存在していない

---

[47] 受益者の一部が未だ存在しない場合は、この「受益者が現に存在しない場合」にあたらないものと解されています。

場合に置かれることが予定されています。
ア　権　限
　信託管理人は、信託行為に別段の定めがあるときを除き、受益者のために自己の名をもって受益者の権利に関する一切の裁判上又は裁判外の行為をする権限を有するとされています（信託法125条1項）。信託管理人は、複数置くことができますが、その際は、信託行為に別段の定めがあるときを除き、これらの者が共同してその権限に属する行為をすることになります（同条2項）。
　また、信託管理人があるときは、信託管理人の権限行使が円滑に行われるように、信託法により受益者に対してすべき通知は、信託管理人に対してしなければならないとされています（同条3項）。

イ　義　務
　信託管理人は、善管注意義務をもって、受益者のために、誠実かつ公平に前記アの権限を行使しなければならないとされています（信託法126条）。

ウ　催　告
　信託行為に信託管理人となるべき者を指定する定めがあるときは、利害関係人は、信託管理人となるべき者として指定された者に対し、相当の期間を定めて、その期間内に就任の承諾をするかどうかを確答すべき旨を催告することができます（信託法123条2項本文。当該定めに停止条件又は始期が付されているときは、当該停止条件が成就し、又は当該始期が到来した後に限り催告することができます（同項但書）。）。この催告があった場合において、信託管理人となるべき者として指定された者は、当該期間内に委託者（委託者が現に存在しない場合にあっては、受託者）に対し確答をしないときは、就任の承諾をしなかったものとみなされます（信託法123条3項）。
　なお、受益者が現に存在しない場合において、信託行為に信託管理

(1) 信託管理人

人に関する定めがないとき、又は信託行為の定めにより信託管理人となるべき者として指定された者が就任の承諾をせず、もしくはこれをすることができないときは、裁判所は、利害関係人の申立てにより、信託管理人を選任することができ（同条4項）、この裁判があったときは、当該信託管理人について信託行為に信託管理人となるべき者を指定する定めが設けられたものとみなされます（同条5項）[48]。

エ　資　格

信託管理人には、①未成年者、②当該信託の受託者である者は就くことができません（信託法124条）。

オ　費用等及び報酬

信託管理人は、受託者に対し、その事務を処理するのに必要と認められる費用及び支出の日以後におけるその利息を請求することができます（信託法127条1項）。また、信託管理人は、受託者に対し、①信託管理人がその事務を処理するため自己に過失なく損害を受けた場合は、当該損害の額、②信託管理人がその事務を処理するため第三者の故意又は過失によって損害を受けた場合（①の場合を除く。）は、当該第三者に対し賠償を請求することができる額について、その賠償を請求することができます（同条2項）。さらに、信託管理人は、商法512条の規定の適用がある場合のほか、信託行為に信託管理人が報酬を受ける旨の定めがある場合に限り、受託者に報酬を請求することができます（同条3項）[49・50]。

受託者は、信託管理人からの前記費用等及び報酬の請求に係る債務については、信託財産に属する財産のみをもってこれを履行する責任を負います（同条4項）。

---

[48] 信託管理人を選任する裁判に対しては、委託者もしくは受託者又は既に存在する信託管理人に限り、即時抗告をすることができます（信託法123条7項）。その即時抗告は、執行停止の効力を有します（同条8項）。

カ　任務の終了

　　信託管理人の任務の終了については、受託者の任務の終了についての規定である信託法56条が準用されています（信託法128条1項）。

キ　辞　任

　　信託管理人の辞任については、受託者の辞任についての規定である信託法57条が準用されています（信託法128条2項）。

ク　解　任

　　信託管理人の解任については、受託者の解任についての規定である信託法58条が準用されています（信託法128条2項）。

ケ　新信託管理人の選任等

　　信託管理人の任務が終了した場合における新たな信託管理人（以下、「新信託管理人」といいます。）の選任については、新受託者の選任についての規定である信託法62条が準用されています（信託法129条1項）。

　　信託管理人であった者は、新信託管理人の就任後、遅滞なく、新信託管理人がその事務処理を行うのに必要な事務の引継ぎをしなければなりません（同条2項）。また、受益者が存在するに至った後においてその受益者となった者を知ったときは、信託管理人であった者は、遅滞なく、当該受益者となった者に対しその事務の経過及び結果を報告しなければならないとされています（同条3項）。

コ　信託管理人による事務の処理の終了等

49　報酬の額は、信託行為に報酬の額又は算定方法に関する定めがあるときはその定めるところにより、その定めがないときは相当の額となります（信託法127条5項）。

50　裁判所は、信託法123条4項の規定により選任した信託管理人については、その報酬を定めることができます（信託法127条6項）。この報酬についての裁判があったときは、当該信託管理人について、信託行為に信託法127条3項の規定による信託管理人が報酬を受ける旨の定め及び同条5項の報酬の額に関する定めがあったものとみなされます（同条7項）。また、信託管理人の報酬についての裁判に対しては、受託者及び信託管理人に限り、即時抗告をすることができるとされています（同条9項）。

(2) 信託監督人

　　信託管理人による事務の処理は、①受益者が存在するに至ったこと（信託法130条1項1号）、②委託者が信託管理人に対し事務の処理を終了する旨の意思表示をしたこと（同項2号）、③信託行為において定めた事由（同項3号）により終了します。ただし、②の事由による場合にあっては、信託行為に別段の定めがあるときは、その定めるところによるとされています（信託法130条1項但書）。

　　これにより信託管理人による事務の処理が終了した場合には、信託管理人であった者は、遅滞なく、受益者に対しその事務の経過及び結果を報告しなければなりません（同条2項）[51]。

(2) 信託監督人

　　信託監督人は、現に受益者が存在する場合に、受益者の受益権行使を確実なものにするために、受託者を監督する者です（信託法131条ないし137条）。例えば、受益者が認知症や知的障害で判断能力が低下している者、高齢者、未成年者等であって、受益者自身では、受託者を監督することが困難な事情がある場合に置かれることが予定されています。実務上、そのような人々の財産管理や生活支援等を行うことを目的とする福祉型の民事信託の利用検討をするときには、受益者保護の観点から設置を検討すべき信託関係人といえます。

ア　権　限

　　信託監督人は、信託行為に別段の定めがあるときを除き、受益者のために自己の名をもって単独受益者権の規定である信託法92条各号（17号、18号、21号及び23号を除く。）に掲げる権利に関する一切の裁判上又は裁判外の行為をする権限を有します（信託法132条1項）。

　　信託監督人は、複数置くことができますが、その際は、信託行為に別段の定めがあるときを除き、全員が共同してその権限に属する行為

51　ただし、受益者が存在するに至った後においてその受益者となった者を知った場合に限ります（信託法130条2項但書）。

をしなければならないとされています（同条2項）。

イ 義　務

　信託監督人は、善良な管理者の注意をもって、受益者のために、誠実かつ公平に前記アの権限を行使しなければならないとされています（信託法133条）。

ウ 催　告

　信託行為に信託監督人となるべき者を指定する定めがあるときは、利害関係人は、信託監督人となるべき者として指定された者に対し、相当の期間を定めて、その期間内に就任の承諾をするかどうかを確答すべき旨を催告することができます（信託法131条2項本文。当該定めに停止条件又は始期が付されているときは、当該停止条件が成就し、又は当該始期が到来した後に限り催告することができます（同項但書）。）。この催告があった場合において、信託監督人となるべき者として指定された者は、当該期間内に委託者（委託者が現に存在しない場合にあっては、受託者）に対し確答をしないときは、就任の承諾をしなかったものとみなされます（同条3項）。なお、受益者が受託者の監督を適切に行うことができない特別の事情がある場合において、信託行為に信託監督人に関する定めがないとき、又は信託行為の定めにより信託監督人となるべき者として指定された者が就任の承諾をせず、もしくはこれをすることができないときは、裁判所は、利害関係人の申立てにより、信託監督人を選任することができ（同条4項）、この裁判があったときは、当該信託監督人について信託行為に信託監督人に指定する旨の定めが設けられたものとみなされます（同条5項）[52]。

---

[52] 信託監督人の選任の裁判に対しては、委託者、受託者もしくは受益者又は既に存在する信託監督人に限り、即時抗告をすることができます（信託法131条7項）。この即時抗告は、執行停止の効力を有するとされています（同条8項）。

(2) 信託監督人

エ　資　格

信託監督人には、①未成年者、②当該信託の受託者である者は就くことができません（信託法137条の準用する124条）。

オ　費用等及び報酬

信託監督人の費用等及び報酬については、信託管理人の費用等及び報酬についての信託法127条が準用されています（信託法137条）。

カ　任務の終了

信託監督人の任務の終了については、受託者の任務の終了についての規定である信託法56条が準用されています（信託法134条1項）。

キ　辞　任

信託監督人の辞任については、受託者の辞任についての規定である信託法57条が準用されています（信託法134条2項）。

ク　解　任

信託監督人の解任については、受託者の解任についての規定である信託法58条が準用されています（信託法134条2項）。

ケ　新信託監督人の選任等

信託監督人の任務が終了した場合における新たな信託監督人（以下、「新信託監督人」といいます。）の選任については、新受託者の選任についての規定である信託法62条が準用されています（信託法135条1項）。

信託監督人であった者は、新信託監督人の就任後、遅滞なく、受益者に対しその事務の経過及び結果を報告し、新信託監督人がその事務の処理を行うのに必要な事務の引継ぎをしなければならないとされています（同条2項）。

コ　信託監督人による事務の処理の終了等

信託監督人による事務の処理は、信託の清算の結了のほか、①（委託者が現に存在する場合のみ）委託者及び受益者が信託監督人による

事務の処理を終了する旨の合意をしたこと（信託法136条1項1号・3項）、②信託行為において定めた事由（同条1項2号）により終了します（信託法136条1項本文）。ただし、①の事由による場合にあっては、信託行為に別段の定めがあるときは、その定めるところによります（同項但書）。

これにより信託監督人による事務の処理が終了した場合には、信託監督人であった者は、遅滞なく、受益者に対しその事務の経過及び結果を報告しなければなりません（同条2項）。

(3) 受益者代理人

受益者代理人は、その名のとおり受益者の代理人です（信託法138条ないし144条）。信託監督人と同じく、現に受益者が存在する場合のみ置くことができる信託関係人です。

例えば、受益者が頻繁に変動する場合や、単なる投資の対象として受益権を取得した受益者が多数存在する場合等、受益者が、迅速かつ適切に受託者の監督や信託に関する意思決定をすることが困難な事情があったり、受益者の側が、それらに対する関心が薄かったりした場合に、信託事務が円滑に行われるために設置を検討すべき信託関係人です。

なお、受益者代理人があるときは、当該受益者代理人に代理される受益者は、単独受益者権の規定である信託法92条各号に掲げる権利及び信託行為において定めた権利を除き、その権利を行使することができません（信託法139条4項）。

ア 権限

受益者代理人は、信託行為に別段の定めがあるときを除き、その代理する受益者のために当該受益者の権利（信託法42条の規定による責任の免除に係るものを除く。）に関する一切の裁判上又は裁判外の行為をする権限を有します（信託法139条1項）。受益者代理人は、信託管理人や信託監督人のように、自己の名をもって権利を行使するので

(3) 受益者代理人

はなく、受益者の全部又は一部の代理人なので、受益者代理人が、その代理する受益者のために裁判上又は裁判外の行為をするときは、その代理する受益者の範囲を示せば足ります（同条2項）。

　また、1人の受益者について複数の受益者代理人を置くこともでき、その際は、信託行為に別段の定めがあるときを除き、全員が共同してその権限に属する行為をしなければなりません（同条3項）。

イ　義　務

　受益者代理人は、善良な管理者の注意をもって、その代理する受益者のために、誠実かつ公平に前記アの権限を行使しなければなりません（信託法140条）。

ウ　催　告

　信託行為に受益者代理人となるべき者を指定する定めがあるときは、利害関係人は、受益者代理人となるべき者として指定された者に対し、相当の期間を定めて、その期間内に就任の承諾をするかどうかを確答すべき旨を催告することができます（信託法138条2項本文）。ただし、当該定めに停止条件又は始期が付されているときは、当該停止条件が成就し、又は当該始期が到来した後に限り催告することができます（同項但書）。

　この催告があった場合において、受益者代理人となるべき者として指定された者は、当該期間内に委託者（委託者が現に存在しない場合にあっては、受託者）に対し確答をしないときは、就任の承諾をしなかったものとみなされます（同条3項）。

　なお、受益者代理人については、信託管理人や信託監督人と異なり、裁判所の決定によって選任される仕組みにはなっていません。

エ　資　格

　受益者代理人には、①未成年者、②当該信託の受託者である者は就くことができません（信託法144条の準用する124条）。

オ　費用等及び報酬

　　受益者代理人の費用等及び報酬については、信託管理人の費用等及び報酬についての信託法127条1項ないし5項が準用されています（信託法144条）。

カ　任務の終了

　　受益者代理人の任務の終了については、受託者の任務の終了についての規定である信託法56条が準用されています（信託法141条1項）。

キ　辞　任

　　受益者代理人の辞任については、受託者の辞任についての規定である信託法57条が準用されています（信託法141条2項）。

ク　解　任

　　受益者代理人の解任については、受託者の解任についての規定である信託法58条が準用されています（信託法141条2項）。

ケ　新受益者代理人の選任等

　　受益者代理人の任務が終了した場合における新たな受益者代理人（以下、「新受益者代理人」といいます。）の選任については、新受託者の選任についての規定である信託法62条が準用されています（信託法142条1項）。

　　受益者代理人であった者は、新受益者代理人の就任後、遅滞なく、その代理する受益者に対しその事務の経過及び結果を報告し、新受益者代理人がその事務の処理を行うのに必要な事務の引継ぎをしなければならないとされています。（同条2項）。

コ　受益者代理人による事務の処理の終了等

　　受益者代理人による事務の処理は、信託の清算の結了のほか、①（委託者が現に存在する場合のみ）委託者及び受益者代理人に代理される受益者が受益者代理人による事務の処理を終了する旨の合意をしたこと（信託法143条1項1号・3項）、②信託行為において定めた事

(3) 受益者代理人

由（信託法143条1項2号）により終了します。ただし、①の事由による場合にあっては、信託行為に別段の定めがあるときは、その定めるところによります（同項但書）。

これより受益者代理人による事務の処理が終了した場合には、受益者代理人であった者は、遅滞なく、その代理した受益者に対しその事務の経過及び結果を報告しなければならないとされています（同条2項）。

第6章　信託の変更・合併・分割

1　信託の変更

　信託の変更とは、信託行為に定められた信託の目的、信託財産の管理方法、受益者に対する信託財産の給付内容その他の事項について、事後的に変更をすることをいいます。

　信託の変更は、変更後の信託行為の内容を明らかにして、委託者、受託者及び受益者の合意によってすることができますが（信託法149条1項）、①信託の目的に反しないことが明らかであるときは、受託者及び受益者の合意（信託法149条2項1号）、②信託の目的に反しないこと及び受益者の利益に適合することが明らかであるときは、受託者の書面又は電磁的記録によってする意思表示（同項2号）、③信託行為の別段の定め（同条3項）によっても行うことができます（①の場合、受託者又は受益者は、委託者に対し、②の場合、受託者は、委託者及び受益者に対し、遅滞なく、変更後の信託行為の内容を通知しなければなりません（同条2項柱書）。）。ただし、委託者が現に存在しない場合においては、信託の変更は、②③の方法によってのみすることができます（②の場合、受託者は、受益者に対し、遅滞なく、変更後

の信託行為の内容を通知しなければなりません（同条5項、同条2項柱書）。）。

　また、信託行為の当時予見することのできなかった特別の事情により、信託事務の処理の方法に係る信託行為の定めが信託の目的及び信託財産の状況その他の事情に照らして受益者の利益に適合しなくなるに至ったときは、裁判所は、委託者、受託者又は受益者の申立てにより、信託の変更を命ずることができます（信託法150条1項）。この裁判に対しては、委託者、受託者又は受益者に限り、即時抗告をすることができ（同条5項）、その即時抗告は、執行停止の効力を有します（同条6項）。

2　信託の併合

(1)　関係当事者の合意等

　「信託の併合」とは、受託者を同一とする2以上の信託の信託財産の全部を1の新たな信託の信託財産とすることをいいます（信託法2条10項）。

　信託の併合がされた場合において、従前の信託の信託財産責任負担債務であった債務は、信託の併合後の信託の信託財産責任負担債務となります（信託法153条）。また、従前の信託財産責任負担債務のうち信託財産限定責任負担債務（受託者が信託財産に属する財産のみをもって履行する責任を負う信託財産責任負担債務をいいます。）であるものは、信託の併合後の信託の信託財産限定責任負担債務となります（同法154条）。

　信託の併合は、①信託の併合後の信託行為の内容（信託法151条1項1号）、②信託行為において定める受益権の内容に変更があるときは、その内容及び変更の理由（同項2号）、③信託の併合に際して受益者に対し金銭その他の財産を交付するときは、当該財産の内容及びその価額

(同項3号)、④信託の併合がその効力を生ずる日（同項4号)、⑤信託の併合をする他の信託についての(i)委託者及び受託者の氏名又は名称及び住所（信託法施行規則12条1号イ、信託法151条1項5号)、(ⅱ)信託の年月日（信託法施行規則12条1号ロ、信託法151条1項5号)、(ⅲ)限定責任信託であるときは、その名称及び事務処理地（信託法施行規則12条1号ハ、信託法151条1項5号）その他の当該他の信託を特定するために必要な事項（信託法施行規則12条1号、信託法151条1項5号)、⑥信託の併合をする他の信託の信託行為の内容（信託法施行規則12条2号、信託法151条1項5号)、⑦信託の併合に際して受益者に対し金銭その他の財産を交付するときは、当該財産の内容及びその価額の相当性に関する事項（信託法施行規則12条3号、信託法151条1項5号)、⑧信託の併合に際して受益者に対し金銭その他の財産を交付するときは、受益者に対して交付する金銭その他の財産の割当てに関する事項及び当該事項の定めの相当性に関する事項（信託法施行規則12条4号、信託法151条1項5号)、⑨信託の併合をする各信託において直前に作成された財産状況開示資料等の内容（財産状況開示資料等を作成すべき時期が到来していないときは、(i)限定責任信託以外の信託の信託法37条2項の規定により作成する同項の書類又は電磁的記録については、当該書類又は電磁的記録を作成すべき時期が到来していない旨（信託法施行規則12条5号イ、信託法151条1項5号)、(ⅱ)限定責任信託の信託法222条4項の規定により作成する同項の書類又は電磁的記録（同法252条4項において読み替えて適用する222条4項の規定の適用がある場合にあっては、252条1項の会計監査報告を含む。）については、信託法222条3項の規定により作成された貸借対照表の内容（信託法施行規則12条5号ロ、信託法151条1項5号)、⑩信託の併合をする各信託について、財産状況開示資料等を作成した後（財産状況開示資料等を作成すべき時期が到来していない場合にあっては、信託がされた後）に、重要な信託財産に属する財産の

処分、重大な信託財産責任負担債務の負担その他の信託財産の状況に重要な影響を与える事象が生じたときは、その内容（信託法施行規則12条6号、信託法151条1項5号）、⑪信託の併合をする理由（信託法施行規則12条7号、信託法151条1項5号）を明らかにして従前の各信託の委託者、受託者及び受益者の合意によってすることができます（信託法151条1項）。

また、信託の併合は、(A)信託の目的に反しないことが明らかであるときは、受託者及び受益者の合意（信託法151条2項1号）、(B)信託の目的に反しないこと及び受益者の利益に適合することが明らかであるときは、受託者の書面又は電磁的記録によってする意思表示（同項2号）、(C)各信託行為の別段の定め（同条3項）によってもすることができます（(A)の場合、受託者及び受益者は、委託者に対し、(B)の場合、受託者は、委託者及び受益者に対し、遅滞なく、(A)(B)の事項を各々通知しなければなりません（信託法151条2項柱書）。）。ただし、委託者が現に存在しない場合においては、信託の併合は、(A)(B)による方法のみですることができます（同条4項。(B)の場合、受託者は、受益者に対し、遅滞なく、併合後の信託行為の内容を通知しなければなりません（同条4項、同条2項柱書）。）。

(2) 債権者の異議

信託の併合をする場合には、従前の信託の信託財産責任負担債務に係る債権を有する債権者は、信託の併合をしても、当該債権者を害するおそれのないことが明らかなときを除き、受託者に対し、信託の併合について異議を述べることができます（信託法152条1項）。

債権者の全部又は一部が異議を述べることができる場合には、受託者は、①信託の併合をする旨（信託法152条2項1号）、②従前の信託の信託財産責任負担債務に係る債権を有する債権者が、1か月を下らない一定の期間内に異議を述べることができる旨（同項2号・同項但書）、③

信託の併合をする各信託についての(i)委託者及び受託者の氏名又は名称及び住所（信託法施行規則13条1号イ）、(ii)信託の年月日（同号ロ）、(iii)限定責任信託であるときは、その名称及び事務処理地（同号ハ）その他の当該信託の併合をする各信託を特定するために必要な事項（信託法施行規則13条1号、信託法152条2項3号）、④信託の併合をする各信託において直前に作成された財産状況開示資料等の内容（財産状況開示資料等を作成すべき時期が到来していないときは、(i)限定責任信託以外の信託の信託法37条2項の規定により作成する同項の書類又は電磁的記録については、当該書類又は電磁的記録を作成すべき時期が到来していない旨（信託法施行規則12条5号イ、信託法151条1項5号）、(ii)限定責任信託の信託法222条4項の規定により作成する同項の書類又は電磁的記録（同法252条4項において読み替えて適用する222条4項の規定の適用がある場合にあっては、252条1項の会計監査報告を含む。）については、信託法222条3項の規定により作成された貸借対照表の内容（信託法施行規則12条5号ロ）（信託法152条1項の債権者が当該事項を知ることができるようにするための適切な措置を受託者が講ずる場合にあっては、当該措置に基づいて当該債権者が当該事項を知るための方法）（信託法施行規則13条2号、信託法152条2項3号）、⑤信託の併合をする各信託について、財産状況開示資料等を作成した後（財産状況開示資料等を作成すべき時期が到来していない場合にあっては、信託がされた後）に、重要な信託財産に属する財産の処分、重大な信託財産責任負担債務の負担その他の信託財産の状況に重要な影響を与える事象が生じたときは、その内容（信託法施行規則12条6号）（信託法152条1項の債権者が当該事項を知ることができるようにするための適切な措置を受託者が講ずる場合にあっては、当該措置に基づいて当該債権者が当該事項を知るための方法）（信託法施行規則13条3号、信託法152条2項3号）、⑥信託の併合が効力を生ずる日以後における信託の併合後の信託の信託財産責任

負担債務（信託の併合をする他の信託の信託財産責任負担債務であったものを除く。）の履行の見込みに関する事項（信託法152条1項の債権者が当該事項を知ることができるようにするための適切な措置を受託者が講ずる場合にあっては、当該措置に基づいて当該債権者が当該事項を知るための方法）（信託法施行規則13条4号、信託法152条2項3号）を官報に公告し、かつ、同項の債権者で知れているものには、各別にこれを催告しなければなりません（信託法152条2項）。なお、法人である受託者は、公告（時事に関する事項を掲載する日刊新聞紙に掲載する方法、又は、電子公告）により、各別の催告に代えることができます（同条3項）。

債権者が、②の期間内に異議を述べなかったときは、当該債権者は、当該信託の併合について承認をしたものとみなされます（同条4項）。一方、債権者が②の期間内に異議を述べたときは、当該信託の併合をしても当該債権者を害するおそれがないときを除き、受託者は、当該債権者に対し、弁済し、もしくは相当の担保を提供し、又は当該債権者に弁済を受けさせることを目的として信託会社等に相当の財産を信託しなければなりません（同条5項）。

3　信託の分割

信託の分割には、吸収信託分割と新規信託分割の2つがあります（信託法2条11項）。

(1)　吸収信託分割

ア　意　義

吸収信託分割とは、ある信託の信託財産の一部を受託者を同一とする他の信託の信託財産として移転することをいいます（信託法2条11

項)。吸収信託分割がされた場合において、吸収信託分割によりその信託財産の一部を他の信託に移転する信託（以下、「分割信託」といいます。）の信託財産責任負担債務でなくなり、分割信託からその信託財産の一部の移転を受ける信託（以下、「承継信託」といいます。）の信託財産責任負担債務となる債務（信託法155条1項6号）は、吸収信託分割後の分割信託の信託財産責任負担債務でなくなり、吸収信託分割後の承継信託の信託財産責任負担債務となります（信託法157条）。この場合において、分割信託の信託財産限定責任負担債務であった債務は、承継信託の信託財産限定責任負担債務となります（同条）。

　吸収信託分割は、①吸収信託分割後の信託行為の内容（信託法155条1項1号）、②信託行為において定める受益権の内容に変更があるときは、その内容及び変更の理由（同項2号）、③吸収信託分割に際して受益者に対し金銭その他の財産を交付するときは、当該財産の内容及びその価額（同項3号）、④吸収信託分割がその効力を生ずる日（同項4号）、⑤移転する財産の内容（同項5号）、⑥吸収信託分割によりその信託財産の一部を他の信託に移転する信託（以下、「分割信託」といいます。）の信託財産責任負担債務でなくなり、分割信託からその信託財産の一部の移転を受ける信託（以下、「承継信託」といいます。）の信託財産責任負担債務となる債務があるときは、当該債務に係る事項（同項6号）、⑦吸収信託分割をする他の信託についての(i)委託者及び受託者の氏名又は名称及び住所、(ii)信託の年月日、(iii)限定責任信託であるときは、その名称及び事務処理地その他の当該吸収信託分割をする各信託を特定するために必要な事項（信託法施行規則14条1号、信託法155条1項7号）、⑧吸収信託分割をする他の信託の信託行為の内容（信託法施行規則14条2号、信託法155条1項7号）、⑨吸収信託分割に際して受益者に対し金銭その他の財産を交付するときは、当該財産の内容及びその価額についての定めの相当性に関する

3　信託の分割

事項（信託法施行規則14条3号、信託法155条1項7号）、⑩吸収信託分割に際して受益者に対し金銭その他の財産を交付するときは、分割信託の受益者に対する金銭その他の財産の割当てに関する事項及び当該事項の定めの相当性に関する事項（信託法施行規則14条4号、信託法155条1項7号）、⑪吸収信託分割に際して、承継信託に属する財産（承継信託の受益権を含む。）を分割信託の信託財産に帰属させることとするときは、当該財産の種類及び数もしくは額又はこれらの算定方法（信託法施行規則14条5号、信託法155条1項7号）、⑫吸収信託分割に際して、承継信託に属する財産（承継信託の受益権を含む。）を分割信託の信託財産に帰属させることとするときは、当該財産の種類及び数もしくは額又はこれらの算定方法の定めの相当性に関する事項（信託法施行規則14条6号、信託法155条1項7号）、⑬吸収信託分割をする各信託において直前に作成された財産状況開示資料等の内容（財産状況開示資料等を作成すべき時期が到来していないときは、(ⅰ)限定責任信託以外の信託の信託法37条2項の規定により作成する同項の書類又は電磁的記録については、当該書類又は電磁的記録を作成すべき時期が到来していない旨（信託法施行規則14条7号イ、信託法155条1項7号）、(ⅱ)限定責任信託の信託法222条4項の規定により作成する同項の書類又は電磁的記録（同法252条4項において読み替えて適用する222条4項の規定の適用がある場合にあっては、252条1項の会計監査報告を含む。）については、信託法222条3項の規定により作成された貸借対照表の内容（信託法施行規則14条7号ロ、信託法155条1項7号）、⑭吸収信託分割をする各信託について、財産状況開示資料等を作成した後（財産状況開示資料等を作成すべき時期が到来していない場合にあっては、信託がされた後）に、重要な信託財産に属する財産の処分、重大な信託財産責任負担債務の負担その他の信託財産の状況に重要な影響を与える事象が生じたときは、その内容（信

託法施行規則14条8号、信託法155条1項7号)、⑮吸収信託分割をする理由(信託法施行規則14条9号、信託法155条1項7号)を明らかにして、委託者、受託者及び受益者の合意によってすることができます(信託法155条1項柱書)[53]。

　また、吸収信託分割は、(A)信託の目的に反しないことが明らかであるときは、受託者及び受益者の合意(信託法155条2項1号)、(B)信託の目的に反しないこと及び受益者の利益に適合することが明らかであるときは、受託者の書面又は電磁的記録によってする意思表示(同項2号)、(C)各信託行為の別段の定め(同条3項)によってもすることができます((A)の場合、受託者及び受益者は、委託者に対し、(B)の場合、受託者は、委託者及び受益者に対し、遅滞なく、(A)(B)の事項を各々通知しなければなりません(信託法155条2項柱書)。)。ただし、委託者が現に存在しない場合においては、吸収信託分割は、(B)(C)による方法のみですることができます(同条4項。(B)の場合、受託者は、受益者に対し、遅滞なく、併合後の信託行為の内容を通知しなければなりません(同条4項、同条2項柱書)。)。

イ　債権者保護手続

　吸収信託分割をする場合には、分割信託又は承継信託の信託財産責任負担債務に係る債権を有する債権者は、吸収信託分割をしても当該債権者を害するおそれのないことが明らかであるときを除き、受託者に対し、吸収信託分割について異議を述べることができます(信託法156条1項)。

　債権者の全部又は一部が異議を述べることができる場合には、受託者は、①吸収信託分割をする旨(同条2項1号)、②従前の信託の信託財産責任負担債務に係る債権を有する債権者が、1か月を下らない

---

[53] 信託が終了した場合には、当該信託を承継信託とする吸収信託分割は、することができません(信託法174条)。

一定の期間内に異議を述べることができる旨（同項2号・同項但書）、③吸収信託分割をする各信託についての(i)委託者及び受託者の氏名又は名称及び住所（信託法施行規則15条1号イ）、(ii)信託の年月日（同号ロ）、(iii)限定責任信託であるときは、その名称及び事務処理地（同号ハ）その他の当該吸収信託分割をする各信託を特定するために必要な事項（信託法施行規則15条1号、信託法156条2項3号）、④吸収信託分割をする各信託において直前に作成された財産状況開示資料等の内容（財産状況開示資料等を作成すべき時期が到来していないときは、(i)限定責任信託以外の信託の信託法37条2項の規定により作成する同項の書類又は電磁的記録については、当該書類又は電磁的記録を作成すべき時期が到来していない旨（信託法施行規則14条7号イ、信託法155条1項7号）、(ii)限定責任信託の信託法222条4項の規定により作成する同項の書類又は電磁的記録（同法252条4項において読み替えて適用する222条4項の規定の適用がある場合にあっては、252条1項の会計監査報告を含む。）については、信託法222条3項の規定により作成された貸借対照表の内容（信託法施行規則14条7号ロ、信託法155条1項7号）（信託法156条1項の債権者が当該事項を知ることができるようにするための適切な措置を受託者が講ずる場合にあっては、当該措置に基づいて当該債権者が当該事項を知るための方法）（信託法施行規則15条2号、信託法156条2項3号）、⑤吸収信託分割をする各信託について、財産状況開示資料等を作成した後（財産状況開示資料等を作成すべき時期が到来していない場合にあっては、信託がされた後）に、重要な信託財産に属する財産の処分、重大な信託財産責任負担債務の負担その他の信託財産の状況に重要な影響を与える事象が生じたときは、その内容（信託法156条1項の債権者が当該事項を知ることができるようにするための適切な措置を受託者が講ずる場合にあっては、当該措置に基づいて当該債権者が当該事項を知るための方

法）（信託法施行規則15条2号、14条8号、信託法156条2項3号）、⑥当該信託が分割信託である場合には、吸収信託分割が効力を生ずる日以後における分割信託の信託財産責任負担債務及び承継信託の信託財産責任負担債務（吸収信託分割により承継信託の信託財産責任負担債務となるものに限る。）の履行の見込みに関する事項（信託法156条1項の債権者が当該事項を知ることができるようにするための適切な措置を受託者が講ずる場合にあっては、当該措置に基づいて当該債権者が当該事項を知るための方法）（信託法施行規則15条4号、信託法156条2項3号）、⑦当該信託が承継信託である場合には、吸収信託分割が効力を生ずる日以後における承継信託の信託財産責任負担債務（信託法156条1項の規定により吸収信託分割に異議を述べることができる債権者に対して負担するものに限る。）の履行の見込みに関する事項（同項の債権者が当該事項を知ることができるようにするための適切な措置を受託者が講ずる場合にあっては、当該措置に基づいて当該債権者が当該事項を知るための方法）（信託法施行規則15条5号、信託法156条2項3号）を官報に公告し、かつ、知れている債権者には、各別にこれを催告しなければなりません（信託法156条2項）。なお、法人である受託者は、公告（時事に関する事項を掲載する日刊新聞紙に掲載する方法、又は、電子公告）により、各別の催告に代えることができます（同条3項）。

　債権者が、②の期間内に異議を述べなかったときは、当該債権者は、当該吸収信託分割について承認をしたものとみなされます（同条4項）。一方、債権者が②の期間内に異議を述べたときは、当該吸収信託分割をしても当該債権者を害するおそれがないときを除き、受託者は、当該債権者に対し、弁済し、もしくは相当の担保を提供し、又は当該債権者に弁済を受けさせることを目的として信託会社等に相当の財産を信託しなければなりません（同条5項）。

各別の催告をすることが必要となる異議を述べることができる債権者は、その催告を受けなかった場合には、吸収信託分割前から有する(i)分割信託の信託財産責任負担債務に係る債権（信託法155条1項6号の債務に係る債権を除く。）については、それに基づき、吸収信託分割後の承継信託の信託財産に属する財産、(ii)承継信託の信託財産責任負担債務に係る債権（信託法155条1項6号の債務に係る債権に限る。）については、それに基づき、吸収信託分割後の分割信託の信託財産に属する財産をもって当該債権に係る債務を履行することを請求することもできます（信託法158条本文）。ただし、(i)の吸収信託分割後の承継信託の信託財産に属する財産に対しては吸収信託分割がその効力を生ずる日における承継信託の移転を受ける財産の価額を、(ii)の吸収信託分割後の分割信託の信託財産に属する財産に対しては当該日における分割信託の信託財産の価額を限度とするとされています（同条但書）。

(2) 新規信託分割

ア　意　義

　新規信託分割とは、ある信託の信託財産の一部を受託者を同一とする新たな信託の信託財産として移転することをいいます（信託法2条11項）。

　新規信託分割がされた場合において、信託法159条1項6号の債務は、新規信託分割後の従前の信託の信託財産責任負担債務でなくなり、新規信託分割後の新たな信託の信託財産責任負担債務となります（信託法161条）。この場合において、従前の信託の信託財産限定責任負担債務であった債務は、新たな信託の信託財産限定責任負担債務となります（同条）。

　新規信託分割は、①新規信託分割後の信託行為の内容（信託法159条1項1号）、②信託行為において定める受益権の内容に変更がある

ときは、その内容及び変更の理由（同項2号）、③新規信託分割に際して受益者に対し金銭その他の財産を交付するときは、当該財産の内容及びその価額（同項3号）、④新規信託分割がその効力を生ずる日（同項4号）、⑤移転する財産の内容（同項5号）、⑥新規信託分割により従前の信託の信託財産責任負担債務でなくなり、新たな信託の信託財産責任負担債務となる債務があるときは、当該債務に係る事項（同項6号）、⑦2以上の信託により新規信託分割が行われるときは、当該新規信託分割をする他の信託についての(i)委託者及び受託者の氏名又は名称及び住所（信託法施行規則16条1号イ）、(ii)信託の年月日（同号ロ）、(iii)限定責任信託であるときは、その名称及び事務処理地（同号ハ）その他の当該他の信託を特定するために必要な事項（信託法施行規則16条1号、信託法159条1項7号）、⑧2以上の信託により新規信託分割が行われるときは、当該新規信託分割をする他の信託の信託行為の内容（信託法施行規則16条2号、信託法159条1項7号）、⑨新規信託分割に際して受益者に対し金銭その他の財産を交付するときは、当該財産の内容及びその価額の定めの相当性に関する事項（信託法施行規則16条3号、信託法159条1項7号）、⑩新規信託分割に際して受益者に対し金銭その他の財産を交付するときは、従前の信託（新規信託分割をする他の信託がある場合にあっては、従前の信託及び当該他の信託。以下本項において同じ。）の受益者に対する金銭その他の財産の割当てに関する事項及び当該事項の定めの相当性に関する事項（信託法施行規則16条4号、信託法159条1項7号）、⑪新規信託分割に際して、新たな信託の受益権を従前の信託の信託財産に帰属させることとするときは、当該受益権の内容及び数もしくは額又はこれらの算定方法（信託法施行規則16条5号、信託法159条1項7号）、⑫新規信託分割に際して、新たな信託の受益権を従前の信託の信託財産に帰属させることとするときは、当該受益権の内容及び数もしくは

額又はこれらの算定方法の定めの相当性に関する事項（信託法施行規則16条6号、信託法159条1項7号）、⑬従前の信託において直前に作成された財産状況開示資料等の内容（財産状況開示資料等を作成すべき時期が到来していないときは、(i)限定責任信託以外の信託の信託法37条2項の規定により作成する同項の書類又は電磁的記録については、当該書類又は電磁的記録を作成すべき時期が到来していない旨（信託法施行規則16条7号イ、信託法159条1項7号）、(ii)限定責任信託の信託法222条4項の規定により作成する同項の書類又は電磁的記録（同法252条4項において読み替えて適用する222条4項の規定の適用がある場合にあっては、252条1項の会計監査報告を含む。）については、信託法222条3項の規定により作成された貸借対照表の内容（信託法施行規則16条7号ロ、信託法159条1項7号）、⑭従前の信託について、財産状況開示資料等を作成した後（財産状況開示資料等を作成すべき時期が到来していない場合にあっては、信託がされた後）に、重要な信託財産に属する財産の処分、重大な信託財産責任負担債務の負担その他の信託財産の状況に重要な影響を与える事象が生じたときは、その内容（信託法施行規則16条8号、信託法159条1項7号）、⑮新規信託分割をする理由（信託法施行規則16条9号、信託法159条1項7号）を明らかにして、委託者、受託者及び受益者の合意によってすることができます（信託法159条1項柱書）。

　また、新規信託分割は、(A)信託の目的に反しないことが明らかであるときは、受託者及び受益者の合意（信託法159条2項1号）、(B)信託の目的に反しないこと及び受益者の利益に適合することが明らかであるときは、受託者の書面又は電磁的記録によってする意思表示（同項2号）、(C)各信託行為の別段の定め（同条3項）によってもすることができます（受託者は、(A)の場合、委託者に対し、(B)の場合、委託者及び受益者に対し、遅滞なく、(A)(B)の事項を通知しなければなりませ

ん（信託法159条2項柱書）。）。ただし、委託者が現に存在しない場合においては、新規信託分割は、(B)(C)による方法のみですることができます（同条4項。(B)の場合、受託者は、受益者に対し、遅滞なく、分割後の信託行為の内容を通知しなければなりません（同条4項、同条2項柱書）。）。

　イ　債権者保護手続

　新規信託分割をする場合には、新規信託分割をしても当該債権者を害するおそれのないことが明らかであるときを除き、従前の信託の信託財産責任負担債務に係る債権を有する債権者は、受託者に対し、新規信託分割について異議を述べることができます（信託法160条1項）。

　債権者の全部又は一部が異議を述べることができる場合には、受託者は、①新規信託分割をする旨（信託法160条2項1号）、②従前の信託の信託財産責任負担債務に係る債権を有する債権者が、1か月を下らない一定の期間内に異議を述べることができる旨（同項2号・同項但書）、③従前の信託についての(ⅰ)委託者及び受託者の氏名又は名称及び住所（信託法施行規則17条1号イ）、(ⅱ)信託の年月日（同号ロ）、(ⅲ)限定責任信託であるときは、その名称及び事務処理地（同号ハ）その他の当該従前の信託を特定するために必要な事項（信託法施行規則17条1号、信託法160条2項3号）、④従前の信託において直前に作成された財産状況開示資料等の内容（財産状況開示資料等を作成すべき時期が到来していないときは、(ⅰ)限定責任信託以外の信託の信託法37条2項の規定により作成する同項の書類又は電磁的記録については、当該書類又は電磁的記録を作成すべき時期が到来していない旨（信託法施行規則16条7号イ、信託法159条1項7号）、(ⅱ)限定責任信託の信託法222条4項の規定により作成する同項の書類又は電磁的記録（同法252条4項において読み替えて適用する222条4項の規定の適用がある場合にあっては、252条1項の会計監査報告を含む。）については、

信託法222条３項の規定により作成された貸借対照表の内容（信託法施行規則16条７号ロ、信託法159条１項７号）（信託法160条１項の債権者が当該事項を知ることができるようにするための適切な措置を受託者が講ずる場合にあっては、当該措置に基づいて当該債権者が当該事項を知るための方法）（信託法施行規則17条２号、信託法159条１項７号）、⑤従前の信託について、財産状況開示資料等を作成した後（財産状況開示資料等を作成すべき時期が到来していない場合にあっては、信託がされた後）に、重要な信託財産に属する財産の処分、重大な信託財産責任負担債務の負担その他の信託財産の状況に重要な影響を与える事象が生じたときは、その内容（信託法施行規則16条８号、信託法160条１項７号）（信託法160条１項の債権者が当該事項を知ることができるようにするための適切な措置を受託者が講ずる場合にあっては、当該措置に基づいて当該債権者が当該事項を知るための方法）（信託法施行規則17条３号、信託法160条１項７号）、⑥新規信託分割が効力を生ずる日以後における当該従前の信託の信託財産責任負担債務及び新たな信託の信託財産責任負担債務（当該従前の信託の信託財産責任負担債務のうち、新規信託分割により新たな信託の信託財産責任負担債務となったものに限る。）の履行の見込みに関する事項（信託法160条１項の債権者が当該事項を知ることができるようにするための適切な措置を受託者が講ずる場合にあっては、当該措置に基づいて当該債権者が当該事項を知るための方法）（信託法施行規則17条４号、信託法160条１項７号）を官報に公告し、かつ、知れている債権者には、各別にこれを催告しなければなりません（信託法160条２項）。なお、法人である受託者は、公告（時事に関する事項を掲載する日刊新聞紙に掲載する方法、又は、電子公告）により、各別の催告に代えることができます（同条３項）。

　債権者が、②の期間内に異議を述べなかったときは、当該債権者は、

当該吸収信託分割について承認をしたものとみなされます（同条4項）。一方、債権者が②の期間内に異議を述べたときは、当該新規信託分割をしても当該債権者を害するおそれがないときを除き、受託者は、当該債権者に対し、弁済し、もしくは相当の担保を提供し、又は当該債権者に弁済を受けさせることを目的として信託会社等に相当の財産を信託しなければなりません（同条5項）。

　各別の催告をすることが必要となる異議を述べることができる債権者は、その催告を受けなかった場合には、新規信託分割前から有する(i)従前の信託の信託財産責任負担債務に係る債権（信託法159条1項6号の債務に係る債権を除く。）については、それに基づき、新規信託分割後の新たな信託の信託財産に属する財産、(ii)新たな信託の信託財産責任負担債務に係る債権となった債権（信託法159条1項6号の債務に係る債権を除く。）については、それに基づき、新規信託分割後の従前の信託の信託財産に属する財産をもって当該債権に係る債務を履行することを請求することもできます（信託法162条本文）。ただし、(i)の新規信託分割後の新たな信託の信託財産に属する財産に対しては、新規信託分割がその効力を生ずる日における新たな信託の信託財産の価額を、(ii)の新規信託分割後の従前の信託の信託財産に属する財産に対しては、当該日における従前の信託の信託財産の価額を限度とされています（同条但書）。

第7章　信託の終了及び清算

1　信託の終了事由

　委託者及び受益者は、信託行為に別段の定めがあるときを除き、いつでも、その合意により、信託を終了することができます（信託法164条1項・3項）[54・55]が、他にも、①信託の目的を達成したとき、又は信託の目的を達成することができなくなったとき（同法163条1号）、②受託者が受益権の全部を固有財産で有する状態が1年間継続したとき（同条2号）[56・57・58]、③受託者が欠けた場合であって、新受託者が就任しない状態が1年間継続したとき（同条3号）[59]、④受託者が信託法52条（53条2項及び54条4項において準用する場合を含む。）の規定により信託を終了させたとき（信託法163条4号）、⑤信託の併合がされたとき（同条5号）、⑥信託法165条又は166条の規定に

54　委託者及び受益者が受託者に不利な時期に信託を終了したときは、やむを得ない事由があるときを除き、委託者及び受益者は、受託者の損害を賠償しなければなりません（信託法164条2項）。
55　委託者が存在しない場合は、受益者のみをもって、信託法164条1項の規定による信託の終了をすることはできません（信託法164条4項）。そのため、その場合は、164条2項の規定の適用もありません（同条4項）。

より信託の終了を命ずる裁判があったとき（信託法163条6号）、⑦信託財産についての破産手続開始の決定があったとき（同条7号）、⑧委託者が破産手続開始の決定、再生手続開始の決定又は更生手続開始の決定を受けた場合において、破産法53条1項、民事再生法49条1項又は会社更生法61条1項（金融機関等の更生手続の特例等に関する法律第41条1項及び206条1項において準用する場合を含む。）の規定による信託契約の解除がされたとき（信託法163条8号）、⑨信託行為において定めた事由が生じたとき（同条9号）にも終了するとされています（信託法163条柱書）。

また、信託行為の当時予見することのできなかった特別の事情により、信託を終了することが信託の目的及び信託財産の状況その他の事情に照らして受益者の利益に適合するに至ったことが明らかなときは、裁判所は、委託者、受託者又は受益者の申立てにより、信託の終了を命ずることができます（同法165条1項）[60]。

56 　信託法8条により、受託者が単独受益者となり、信託の利益を享受することも認められていることを前提として、受託者が受益権の全部を固有財産で有するような場合においては、受託者と受益者の信認関係や監督関係を観念することができず、受託者が第三者のために信託財産を管理・処分するという状況にないため、このような信託を長期間存続させる意義は乏しいと考えられていることから、それを解消するための猶予期間を「1年間」として定められています。なお、解消の方法としては、受託者を第三者に代える方法や受益権の全部又は一部を第三者に譲渡することが考えられます。

57 　単独受託者が、単独受益者となる場合だけでなく、共同受託者の1人が単独受益者となる場合も含まれます。

58 　この終了事由が適用されるのは、受託者が受益権の全部を固有財産で有する場合に限られるので、受託者が単独受益者の信託において、受託者が信託財産を第三者を受託者として再信託した場合、その再信託した信託財産については、この終了事由の適用を受けません。

59 　この1年間の期間は、信託行為の別段の定めによっても延長することはできませんが、この期間を短縮することは可能とされています。

60 　この裁判に対しては、委託者、受託者又は受益者に限り、即時抗告をすることができます（信託法165条4項）。その即時抗告は、執行停止の効力を有するとされています（同条5項）。

さらに、裁判所は、①不法な目的に基づいて信託がされたとき（信託法166条1項1号）、②受託者が、法令もしくは信託行為で定めるその権限を逸脱しもしくは濫用する行為又は刑罰法令に触れる行為をした場合において、法務大臣から書面による警告を受けたにもかかわらず、なお継続的又は反覆して当該行為をしたとき（同項2号）において、公益を確保するため信託の存立を許すことができないと認めるときは、法務大臣又は委託者、受益者、信託債権者その他の利害関係人の申立てにより、信託の終了を命ずることができます（同項柱書）[61・62]。この場合、裁判所は、法務大臣もしくは委託者、受益者、信託債権者その他の利害関係人の申立てにより又は職権で、当該信託の清算のために新受託者を選任しなければなりません（信託法173条1項）[63・64・65]。

2　信託の清算

信託は、当該信託が終了した場合（信託法163条5号に掲げる事由（信託の併合）によって終了した場合及び信託財産についての破産手続開始の決定により終了した場合であって当該破産手続が終了していない場合を除く。）には、清算をしなければなりません（信託法175条）。信託が終了しても、清

61　この裁判に対しては、申立人又は委託者、受託者もしくは受益者に限り、即時抗告をすることができます（信託法166条4項）。その即時抗告は、執行停止の効力を有するとされています（同条5項）。

62　委託者、受益者、信託債権者その他の利害関係人が当該命令の申立てをしたときは、裁判所は、受託者の申立てにより、申立人に対し、相当の担保を立てるべきことを命ずることができます（信託法166条6項）。なお、受託者は、その申立てをするには、当該申立てが悪意によるものであることを疎明しなければなりません（同条7項）。

63　新受託者が選任されたときは、前受託者の任務は、終了します（信託法173条3項）。

64　新受託者は、信託財産から裁判所が定める額の費用の前払及び報酬を受けることができます（信託法173条4項）。この裁判に対しては、新受託者に限り、即時抗告をすることができます（同条6項）。

65　この選任の裁判に対しては、不服を申立てることはできません（信託法173条2項）。

算が結了するまでは、なお信託は存続するものとみなされます（同法176条）。

(1) **清算人の職務**

信託が終了した時以後の受託者（以下、「清算受託者」といいます。）は、①現務の結了、②信託財産に属する債権の取立て及び信託債権に係る債務の弁済、③受益債権（残余財産の給付を内容とするものを除く。）に係る債務の弁済、④残余財産の給付を行います（信託法177条）。清算受託者は、信託行為に別段の定めがあるときを除き、信託の清算のために必要な一切の行為をする権限を有します（同法178条1項）。清算受託者は、当該債務についてその弁済をするために必要と認められる財産を留保した場合を除き、②③の債務を弁済した後でなければ、信託財産に属する財産を残余財産受益者等に給付することができません（同法181条）。

(2) **清算人の権限**

清算受託者は、①受益者又は信託法182条1項2号に規定する帰属権利者（以下、「受益者等」と総称します。）が信託財産に属する財産を受領することを拒み、又はこれを受領することができない場合において、相当の期間を定めてその受領の催告をしたとき[66]、②受益者等の所在が不明である場合に信託財産に属する財産を競売に付することができます（信託法178条2項）。

また、清算中の信託において、信託財産に属する財産がその債務を完済するのに足りないことが明らかになったときは、清算受託者は、直ちに信託財産についての破産手続開始の申立てをしなければなりません（信託法179条1項）。信託財産についての破産手続開始の決定がされた場合において、清算受託者が既に信託財産責任負担債務に係る債権を有する債権者に支払ったものがあるときは、破産管財人は、これを取り戻

---

66 損傷その他の事由による価格の低落のおそれがある物は、この催告をしないで競売に付することができます（信託法178条4項）。

すことができます（同条2項）。

　さらに、清算受託者は、裁判所に鑑定人の選任の申立てをして、条件付債権、存続期間が不確定な債権その他その額が不確定な債権に係る債務を弁済することができます（信託法180条1項）[67・68]。その際、清算受託者は、鑑定人の評価に従い債権に係る債務を弁済しなければなりません（同条2項）。なお、清算受託者、受益者、信託債権者及び信託法182条1項2号に規定する帰属権利者の間に別段の合意がある場合には、鑑定によらずに弁済することもできます（信託法180条6項）。

(3) 残余財産の帰属

　残余財産は、①信託行為において残余財産の給付を内容とする受益債権に係る受益者（以下、「残余財産受益者」といいます。）となるべき者として指定された者、②信託行為において残余財産の帰属すべき者（以下、「帰属権利者」といいます。）となるべき者として指定された者に帰属します（信託法182条1項）。

　信託行為に残余財産受益者もしくは帰属権利者（以下、「残余財産受益者等」と総称します。）の指定に関する定めがない場合又は信託行為の定めにより残余財産受益者等として指定を受けた者のすべてがその権利を放棄した場合には、信託行為に委託者又はその相続人その他の一般承継人を帰属権利者として指定する旨の定めがあったものとみなされます（同条2項）。

　なお、それらより残余財産の帰属が定まらないときは、残余財産は、清算受託者に帰属するとされています（同条3項）。

(4) 帰属権利者

　信託行為の定めにより帰属権利者となるべき者として指定された者

67　鑑定人の選任の手続に関する費用及び当該鑑定人による鑑定のための呼出し及び質問に関する費用は、清算受託者の負担とされます（信託法180条3項）。
68　鑑定人の選任の裁判に対しては、不服を申し立てることができません（信託法180条5項）。

（帰属権利者は、信託の清算中は、受益者とみなされます（信託法183条6項）。）は、信託行為に別段の定めがあるときを除き、当然に残余財産の給付をすべき債務に係る債権を取得します（信託法183条1項）[69]。

清算受託者は、帰属権利者となるべき者として指定された者が、残余財産の給付をすべき債務に係る債権を取得したことを知らないときは、信託行為に別段の定めがあるときを除き、その者に対し、遅滞なく、その旨を通知しなければなりません（同条2項の準用する88条2項）。

なお、信託行為の定めにより帰属権利者となるべき者として指定されても、その者は、信託行為の当事者である場合を除き、受託者に対し、その権利を放棄する旨の意思表示をすることができます（信託法183条3項。放棄の意思表示をした者は、当初から帰属権利者としての権利を取得していなかったものとみなされます（同条4項本文）が、その放棄により第三者の権利を害することはできません（同項但書）。）。

(5) 清算受託者の職務の終了等

清算受託者は、その職務を終了したときは、遅滞なく、信託事務に関する最終の計算を行い、信託が終了した時における受益者（信託管理人が現に存在する場合にあっては、信託管理人）及び帰属権利者（以下、「受益者等」と総称します。）のすべてに対し、その承認を求めなければなりません（信託法184条1項）。受益者等がこの計算を承認した場合には、清算受託者の職務の執行に不正の行為があったときを除き、当該受益者等に対する清算受託者の責任は、免除されたものとみなされます（同条2項）。なお、受益者等が清算受託者からこの計算の承認を求められた時から1か月以内に異議を述べなかった場合には、当該受益者等は、同項の計算を承認したものとみなされます（同条3項）。

---

69 帰属権利者が有する債権で残余財産の給付をすべき債務については、受託者は、信託財産に属する財産のみをもってこれを履行する責任を負います（信託法183条5項の準用する100条）。また、その債務は、信託債権に係る債務に劣後するものとして扱われます（信託法183条5項の準用する101条）。

第8章　限定責任信託

1　意　義

　限定責任信託とは、受託者が当該信託のすべての信託財産責任負担債務（受託者が信託財産に属する財産をもって履行する責任を負う債務のこと。）について信託財産に属する財産のみをもってその履行の責任を負う信託をいいます（契約書・登記申請書・登記事項証明書例は、巻末資料7のとおりです。）。限定責任信託においては、信託財産責任負担債務（信託法21条1項8号に掲げる権利に係る債務を除く。）に係る債権に基づいて固有財産に属する財産に対し強制執行、仮差押え、仮処分もしくは担保権の実行もしくは競売又は国税滞納処分をすることはできません（信託法217条1項）。

　受託者が職務を遂行する上で、信託財産のためにした行為によって生じた債務について、信託財産だけでなく受託者の固有財産も責任財産となってしまうことがあります。民事信託においては、受託者は、親族や知人等が善意で無償にて請け負っていることも多いと思います。限定責任信託では、そのような受託者に無限責任を負わせないために、信託財産のみをもって責任財産とすることができます。

限定責任信託は、信託行為においてそのすべての信託財産責任負担債務について受託者が信託財産に属する財産のみをもってその履行の責任を負う旨の定めをし、信託法232条の定める限定責任信託の登記をすることによって、限定責任信託としての効力を生じます（信託法216条）。限定責任信託を設定するためには、設定行為において、限定責任信託の①目的、②名称[70]、③委託者及び受託者の氏名又は名称及び住所、④限定責任信託の主たる信託事務の処理を行うべき場所（以下、「事務処理地」といいます。）、⑤信託財産に属する財産の管理又は処分の方法、⑥信託事業年度を定めなければなりません（信託法216条2項、信託法施行規則24条）。

2　登記

　限定責任信託の登記は、登記の後でなければ登記事項を善意の第三者に対抗することができないという消極的公示力及び登記の後であれば登記事項について第三者の悪意が擬制されるという積極的公示力を有するものであり（信託法220条1項）、外観法理により、登記事項につき故意又は過失によって不実の事項を登記した者は、その事項が不実であることをもって善意の第三者に対抗することができないものとされています（同条2項）。

　なお、限定責任信託の登記の管轄は、限定責任信託の事務処理地を管轄する法務局もしくは地方法務局もしくはこれらの支局又はこれらの出張所です

---

[70]　限定責任信託には、その名称中に限定責任信託という文字を用いなければなりません（信託法218条1項）。何人も、限定責任信託でないものについて、その名称又は商号中に、限定責任信託であると誤認されるおそれのある文字を用いてはならず（同条2項）、また、不正の目的をもって、他の限定責任信託であると誤認されるおそれのある名称又は商号を使用してはなりません（同条3項）。これに違反する名称又は商号の使用によって事業に係る利益を侵害され、又は侵害されるおそれがある限定責任信託の受託者は、その利益を侵害する者又は侵害するおそれがある者に対し、その侵害の停止又は予防を請求することができます（同条4項）。

2 登 記

（信託法238条1項）が、より具体的には、それらの登記所の商業・法人登記部門において登記処理がなされます。

(1) 設定の登記

受託者（信託財産管理者又は信託財産法人管理人が選任されている場合は、信託財産管理者又は信託財産法人管理人（信託法239条2項）。以下、本項において同じ。）は、限定責任信託が設定された後、2週間以内に限定責任信託の登記をしなければなりません（信託法232条柱書・239条1項）。その登記事項は、限定責任信託の①目的、②名称、③受託者の氏名又は名称及び住所、④限定責任信託の事務処理地、⑤信託法64条1項（74条6項において準用する場合を含む。）の規定により信託財産管理者又は信託財産法人管理人が選任されたときは、その氏名又は名称及び住所、⑥信託法163条9号の規定による信託の終了についての信託行為の定めがあるときは、その定め、⑦会計監査人設置信託であるときは、その旨及び会計監査人の氏名又は名称となります（信託法232条）。

また、添付書類は、会計監査人を置かない場合は、①限定責任信託の信託行為を証する書面（具体的には、設定時の契約書、遺言等）、②代理人によって申請をする場合は、代理権限証明情報となります。登記申請時には、会社・法人の設立時と同じように、印鑑の届出を行うことになります。設定の登記完了後には、法務局の窓口にて印鑑カードの発行を受けることができ、受託者の信託事務の遂行上、届出印を証明する必要がある場合は、法務局の窓口で印鑑証明書を取得することになります。なお、限定責任信託の登記申請時における登録免許税は、金3万円です（登録免許税法別表第一第28の2（一））。

(2) 変更の登記

(1)の登記事項（④を除く。）に変更があったときは、受託者（信託財産管理者又は信託財産法人管理人が選任されている場合は、信託財産管理者又は信託財産法人管理人（信託法239条2項）。以下、本項において

同じ。）は、2週間以内に、その変更の登記をしなければなりません（信託法233条3項・239条1項）。また、(1)④の限定責任信託の事務処理地に変更があったときは、受託者は、2週間以内に、旧事務処理地においてはその変更の登記をし、新事務処理地においては(1)①から⑦の事項を登記しなければなりません（信託法233条1項・239条1項。同一の登記所の管轄区域内において限定責任信託の事務処理地に変更があったときは、その変更の登記をすれば足ります（同法233条2項）。）。

　また、変更の登記の添付書類は、登記事項の変更を証する書面等が必要となります（同法241条・244条）。

(3)　**終了の登記**

　信託法163条（6号及び7号に係る部分を除く。）もしくは同法164条1項もしくは3項の規定により限定責任信託が終了したとき、又は同法216条1項の定めを廃止する旨の信託の変更がされたときは、清算受託者は、2週間以内に、終了の登記をしなければなりません（信託法235条・239条1項。清算期間中も同様です（同法236条3項）。）。

　また、終了の登記の添付書類は、終了の事由の発生を証する書面となります（同法242条）。

　なお、限定責任信託とする旨の信託行為の定めを廃止する旨の信託の変更がされ、信託法235条による終了の登記がされたときは、その変更後の信託については、限定責任信託の特例である信託法第9章の規定は適用されず、一般の信託の規定が適用されることになります（同法221条）。

(4)　**清算受託者の登記**

　限定責任信託が終了した場合において、限定責任信託が終了したときにおける受託者が清算受託者となるときは、清算受託者は、終了の日から、2週間以内に、清算受託者の氏名又は名称及び住所を登記しなければなりません（信託法236条1項）。信託行為の定め又は信託法62条1項

2 登記

もしくは4項もしくは173条1項の規定により清算受託者が選任されたときも同様です（同条2項・239条1項）。

また、清算受託者の登記の添付書類は、清算受託者が、①信託行為の定めにより選任された者であるときは、(i)当該信託行為の定めがあることを証する書面、(ii)選任された者が就任を承諾したことを証する書面（信託法243条1項1号）、②信託法62条1項の規定により選任された者であるときは、(i)同項の合意があったことを証する書面、(ii)選任された者が就任を承諾したことを証する書面（信託法243条1項2号）、③信託法62条4項又は173条1項の規定により裁判所が選任した者であるときは、その選任を証する書面（信託法243条1項3号）等となります（同法243条）。

(5) 清算結了の登記

限定責任信託の清算が結了したときは、清算受託者は、信託法184条1項の計算の承認の日から、2週間以内に、清算結了の登記をしなければなりません（信託法237条1項・239条1項）。

清算結了の登記の添付書類は、信託法184条1項の計算の承認があったことを証する書面となります（同法245条）。

(6) 裁判による登記の嘱託

裁判所書記官は、①信託法58条4項（70条（74条6項において準用する場合を含む。）において準用する場合を含む。）の規定による受託者又は信託財産管理者もしくは信託財産法人管理人の解任の裁判があったとき、②信託法64条1項（74条6項において準用する場合を含む。）の規定による信託財産管理者又は信託財産法人管理人の選任の裁判があったとき、③①の裁判を取り消す裁判が確定したとき、④信託法165条又は166条の規定による信託の終了を命ずる裁判が確定したときは、職権で、遅滞なく、限定責任信託の事務処理地を管轄する登記所にその登記を嘱託しなければならないとされています（同法246条）。

3　取引の相手方に対する明示義務

　受託者は、限定責任信託の受託者として取引をするにあたっては、その旨を取引の相手方に示さなければ、これを当該取引の相手方に対し主張することができません（信託法219条）。

4　帳簿等の作成等、報告及び保存の義務等の特例

　限定責任信託における信託債権者を保護するための措置として、信託法222条及び223条は、帳簿等の作成等、報告及び保存の義務等の特例を規定しています。

　受託者は、法務省令で定めるところにより、書面又は電磁的記録により限定責任信託の会計帳簿を作成しなければならず（信託法222条2項、信託計算規則6条1項）、限定責任信託の効力が生じた後速やかに、法務省令で定めるところにより、その効力が生じた日における限定責任信託の貸借対照表を作成しなければならないとされています（信託法222条3項）。また、受託者は、毎年、法務省令で定める一定の時期において、法務省令で定めるところにより、限定責任信託の貸借対照表及び損益計算書並びにこれらの附属明細書その他の法務省令で定める書類又は電磁的記録（以下、「貸借対照表等」といいます。）を作成しなければなりません（同条4項。受託者は、信託行為に別段の定めがない限り、その書類又は電磁的記録の内容について受益者（信託管理人が現に存在する場合にあっては、信託管理人）に報告しなければなりません（同条5項））。

　受託者は会計帳簿を10年間保存しなければなりません（同条6項本文）。ただし、受益者（複数の受益者が現に存在する場合にあってはそのすべての

受益者、信託管理人が現に存在する場合にあっては信託管理人）に対し、会計帳簿を交付・提供したときは、この限りでありません（同項但書）。また、受託者は、信託財産に属する財産の処分に係る契約書その他の信託事務の処理に関する書類又は電磁的記録を作成し、又は取得した場合には、その作成又は取得の日から10年間、当該書類又は電磁的記録を保存しなければなりません（同条7項本文）。ただし、受益者（複数の受益者が現に存在する場合にあってはそのすべての受益者、信託管理人が現に存在する場合にあっては信託管理人）に対し、会計帳簿を交付・提供したときは、この限りでありません（同項但書）。さらに、受託者は、貸借対照表等を作成した場合は、信託の清算の結了の日までの間、当該貸借対照表等を保存しなければなりません（同条8項本文）。ただし、その作成の日から10年間を経過した後において、受益者に対し、当該書類もしくはその写しを交付し、又は当該電磁的記録に記録された事項を法務省令で定める方法により提供したときは、この限りでありません（同項但書）。

　受益者や利害関係人の帳簿等の閲覧等の請求については、信託法38条の規定が準用されています（信託法222条9項）。

　なお、裁判所は、申立てにより又は職権で、訴訟の当事者に対し、会計帳簿、貸借対照表の書類の全部又は一部の提出を命ずることができます（同法223条）。

5　受託者の第三者に対する責任

　限定責任信託において、受託者が信託事務を行うについて悪意又は重大な過失があったときは、当該受託者は、これによって第三者に生じた損害を賠償する責任を負います（信託法224条1項）。限定責任信託の受託者が、①貸借対照表等に記載し、又は記録すべき重要な事項についての虚偽の記載又は

記録、②虚偽の登記、③虚偽の公告をしたときも同様です（同条2項本文。ただし、受託者が当該行為をすることについて注意を怠らなかったことを証明したときを除く（同項但書）。）。なお、これらの場合、当該損害を賠償する責任を負う他の受託者があるときは、これらの者は、連帯債務者とされます（同条3項）。

6 受益者に対する信託財産に係る給付の制限

限定責任信託においては、受益者に対する信託財産に係る給付は、その給付可能額（受益者に対し給付をすることができる額として純資産額の範囲内において信託計算規則で定める方法により算定される額をいう。）を超えてすることはできません（信託法225条）[71]。

この給付可能額の算定方法は、信託財産に係る給付（当該信託の受益権を当該信託の信託財産に帰属させることに代えて当該受益権を有する者に信託財産に属する財産を交付する行為を含む。以下、本項において同じ。）の日の属する信託事務年度の前信託事務年度の末日における純資産額から①100万円（信託行為において、信託留保金の額を定め、又はこれを算定する方法を定めた場合において、当該信託留保金の額又は当該方法により算定された信託留保金の額が100万円を超えるときにあっては、当該信託留保金の額）、②信託財産に係る給付の日の属する信託事務年度の前信託事務年度の末日後に信託財産に係る給付をした場合における給付をした信託財産に属する財産の帳簿価額の総額の合計額を控除する方法とされています（信託計算規則24条1項）。なお、この純資産額の計算上、自己受益権（受益権が当該受益権

---

[71] 限定責任信託においては、信託行為において定めた給付可能額又は給付可能額を算定する方法は、信託の変更によって変更することができません（信託計算規則24条3項）。

に係る信託の信託財産に属する場合における当該受益権をいう。）は、資産として計上されていないものとされます（同条2項）。

7　受益者に対する信託財産に係る給付に関する責任

　受託者が前記6に違反して受益者に対する信託財産に係る給付をした場合には、①受託者は、当該給付の帳簿価額（以下、本項において「給付額」といいます。）に相当する金銭の信託財産に対するてん補の義務を、②当該給付を受けた受益者は、現に受けた個別の給付額に相当する金銭の受託者に対する支払の義務[72]を、連帯して（②の受益者にあっては、現に受けた個別の給付額の限度で連帯して）負います（信託法226条1項本文。ただし、受託者がその職務を行うについて注意を怠らなかったことを証明した場合を除く（同項但書）。）[73]。

　受託者が①の義務の全部又は一部を履行した場合には、②の受益者は、当該履行された金額に②の給付額の①の給付額に対する割合を乗じて得た金額の限度で②の義務を免れ、受益者が②の義務の全部又は一部を履行した場合には、受託者は、当該履行された金額の限度で①に定める義務を免れます（同条2項）。

---

[72] ②により、受益者から受託者に対し支払われた金銭は、信託財産に帰属します（信託法226条3項）。

[73] この義務は、当該給付をした日における給付可能額を限度として当該義務を免除することについて総受益者の同意がある場合を除いて、免除することはできません（信託法226条4項）。

8　受益者に対する求償権の制限

　受託者が前記7に違反して受益者に対する信託財産に係る給付をした場合、当該給付を受けた受益者は、給付額が当該給付をした日における給付可能額を超えることにつき善意であるときは、当該給付額について、受託者からの求償の請求に応ずる義務を負いません（信託法227条1項）。また、その場合は、信託債権者は、当該給付を受けた受益者に対し、給付額（当該給付額が当該信託債権者の債権額を超える場合にあっては、当該債権額）に相当する金銭を支払わせることができます（同条2項）。

9　欠損が生じた場合の責任

　受益者に対して給付をした日には、給付可能額が存在するときであっても、その後、信託事務の処理によって信託財産が減少すれば、実質的に受益者に信託債権者に対する優先権を認めることになってしまいます。

　そのため、受託者が受益者に対する信託財産に係る給付をした場合において、当該給付をした日後最初に到来する信託事務年度の末日に欠損額（貸借対照表上の負債の額が資産の額を上回る場合において、当該負債の額から当該資産の額を控除して得た額をいう。）が生じたときは、①受託者は、その欠損額（当該欠損額が給付額を超える場合にあっては、当該給付額）に相当する金銭の信託財産に対するてん補の義務を、②当該給付を受けた受益者は、欠損額（当該欠損額が現に受けた個別の給付額を超える場合にあっては、当該給付額）に相当する金銭の受託者に対する支払の義務[74]を連帯して（②の

---

[74]　②の義務により、受益者から受託者に対し支払われた金銭は、信託財産に帰属します（信託法228条3項）。

受益者にあっては、現に受けた個別の給付額の限度で連帯して）負います（信託法228条１項本文。ただし、受託者がその職務を行うについて注意を怠らなかったことを証明した場合を除く（同項但書）。)[75]。

　受託者が①の義務の全部又は一部を履行した場合には、②の受益者は、当該履行された金額に②の給付額の①の給付額に対する割合を乗じて得た金額の限度で②の義務を免れ、受益者が②に定める義務の全部又は一部を履行した場合には、受託者は、当該履行された金額の限度で①に定める義務を免れます（同条２項）。

10　清　算

　信託債権者の保護のため、限定責任信託の清算における公平な弁済を確保する必要があります。

　限定責任信託の清算には、一般の信託の清算に関する規定である信託法175条から184条までが適用されますが、それに加えて、限定責任信託においては、清算受託者は、信託債権者に対し、清算手続への参加の機会を確保するため、その就任後遅滞なく、信託債権者に対し、２か月を下らない一定の期間内にその債権を申し出るべき旨を官報に公告[76]し、かつ、知れている信託債権者には、各別にこれを催告しなければなりません（信託法229条１項）。

　清算受託者はこの期間内は、裁判所の許可[77]を得た場合を除き、清算中の限定責任信託の債務の弁済をすることができません（同法230条１項・２項）。

75　①②の義務は、総受益者の同意がなければ、免除することができません（信託法228条４項）。

76　この公告には、当該信託債権者が当該期間内に申出をしないときは清算から除斥される旨を付記しなければなりません（信託法229条２項）。

77　この許可の裁判に対しては、不服を申し立てることができません（信託法230条５項）。

なお、清算中の限定責任信託の信託債権者（知れているものを除く。）であってこの期間内にその債権の申出をしなかったものは、清算から除斥され（信託法231条1項）、清算から除斥された信託債権者は、給付がされていない残余財産に対してのみ、弁済を請求することができます（同条2項）[78]。

---

[78] 2人以上の受益者がある場合において、清算中の限定責任信託の残余財産の給付を受益者の一部に対してしたときは、当該受益者の受けた給付と同一の割合の給付を当該受益者以外の受益者に対してするために必要な財産は、残余財産から控除されます（信託法231条3項）。

第2部

遺言・任意後見・死後事務の委任契約・民事信託の連携・棲み分け論

　第2部では、第1部でみた民事信託の仕組みを踏まえて、人は、自己の死後や意思能力の低下ないし喪失後に備えて、どのような法的手段によって、どの範囲まで自らの財産の帰属について決定することができるのか、さらに死後や意思能力の低下ないし喪失後の事務はどのように行われるかという問題を取り上げます。なお、検討する法的手段（制度）は、任意後見、遺言、死後事務の委任契約及び民事信託とします。

第1章　意思能力の低下ないし喪失後の意思実現

　本章においては、意思能力の低下ないし喪失後の意思実現について、任意後見と民事信託の連携・棲み分けを検討していきます。

1　意思能力の低下・喪失後の任意代理の委任契約の効力

　意思能力の低下ないし喪失後の意思実現を可能とする法制度としては、まず、任意後見制度が挙げられます。
　意思能力とは、自分の行為の結果を判断できる精神状態であり、正常な認識力と予期力を含むものとされています。法律行為が法的な効果を生ずるためには、常にこの意思能力が必要となります。この意思能力が低下ないし喪失した状態で、行為者が、契約等の法律行為を行ったとしても、それは意思に基づかない行為とされ、法的な効果を生じず、本人にその効果が帰属することはありません。逆にいうと、意思能力を十分に有する時に行った法律行為は、法的に有効であるといえます。ここで、十分な意思能力を有するときに、自己の財産管理や身上保護についての契約を締結したものの、その後、

1　意思能力の低下・喪失後の任意代理の委任契約の効力

　意思能力が低下ないし喪失した場合、その契約の効力は、本人の意思能力がそのような状態に陥ったとしても、そのまま維持されるのでしょうか。維持されるとすると、本人によって受任者の活動をコントロールすることができず、受任者の権限濫用をチェックすることができないという問題や、受任者が本人の意向を確認しながら委任事務を遂行することが困難であり、本人やその親族・周囲の者等とのトラブルが生じかねないという問題があります。また、維持されないとすると、本人の意思能力の低下ないし喪失という客観的に判断することが難しい事由を契約の終了事由とすると、契約の終期を巡って取引の相手方と紛争が生じるおそれがあり、それによって取引の相手方から受任者に対して、委任契約が終了していることを指摘されて取引を拒否されたり、取引の度に、本人の意思能力が低下ないし喪失していないことの証明を求められたりするおそれがあります。

　この点について、民法の規定をみると、本人の意思能力の低下ないし喪失が、代理権の消滅事由（民法111条1項）にも、委任契約の終了事由（民法653条）にもなっていません。民法起草者の1人である富井正章は、「本人ノ能力喪失ハ法定代理權發生ノ理由ト爲ルコトアルモ代理權ノ消滅ヲ來スヘキ理由アルコトヲ見ス」とし、本人の意思能力の低下ないし喪失は、法定代理権の発生事由とはなるものの、それをもって任意代理権が消滅するわけではない[79]と述べています。また、我妻栄は、本人の意思能力の低下ないし喪失後の代理の効力について、「本人は、(イ)みずから法律行為をするのではないから、意思能力及び行為能力を有する必要のないことはいうまでもないが、(ロ)みずから権利を取得するのだから、権利能力を有することは、絶対に必要である」[80]とし、委任の終了事由については、「委任は、…〔中略〕…告知以外にも、委任者の死亡・破産、受任者の死亡・破産・禁治産宣告の諸事由によつて終了する（653條）。委任が當事者間の個人的な信頼關係を基礎とする

79　富井政章『民法原論第一巻総論』（有斐閣、1922年）517頁。
80　我妻・總則353－354頁

ことによるものであつて、他の立法例にも同様の趣旨の規定がある…〔中略〕…。然し、右の規定は強行規定ではないから、反對の特約を許すことはいうまでもない」[81]。「受任者が禁治産の宣告を受ければ、財産管理能力を失い、委任者の信頼もなくなるであろう。しかもなお委任を終了させない特約をすることは、實際上はあり得ないであろうが、理論的には、さしつかえない。委任者の禁治産宣告を終了事由としなかつたのは、禁治産者の財産管理は後見人に専属するものではないからである。但し、特約で終了事由とすることは、もとより妨げない」[82]と述べています。これらの見解によれば、本人が意思能力の低下ないし喪失に陥り、仮に本人のために法定後見の運用が開始されたとしても、任意代理の委任契約の効力は存続し、法定後見人と任意代理の委任契約の受任者が併存して本人のために職務を行うことになります。

2 任意後見の基本的な仕組み

　本人が意思能力の低下ないし喪失した時に備えて事務を委任する契約の有効性については議論があるところですが、自分が十分な意思能力を有するうちに、意思能力が低下ないし喪失した時に財産管理や身上保護を任せる人とその人に任せる事務の範囲を決めておきたいという社会的ニーズはとても強く、本人と受任者との間のチェック・アンド・バランスを補強するために生まれたのが任意後見制度です。以下、同制度の基本的な仕組みをみていきます。

(1) 設定方法と登記

　　任意後見制度は、将来の自分の意思能力が低下ないし喪失したときに備えて、事前に、信頼できる人（任意後見人）に自分の代理人として財

81　我妻・債権694－695頁。
82　我妻・債権697頁。

産管理や療養看護を任せることを委任し、引き受けてもらう制度です。任意後見関係は、委任者と任意後見人を引き受ける人との契約により創出され、その契約書は、法務省令に定める様式の公正証書によって作成されなければならないので、任意後見関係の創出には、公証人の関与が必要となります（当事者は、一度契約した内容にどちらかが亡くなるまで縛られるのではなく、公正証書によって契約内容を変更したり、契約を解除したりすることもできます。）。

任意後見契約公正証書が作成されると、公証人は、東京法務局民事行政部後見登録課に任意後見契約の登記を嘱託します（公証人法57条の3第1項）。契約締結後から任意後見契約が未だ効力を生じていない間の後見登記事項証明書は巻末資料8のようなものです。

なお、2人以上を任意後見人として、契約締結した場合でも、それが個別代理の場合は、任意後見人1人について1組の任意後見契約として登記されるため、任意後見人ごとに通常の委任者と受任者が1人ずつの場合と同じ内容の登記事項証明書が発行されます。共同代理の場合は、その各任意後見人との契約は不可分の契約とされるので、個別代理の場合と異なり、共同で任意後見受任者となった者全員が記載され、別紙目録として「代理権の共同行使の特約目録」が発行されます（巻末資料9のとおりです）。

また、任意後見契約は、特定の法律行為について任意後見監督人の同意を要するとすることもでき、その場合は、巻末資料10のような「同意を要する旨の特約目録」も発行されます。

(2) 類　型

任意後見契約には、将来型、即効型、移行型の3つの類型があります。

ア　将来型

　　任意後見契約は、契約という法律行為によって締結するため、その契約を締結する際には、当事者にその契約内容を十分に理解し得る意

思能力を有することが必要です。

「将来型」の任意後見契約は、本人が十分に意思能力を有するときに、任意後見契約のみを締結し、将来的に意思能力が低下してきたときに、その効力を生じさせるという類型です（設定証書例は、巻末資料11のとおりです。）。

なお、「将来型」は、本人の意思能力が低下するまでの期間が相当の長期にわたる可能性があり、任意後見契約の効力発生がかなり先になることがあります。当事者の関係性にもよりますが、定期的に面会等をしていないと任意後見契約の効力を生じさせるための任意後見監督人の選任申立てをする機会の見極めが難しいこともあるので注意が必要です。

イ　即効型

任意後見契約は、契約を締結する際に、本人の判断能力が十分でなく、法定後見でいうところの保佐や補助の対象となり得る状況でも、契約を締結する際に意思能力があれば、締結することができます。

この「即効型」は、本人の意思能力が既に低下傾向にあるため、任意後見契約の締結後直ちに任意後見契約の効力を発生させる類型です（設定証書例は、巻末資料12のとおりです。）。

なお、この「即効型」の任意後見契約については、当該契約時点において、契約締結に必要な意思能力を有していたかどうかが争いの種となり、一旦有効に成立した任意後見契約の効力が後日に覆ることがあり得ます。そこで、即効型の任意後見契約を締結しようとする場合には、法定後見の開始等申立てを行うことも考慮しながら、他の類型の契約に比して、より慎重に契約締結時の本人の意思能力の程度を見極める必要があります。

ウ　移行型

任意後見制度は、本人の判断能力が低下したときに効力を生じる制

度ですが、十分な判断能力を有していたとしても、傷病等で身体的に日常生活を送ることが難しく、財産管理や療養看護を誰か信頼できる人に任せたい、という人も多いと思います。

そのような場合、信頼できる人との間で任意の財産管理契約を締結することで、判断能力が低下する前の財産管理や療養看護を法的に任せることができます。

この「移行型」は、任意後見人としての事務を行ってもらう人に、本人の意思能力が低下する前は、任意の財産管理契約で財産管理や療養看護を任せ、本人の意思能力が低下した後は、任意後見契約に移行させて、引き続きそれらを任せる類型で、実務上行われている典型的な活用類型とされています（設定証書例は、巻末資料13のとおりです。）。

任意の財産管理契約と任意後見契約の委任事項は、実務上、ほとんど同じ内容とすることが多いようですが、大きく異なる点が1つあります。それは、任意の財産管理契約においては、財産の「処分」を委任事項とすることができないという点です。処分行為は、本人にとってとても影響の大きい法律行為であるといえます。任意の財産管理契約が効力を生じている段階では、本人に意思能力があるので、そのような重要な法律行為の代理を行う場合は、任意の財産管理契約で包括的に定めるのではなく、都度個別に委任を受けて行うべきであるという趣旨です。一方、任意後見契約の委任事項に財産の処分を含めることができるのは、任意後見契約が効力を生じている段階では、本人の意思能力が既に低下しているため、そのような個別の委任をすることができず、むしろ包括的に財産の処分権まで与えないと、後見事務に支障が生じることが多いためです。

なお、「移行型」において、本人（委任者）の意思能力が低下したにもかかわらず、任意の財産管理契約の受任者が、任意後見契約が効

力を生じた後の任意後見監督人の監督下における任意後見人としての事務執行を回避するため、家庭裁判所への任意後見監督人の選任申立てを避けて、任意の財産管理契約の受任者のまま、本人の代理人として財産管理や療養看護等の事務を行っているのではないかという指摘があります。こうしたケースが任意後見契約の発効件数を抑止する要因となっているといわれています。法務局登記統計によると、単年度における任意後見契約の発効率は概ね5〜6.5％で推移していて、本人が意思能力の低下する前に死亡しているということだけではその理由を説明できない程、低い発効率だといえます。本人の意思能力が低下しているということは、本人は、任意の財産管理契約の受任者が、当初締結した契約のとおり事務執行しているかをチェックすることができず、その受任者が権限を濫用する可能性が高いので、適切なタイミングでの移行がなされることが望まれます。

(3) **任意後見人の資格**

任意後見人の資格には、特に制限がないので、司法書士や弁護士等の専門職を充てる必要がありません。したがって、子、おいめいや遠縁の親族はもちろん、血縁のない友人・知人にお願いすることもできますし、法人を任意後見人とすることもできます。しかし、①未成年者、②家庭裁判所で免ぜられた法定代理人、保佐人又は補助人、③破産者で復権をしていない人、④行方の知れない者、⑤本人に対して訴訟提起をしたことのある人（その配偶者と直系血族を含む。）、⑥不正な行為、著しい不行跡その他任意後見人の任務に適しない事由がある人は、不適任として任意後見人になることができません（任意後見契約に関する法律（以下、「任意後見契約法」といいます。）4条1項3号）。仮にそのような人を任意後見人とする任意後見契約を発効させようとして、家庭裁判所に任意後見監督人の選任申立てを行ったとしても、その申立ては却下されてしまいます。

(4) 任意後見人の人数

　任意後見人は、1人だけではなく、複数人置くことができます。複数の人に任意後見人を委任する場合、常にその全員が共同でしか代理権を行使することができない仕組み（共同代理）にするのか、各人がそれぞれ単独で代理権を行使することができる仕組み（個別代理）にするのかは自由に決めることができます。個別代理の場合、任意後見人全員が、同一の事務について個別に代理権を行使する仕組みも、事務を分掌して各々に割り当てられた事務について個別に代理権を行使する仕組みも、どちらも自由に採用することができます。

　また、「長男Aに任意後見人として諸事務をお願いしたいが、Aが死亡したり、病気で任意後見人の事務を行うことができなくなったりした場合には、長女Bに任意後見人として事務を執り行ってもらいたい。」という、任意後見人の就任に順位をつけた、いわゆる予備的な任意後見人の取り決めも当事者間においては法的に有効と解されています（ただし、そのような取り決めは登記することができず、家庭裁判所を拘束する効果はありません。）。

(5) 委任できる事項と委任できない事項

ア　委任できる事項

　任意後見契約で任意後見人に委任できる事項（事務）は、次のとおりです。

---

① 財産の保存、管理及び処分に関する事項

② 金融機関、証券会社との取引に関する事項

③ 保険契約（類似の共済契約等を含む。）に関する事項

④ 定期的な収入の受領、定期的な支出を要する費用の支払いに関する事項

⑤ 生活費の送金、生活に必要な財産の取得に関する事項及び物品の購

入その他の日常関連取引（契約の変更、解除を含む。）に関する事項
⑥ 医療契約、入院契約、介護契約その他の福祉サービス利用契約、福祉関係施設入退所契約に関する事項
⑦ 要介護認定の申請及び認定に関する承認又は審査請求並びに福祉関係の措置（施設入所措置を含む。）の申請及び決定に対する審査請求に関する事項
⑧ シルバー資金融資制度、長期生活支援資金制度等の福祉関係融資制度の利用に関する事項
⑨ 登記済権利証・登記識別情報、印鑑、印鑑登録カード、住民基本台帳カード、個人番号（マイナンバー）カード・個人番号（マイナンバー）通知カード、預貯金通帳、キャッシュカード、有価証券・その預り証、年金関係書類、健康保険証、介護保険証、土地・建物賃貸借契約書等の重要な契約書類その他重要書類の保管及び各事項の事務処理に必要な範囲内の使用に関する事項
⑩ 居住用不動産の購入及び賃貸借契約並びに住居の新築・増改築に関する請負契約に関する事項
⑪ 登記及び供託の申請、税務申告、各種証明書の請求に関する事項
⑫ 遺産分割の協議、遺留分侵害額の請求、相続放棄、限定承認に関する事項
⑬ 配偶者、子の法定後見開始の審判の申立てに関する事項
⑭ 新たな任意後見契約の締結に関する事項
⑮ 復代理人の選任、事務代行者の指定に関する事項

　以上のように、財産の管理や療養看護に関するものを中心に多岐に渡ります。①から⑮のうち、どの事項を委任するかは、受任者との話し合いのもと、自由に決定することができます。
　なお、本人が詐欺や悪徳商法の被害に遭ってしまった場合の民法や

消費者契約法上の取消権の行使は、財産の保存・管理に関する代理権が付与されていれば、代理人として任意後見人が行使できるとされています（しかし、任意後見人は、法定後見人のような包括的な取消権を有しているわけではありません。）。

イ　委任できない事項

　任意後見契約で任意後見人に委任できる事務は、法律行為に関するものに限られるので、病院や買い物への付き添い、炊事・家事・洗濯、定期的な見回り（訪問）のような、いわゆる事実行為を委任することはできません。そのような事務を委任するときには、任意後見契約とは別にそのような日常家事に関する準委任契約を締結することになります。

　また、任意後見契約で委任できる事務は、本人の生前に必要となるものに限られます。死後の事務－具体的には、①祭祀関係として、遺体の引取り、親族・菩提寺への連絡、埋火葬のための手続、葬儀、火葬、供養、菩提寺・墓所の選択、墓石の建立、埋葬、墓所の管理、永代供養、墓の改葬、それらの費用等の支払、相続人・その他親族への報告等、②債務等の清算関係としては、医療費の支払、入院保証金の受領、老人ホーム等の施設利用料の支払、入所保証金の受領、公共料金・その他日常家事債務の支払、家賃の支払、入居保証金（敷金）の受領、地代その他の賃料の支払等、③住まい、その他身辺整理関係としては、入院先の私物の引取り、入所施設の退去手続・明渡し、賃貸不動産の解約・明渡し、不要な家財道具や生活用遺品の処分、公的年金担当窓口・日本年金機構への届出手続等は、任意後見契約ではなく、別に死後事務の委任契約を締結することで実現することになります。

　さらに、会社の経営や医療等の一身専属的な行為についての同意も、任意後見契約では委任することができません。

(6)　任意後見契約を発効させる手続

任意後見契約は、任意後見監督人が選任された時からその効力を生じます。任意後見監督人は、任意後見契約を締結した本人（委任者）、その配偶者、四親等内の親族又は任意後見契約の受任者が、申立書及び附属書類一式を本人の住所地[83]の家庭裁判所に提出し、申し立てることで選任されます（申立書例は、巻末資料14のとおりです。）。なお、任意後見監督人の選任には、原則的に、本人の申立て又は同意が要件とされています（任意後見契約法4条3項）が、本人の判断能力の低下の程度が著しく、同意の意思表示ができない場合は、その同意を要せずに選任できるとされています（同項但書）。

　任意後見監督人選任の審判が確定し、効力を生じた場合、裁判所書記官は、遅滞なく、東京法務局民事行政部後見登録課に対して、任意後見監督人が選任された旨の登記を嘱託します（家事事件手続法116条1号）（登記事項証明書例は、巻末資料15のとおりです。）。

(7)　任意後見監督人

ア　意　義

　任意後見制度では、家庭裁判所は、任意後見人に対して、任意後見監督人を介して間接的に監督するに留まり、任意後見人から定期的に報告を受け、直接的に調査・監督・指導するのは任意後見監督人の役割となります。

イ　資　格

　任意後見監督人の資格については、任意後見人と同様に規定はありませんが、実務上は、司法書士、弁護士、社会福祉士等の専門職が選任されることが多いです。家庭裁判所は法人を任意後見監督人に選任

---

[83] 本人の住所地とは、本人が実際に居住し、生活している場所（民法22条の「生活の本拠」）を意味し、住民票上の住所地と一致するとは限りません。本人が施設入所をしている場合等は、申立ては、その施設の住所地を管轄する家庭裁判所に行うことになります。

することもできます。

　ただし、①未成年者、②家庭裁判所で免ぜられた法定代理人、保佐人又は補助人、③破産者で復権をしていない人、④本人に対して訴訟提起をしたことのある者（その配偶者と直系血族を含む。）、⑤行方の知れない者（任意後見契約法7条4項の準用する民法847条）、さらに⑥任意後見人又は任意後見受任者の配偶者、直系血族及び兄弟姉妹（任意後見契約法5条）は、任意後見監督人になることはできません。

　なお、任意後見監督人は、任意後見契約の中で特定の人を指定して記載することができます。家庭裁判所による任意後見監督人の選任は、①本人の心身の状態並びに生活及び財産の状況、②任意後見監督人となる者の職業及び経歴並びに本人との利害関係の有無、③任意後見監督人となる者が法人であるときは、その事業の種類及び内容並びにその法人及びその代表者と本人との利害関係の有無、④本人の意見、⑤その他一切の事情を考慮するものとされています（任意後見契約法7条4項の準用する民法843条4項）。選任についての裁量は家庭裁判所にあるため、必ずその人が任意後見監督人に選任されるとは限りません。

ウ　人　数

　家庭裁判所は、任意後見監督人を複数選任することができます。既に任意後見監督人が選任されていても、追加的に選任して複数にすることもできます（任意後見契約法4条5項）。

エ　職　務

　任意後見監督人の職務は、次のとおりです。

①　任意後見人の事務を監督すること（任意後見契約法7条1項1号）
②　任意後見人の事務に関し、家庭裁判所に定期的に報告をすること（同項2号）

③　急迫の事情がある場合に、任意後見人の代理権の範囲内において、必要な処分をすること（同項3号）
④　任意後見人又はその代表する者と本人との利益が相反する行為について本人を代表すること（同項4号）
⑤　いつでも、任意後見人に対し任意後見人の事務の報告を求め、又は任意後見人の事務もしくは本人の財産の状況を調査すること（同法7条2項。実務上、任意後見契約において、任意後見人は、任意後見監督人に対して2〜3か月ごとに財産管理の状況や本人の健康状態を報告しなければならないとされていることが多いようです。）
⑥　任意後見人に不正な行為、著しい不行跡その他その任務に適しない事由があるときに家庭裁判所に対して解任を請求すること（同法8条）
⑦　任意後見契約において、任意後見監督人の同意を要するとされた事項について、同意をすること
⑧　任意後見契約が終了した場合の後見終了の登記を申請すること（後見登記等に関する法律（平成11年法律第152号）5条）　等

オ　家庭裁判所による間接的な監督

　　家庭裁判所は、必要があると認めるときは、任意後見監督人に対し、任意後見人の事務に関する報告を求め、任意後見人の事務もしくは本人の財産の状況の調査を命じ、その他任意後見監督人の職務について必要な処分を命じることで（任意後見契約法7条3項）、間接的に任意後見人を監督します。

　　任意後見人に不正な行為、著しい不行跡その他その任務に適しない事由があると認めるときは、任意後見監督人（本人、その親族又は検察官を含む。）は、家庭裁判所に対し、任意後見人の解任を請求することができますが（任意後見契約法8条）、家庭裁判所は、職権で任

意後見人を解任することはできません。一方、任意後見監督人に不正な行為、著しい不行跡その他その任務に適しない事由があると認めるときは、家庭裁判所は、本人、その親族もしくは検察官の請求によって、又は職権で、任意後見監督人を解任することができます（任意後見契約法7条4項の準用する民法846条）。

カ 任意後見監督人が欠けた場合

任意後見監督人が辞任・死亡等で欠けた場合であっても、家庭裁判所は、本人、その親族もしくは任意後見人の請求により、又は職権で、新たな任意後見監督人を選任します（任意後見契約法4条4項）。任意後見監督人が欠けても任意後見人の権限に影響はありません。

キ 任意後見監督人の追加選任

任意後見監督人が選任されている場合であっても、家庭裁判所は、必要があると認めるときは、本人、その親族もしくは任意後見人の請求により、又は職権で、更に任意後見監督人を選任することができます（任意後見契約法4条5項）。

(8) 報　酬

ア 任意後見人の報酬

任意後見人は、司法書士等の専門職だけでなく、本人の親族や友人・知人等が就任することができます。専門職が就任する場合はもちろんですが、親族等が任意後見人になるときでも、任意後見契約の規定中に報酬額を定めることで、任意後見人としての職務遂行について報酬を得ることができます。月額で定めることが多く、概ね月1万円から5万円の報酬額とするケースが多いと思います。もちろん、親族等に任意後見人としての職務をお願いする場合は、親族間だからと無報酬で請け負う方も多いようです。その際は、報酬が無報酬である旨を任意後見契約の規定中に記載することが一般的です。なお、移行型の任意後見契約に移行する前の任意の財産管理契約の受任者の報酬に

ついても同じように考えることができます。

　　イ　任意後見監督人の報酬
　　　任意後見契約は、任意後見監督人が選任されたときに効力を生じます。その任意後見監督人の報酬は、年に1度、任意後見監督人が家庭裁判所に対して監督事務報告書を提出するときに、併せて報酬付与の審判の申立てを行うことで、家庭裁判所が決定します。

　　　任意後見監督人の報酬は、報酬付与の審判の対象となる期間中の監督事務の内容、本人の財産の額や内容等が考慮され、概ね月1万円から3万円を基準に、就任時又は前回の報酬付与の審判の対象期間後から1年分の報酬額として決定されます。

　　　任意後見監督人は、家庭裁判所の報酬付与の審判を受けたときは、審判書に記載された報酬額を任意後見人に請求し、その支払いを受けることになります。

(9)　**任意後見契約の解除**
　　ア　任意後見契約の効力発生前の解除
　　　任意後見監督人が選任される前においては、本人（委任者）又は任意後見受任者は、いつでも、公証人の認証を受けた書面によって、任意後見契約を解除することができます（任意後見契約法9条1項）。

　　　解除には、合意解除と一方的解除があります。合意解除は、その意思表示を記載した書面に公証人の認証を受けることで効力を生じますが、一方的解除は、解除の意思表示を記載した書面に公証人の認証を受け、それを配達証明付内容証明郵便にて相手方に送付し、それが到達したときに効力を生じます。

　　　解除が効力を生じた場合、申請書に加えて、合意解除においては、公証人の認証を受けた書面、一方的解除においては、配達証明付内容証明郵便の謄本と配達証明の葉書を添付して、終了の登記を東京法務局民事行政部後見登録課に申請します。

イ　任意後見契約の効力発生後の解除

　　　　任意後見監督人が選任された後においては、本人（委任者）又は任意後見人は、正当な事由がある場合に限り、家庭裁判所の許可を得て、任意後見契約を解除することができます（任意後見契約法9条2項）。この許可を得て解除する場合、その許可を得た任意後見人は、終了の登記申請書にその許可審判書の謄本と確定証明書を添付して、前記アの任意後見契約の効力発生前の解除と同じように、終了の登記を東京法務局民事行政部後見登録課に申請します。

(10)　任意後見契約の終了

　　　任意後見契約は、(9)の解除や任意後見人が解任された場合のほか、①本人又は任意後見人（任意後見契約の発効前は、任意後見契約の受任者。以下、本項において同じ。）が死亡したとき、②本人又は任意後見人が破産手続開始決定を受けたとき、③本人又は任意後見人が法定後見開始の審判を受けたとき等に終了します。

(11)　法定後見制度との関係

　　ア　任意後見制度優先の原則

　　　　例えば、意思能力の低下した高齢者Aに資産があり、子の1人BがAの世話をしながら財産の管理や身の回りの世話をしていましたが、その状況に対して他の子Cらが不満を持ち、Aについて法定後見開始の申立てをしようとするものの、現に世話をしているBが法定後見の申立てに対抗して、Aとの間で任意後見契約を締結し、現状を維持しようとするような任意後見と法定後見が、重複して適用されるような場合、現行法上は、①任意後見契約法10条の場面と、②任意後見契約法4条1項2号の場面の2つの場面で、任意後見制度優先の原則を採用しており、任意後見と法定後見のどちらによって保護を行うか、という選択については、そのどちらが先行しているかを問わず、必ず家庭裁判所の判断を介在させた上で、原則として任意後見による保護が

優先し、家庭裁判所が特別の必要性を認める場合に限って、法定後見による保護が行われるという統一的な基準が定められています。

① 任意後見契約法10条の任意後見制度優先の原則

　任意後見契約が登記されている場合には、家庭裁判所は、本人の利益のため特に必要があると認めるときに限り、法定後見開始の審判をすることができます（任意後見契約法10条1項）。すなわち、任意後見契約が効力を生じていなくても、その契約締結と登記が、法定後見開始の審判に時間的に先行する場合、家庭裁判所は、任意後見監督人の選任の有無、言い換えれば、任意後見契約が効力を生じているか否かにかかわらず、原則として、その法定後見制度開始の審判の申立てを却下します。ただし、その例外として、家庭裁判所が、本人の利益のため特に必要があると認めたときには、法定後見が開始されるとされています（同条1項）。

　また、既に任意後見契約の効力が生じているときに、本人が、法定後見開始の審判を受けた場合は、同条3項により、既に効力を生じている任意後見契約は終了することになりますが、任意後見契約が締結されただけで未だ効力を生じていない場合は、同項の反対解釈として、既存の任意後見契約は存続します（東京地判平成18年7月6日判時1965号75頁）。

② 任意後見契約法4条1項2号の任意後見制度優先の原則

　任意後見契約が登記されている場合において、精神上の障害により本人の判断能力が不十分な状況にあるときは、家庭裁判所は、本人、配偶者、四親等内の親族又は任意後見受任者の請求によって、任意後見監督人を選任します（任意後見契約法4条1項本文）。しかし、その例外として、本人、配偶者、四親等内の親族又は任意後見受任者の請求があったとしても、家庭裁判所が、本人が成年被後見人、被保佐人又は被補助人である場合において、本人に係る後見、

保佐又は補助を継続することが本人の利益のため特に必要であると認めるときは、任意後見監督人は選任されません（同項2号）。

　言い換えれば、法定後見開始の審判が、任意後見監督人の選任申立てに先行していたとしても、「本人に係る後見、保佐又は補助を継続することが本人の利益のため特に必要であると認めるとき」に該当しない限り、同条2項によって、法定後見開始の審判は取消され、任意後見監督人が選任される扱いとなっています。

イ　法定後見制度との相違と関係性

　これまで、本人の判断能力が低下する前に自らの後見人を契約で指定しておく任意後見に触れてきましたが、任意後見契約を締結していない場合において、判断能力が低下した後でも、法定後見を利用することで、自己の財産管理や療養看護を他人に任せることができます。「老い支度」として、信頼できる人と任意後見契約を締結するか、任意後見契約を締結せず、万一、認知症や不慮の事故等で判断能力が低下したときには法定後見制度の利用をするか、ということは次の相違を理解した上で、早いうちから意識して考えておくべきことだと思います。

①　成年後見制度を利用する際の手続

　任意後見制度においては、自己決定権の尊重の観点から、受任者が前記の不適格者に該当しない限り、公正証書による契約によって確実に自分の希望する人に任意後見人となることをお願いすることができます。

　一方、法定後見は、本人の判断能力が低下した後で、本人、配偶者、四親等内の親族等が、本人の住所地の家庭裁判所に後見人等（成年後見人、保佐人、補助人）の選任を申立て、選任された後見人等に法定の権限を付与する制度です。申立ての時点で、後見人等候補者を希望することはできますが、最終的な決定権は家庭裁判所

にありますので、その事案において、申立書記載の候補者を後見人等に選任することの妥当性を、財産管理を巡る親族間の紛争性、資産の多寡、想定される事務の法的専門性、候補者の適格等を検討し、場合によっては、後見人候補者名簿に載っている司法書士（弁護士、行政書士、社会福祉士等であることもあります。）を選任します。そのため、任意後見と異なり、確実に意図する人を後見人等に指定できるわけではありません。

② 居住用不動産の処分についての家庭裁判所の許可の要否

　任意後見は、本人の自己決定権を最大限尊重する制度であり、法定後見はあくまで補充的な制度であるため、居住用不動産の処分（売却や抵当権設定等）の場面でも、法定後見においては、家庭裁判所の許可が必要ですが、任意後見において処分する場合は、家庭裁判所の許可は要しません。

　なお、任意後見においては、任意後見監督人が必ず置かれますが、居住用不動産の処分であっても原則的に任意後見監督人の同意は要しません。しかし、特約で任意後見監督人の同意を要する行為を定めることができ、その行為として居住用不動産の処分を含めた場合は、その処分について、任意後見監督人の同意を要します。

③ 後見制度支援信託・後見制度支援預金の利用検討案件となるか否か

　本人の現預貯金・有価証券が一定額以上あるときに、それが法定後見の成年後見類型の事案であれば、後見制度支援信託・後見制度支援預金の適用対象となりますが、任意後見による場合は、その対象とはならず、現預貯金・有価証券の額を問わず、そのままの状態で財産管理を任意後見人が行うことができます。

④ 取消権

　法定後見においては、成年後見人、保佐人、同意権の付与を受け

た補助人が、成年被後見人、被保佐人、被補助人による法律行為であることのみをもって、日用品の購入その他日常生活に関する行為を除き、包括的に取消すことができます（民法9条）。

　一方、任意後見においては、それが本人の自己決定権の尊重を基本理念としていることから、任意後見契約が効力を生じた後も、本人の行為能力が制限されることはありません。法定後見の成年被後見人と異なり、任意後見監督人が選任された後も、本人は、市区町村役場で実印についての印鑑証明書の発行を受けることができます。本人が詐欺や悪徳商法の被害に遭ってしまった場合に、民法や消費者契約法上の取消権の行使も、財産の保存・管理に関する代理権が付与されていれば、任意後見人が代理人として行使可能ですが、任意後見人は、法定後見におけるような包括的な取消権を有しているわけではありません。

⑤　監督人の設置

　任意後見においては、任意後見監督人が必ず置かれますが、法定後見においては、監督人（後見監督人・保佐監督人・補助監督人）が必ず置かれるわけではありません。

　法定後見においては、家庭裁判所が「必要があると認めるとき」に、本人（成年被後見人・被保佐人・被補助人）、その親族もしくは成年後見人・保佐人・補助人の請求、又は職権によって、監督人を選任することができます（民法849条、876条の3第1項、876条の8第1項）。この「必要があると認めるとき」とは、個々の事案ごとに諸般の事情を総合考慮して監督人の関与が本人の保護や自己決定権の尊重にとって望ましいと判断される場合を指し、東京家庭裁判所後見サイト「成年後見人・保佐人・補助人ハンドブック（Q&A付き）」によると、後見監督人が選任される具体的ケースとして、①本人の流動資産が1,000万円以上あるが、後見制度支援信託・

後見制度支援預貯金の利用がない場合、②親族間に意見の対立がある場合、③財産の額や種類が多い場合、④不動産の売買や生命保険金の受領が予定されている等、申立ての動機となった課題が重要な法律行為を含んでいる場合、⑤遺産分割協議等、後見人と被後見人との間で利益相反する行為について後見監督人に被後見人の代理をしてもらう必要がある場合、⑥後見人と被後見人との間に高額な賃借や立替金があり、その清算の可否について被後見人の利益を特に保護する必要がある場合、⑦従前、後見人と被後見人との関係が疎遠であった場合、⑧賃料収入等、年によって大きな変動が予想される財産を保有するため、定期的な収入状況を確認する必要がある場合、⑨後見人等と被後見人との生活費等が十分に分離されていない場合、⑩提出された財産目録や年間収支予定表等の記載が十分でない等、今後の後見人としての適正な事務遂行に不安がある場合、⑪後見人候補者が自己又は自己の親族のために被後見人の財産を利用（担保提供を含む。）し、又は利用する予定がある場合、⑫被後見人について、訴訟・調停・債務整理等、法的手続を予定している場合、⑬被後見人の財産状況が不明確であり、その調査について専門職による助言を要する場合とされています。

　法定後見の監督人は、今後想定される後見事務に法律の専門知識が必要となることが予想される場合の課題解決、成年後見人・保佐人・補助人の職務が適正に行われるようにサポートするための助言・指導、成年後見人・保佐人・補助人の職務の不正が疑われる場合の防止・是正といった必要性が高い場合に置かれることになります。

3　任意後見と契約自由の原則

　任意後見契約においては、一般的に、前記2(5)アの事項及びそれに付帯関連する事務を委任事項とすることが多いのですが、任意後見契約でどこまでのことを委任することができるのか、どの範囲のことから制限されるのか、という点は必ずしも明確ではありません。
　成年後見制度である任意後見契約であっても、それが契約である以上は、契約法理にも服するはずです。任意後見契約の契約性を強調すれば、契約自由の原則により、その事務内容も法定後見制度の事務内容に比べれば、より自由に定めることができるはずです。しかし、民事信託におけるような自己の意思能力の低下ないし喪失後の財産の定期給付についても、任意後見契約において行うことができるかという問題があります。任意後見契約において、財産の定期給付を行うとすると、契約締結時からみて事情の変更があったときに、もし本人が十分な意思能力を有していたとすれば、その定期給付を停止したと思われる場合に、任意後見人が、それを停止することは、形式的には任意後見契約の定める事務の不履行ということになります。任意後見人に、本人の意思尊重義務に基づく事情変更に対応可能な広い裁量権を認めるとしても、実際上の任意後見人の事務は、任意後見監督人からの直接的な監督下において、さらには、家庭裁判所の任意後見監督人を通した間接的な監督下において行われているため、適切な裁量権の行使がなされないということも当然考慮されるべきです。行き過ぎた裁量権の行使に対する厳格なチェック体制が整備されている以上、任意後見契約において定めた代理権目録の記載を変更しなければならないような事情変更があったとしても、任意後見人は、自らの責任を回避するという心理的な要因により、任意後見契約公正証書の記載通り、定期給付を継続するという判断に導かれ、結果的に本人の意思が尊重されないようなケースも出てくるのではないでしょうか。

このように、親亡き後問題への対応も含む定期的な財産給付を任意後見契約に定める点で、注意しなければならないのは、契約当初の本人の意思が固定されてしまうという点にあります。それは、任意後見契約の長所でもありますが、前記のような場合には短所にもなり得ます。意思能力の低下ないし喪失後の財産の定期給付については、民事信託に一任するということも考えられ、また、任意後見契約が後見法理の性質を含んだものである以上、任意後見契約を無理に給付的な性格を取り組んだ制度として位置づける必要性はあるのでしょうか。したがって、任意後見契約においてどれほどの財産給付条項を有効に実行できるかという点については、委任者の権利が不当に侵害されないように、慎重に考慮されるべきであるといえます。

4　信託の意思凍結機能

　民事信託は、委託者が、意思能力の低下ないし喪失前に設定することで、その後、委託者の意思能力が低下ないし喪失したとしても、また、委託者が死亡したとしても、存続させることができる制度です。「死後」の場面も射程に含めることができるため、信託は、任意後見よりも広い射程を有するといえます。すなわち、信託は、委託者が一度信託目的を設定して受託者に財産管理を委ねてしまえば、たとえ委託者が、意思能力を低下ないし喪失して要後見状態に陥ったり、死亡したりしたとしても、受託者は委託者の設定した信託目的に沿って受益者のために財産管理をしていくことが当然に想定された制度であるということです。

　民事信託によれば、委託者がそのような状態に陥ったとしても、財産の定期給付も問題なくできるということになりますが、一般的にその理由としては、①受託者には、善管注意義務の他に、信託事務遂行義務、忠実義務、公平義務、分別管理義務、信託事務の処理の委託における第三者の選任及び監

督に関する義務、信託事務の処理の状況についての報告義務、帳簿等の作成等、報告及び保存の義務、他の受益者の氏名等の開示に応じる義務等、信託財産を管理するにあたって、厳格な義務規定が、信託法上定められているので、受託者の活動を監視ないし監督せずとも、受益者の利益が損なわれる危険性が小さいということ、②民事信託には、裁判所に事情変更による信託の変更権（信託法150条）を認めており、設定後も社会状況の変動に応じた臨機応変な対応をすることができること等が挙げられています。

(1) ①の理由についての検討

任意後見契約における任意後見人も善管注意義務を負いながら職務を遂行することになります（任意後見契約法7条4項の準用する民法644条）が、民事信託の受託者におけるように、具体的な義務規定があるわけではありません。民法644条の定める善管注意義務とは、委任契約の受任者の職業・地位において一般的に要求される水準の注意を意味するので、その義務の具体的内容の決め手となるのは、個々の契約においてどのような知識や能力が想定されているかということです。定型的な基準がある場合においても、契約で定めた内容や契約締結の経緯等から、それと異なる基準が合意されたとみることができるときは、その基準によります。

例えば、移行型の任意後見契約の場面における任意代理の委任契約の受任者が、事務を管理するにあっては、財産管理についての非常に高度な知識と能力が要求されるはずです。また、委任契約の受任者は、善管注意義務から派生したとされる民法645条に規定する「委任者の請求があれば、いつでも委任者に対して委任事務処理の状況を報告し、また委任終了の後は、遅滞なく、委任者に対してその経過及び結果を報告する義務」、及び民法646条1項に規定する「委任事務を処理するに当たって受取った金銭その他の物及び収取した果実を委任者に引き渡す義務」、及び民法646条2項に規定する「委任者のために自己の名をもって取得

した権利を委任者に移転する義務」のほか、一般的には、受任者自身の財産と委任者の財産を分別管理する義務や、管理財産の計算のために帳簿や財産目録の作成・報告・保存の義務、事務処理の委託における第三者の選任及び監督に関する義務、事務処理の状況についての報告義務、（複数の者から受任する場合は）公平義務等も当然に善管注意義務の具体的内容として負っているといえます。

　また、民事信託の受託者の善管注意義務を規定する信託法29条は、その２項但書において、「ただし、信託行為に別段の定めがあるときは、その定めるところによる注意をもって、これをするものとする。」と定め、信託行為に別段の定めを設けることによって、善管注意義務を任意に加重又は軽減することができるとしています。もっとも、どの程度まで注意義務を軽減することができるかは、必ずしも明らかではありませんが、「自己の財産におけるのと同一の注意」にまで軽減できることに争いはないようです。それでは、注意義務を完全に免除することができるかということが問題となりますが、この点について、信託法改正要綱案（第18）では、「ただし、信託行為に別段の定めがあるときは、その定めに従うものとする」とされていましたが、実際の信託法29条２項但書の規定は、「ただし、信託行為に別段の定めがあるときは、その定めるところによる注意をもって、これをするものとする。」（下線は筆者による。）となっています。試案と実際の信託法の規定を比べるに、前者においては、信託行為により善管注意義務を免除するともとれる言い回しがされていますが、それを踏まえて後者の規定になったということと委託者の信頼に基礎を置く信託の性質を踏まえると、注意義務を一切免除することはできず、信託事務の遂行にあたっては、受託者は何らかの注意を尽くすことが要求されているといえます。

　したがって、①の理由に特別な意義があるということではなく、実質的な面をみると、民法上の委任における受任者に課される義務も十分に

高度なものであることがいえます。

(2) ②の理由についての検討

信託法上の裁判所の事情変更による信託の変更権（信託法150条）は、民法上、契約を締結した後に事情が変化し、債務をそのまま履行する上で障害が生じた場合について認められている事情変更の原則が明文化されたものです。この事情変更の原則は、判例でも、一般論として確立していて、それが認められる要件も、(i)契約成立当時その基礎となっていた事情が変更すること、(ii)基礎事情の変更が当事者の予見したもの又は予見できたものでないこと、(iii)基礎事情の変更が、当事者の責めに帰することのできない事由によって生じたこと、(iv)事情変更の結果、当初の契約内容に当事者を拘束することが信義則上著しく不当と認められることの4要件として確立しています[84]。

したがって、②の理由についても、それほど強い意義があるとはいえないことがわかります。

以上より、信託設定後に委託者が意思能力を低下ないし喪失したり、死亡したりしたとしても、その効力を維持することの説明として前記①②の理由では不十分であるといえます。そこで、別の理由を考察することになりますが、その1つとして「受益者の利益保護」の側面からのアプローチする方法があります。前記①②の理由は、委託者の視点に立った理由付けということもいえますが、委託者は、一度信託を設定した後は、不可欠の存在ではなく、自身が受益者や指図権者にならない限り、基本的に、設定された信託について口出しすることができません。現行の信託法においては、一度信託が設定された後は、主に受託者と受益者の掛け合いにより信託が運営されていくことになり、受益者の適正な受益権確保に比重が置かれています（「信託には、委託者の意思凍結機能がある」といわれることがありますが、これは委託者の主観に立っての

84　山本敬三・契約105－107頁。

み解釈されるべきではなく、あくまで受益者の利益保護のため、信託設定後にその設定行為の内容が維持される結果だと解釈されるべきものです。)。

　民事信託の特色は、委託者が法律行為である信託行為によって、受託者に信託財産の財産権を帰属させつつ、同時に、受託者を信託の目的に従わせ、信託財産を管理・処分させる法律関係を生じることにあります。民事信託においては、信託財産は、受託者の固有財産から分別して管理されなければならないばかりか、実体的には、委託者の固有財産とは別個独立のものとして取り扱われることになり、それらの点が、通常の委任契約や代理契約との大きな違いだといえます。委任契約や代理契約においては、委任者は、受任者や代理人に引き渡した財産に対して物権的な権利主張ができることは、委任者が当該財産の所有権を有することから説明することができますが、信託においては、信託財産の所有権は、受託者に移転しているため、同様の救済方法を認めることは困難であるといえます。しかし、受託者に帰属している信託財産の所有権も、それが受託者が自由に使用・収益・処分することができるものではありません。受託者は、あくまでも信託の目的の範囲内で、その財産権を有するに過ぎず、その信託の目的とは、究極的には受益者が受託者に対して有する受益権に係る債務の履行を適正に受けることであるといえ、信託財産の実質的な帰属主体は受益者であるといえます[85]。財産の所有権が形式的に管理者に移転されたか、移転されていないかによって、権利者の救済方法(物権的救済・債権的救済)が異なるとするのはバランスを欠くため、(受益権の法的性質をどのように捉えるかという問題はありますが、)受益者に物権的救済を認めることを可能とするのが信託の法理であるといえます。

　また、信託財産の独立性も信託の中核的な法律効果とされています。

85　道垣内・私法体系217-218頁参照。

この信託財産の独立性から、委託者に対する債権者及び受託者個人に対する債権者は、信託財産に属する財産に対して権利を主張することはできないことになり、その結果、受益者の物権的救済の機会が保護されることになります[86]。

さらに、信託法には、信託管理人、信託監督人及び受益者代理人等の信託関係人の制度、受託者の負う各種義務や受益者の円滑な受益権行使を可能とするため諸規定が定められており、受益的な地位にいる者に対する財産的側面からの保護については、任意後見よりも民事信託の方がより徹底されているため、民事信託においては、任意後見よりも広範な財産処分が可能となるといえます。

5　民事信託では実現できないこと

　民事信託は、財産管理制度であり、受託者は、委託者や受益者の代理人として事務を遂行するのではなく、信託財産の所有者として、信託の目的の範囲内で信託財産を管理・処分等していくことになります。そのため、受託者は、①受益者が相続人となる相続が開始した場合に、受益者の代理人として、遺産分割の協議、遺留分侵害額請求、相続放棄、限定承認をすること、②ケアマネジャーや主治医等、本人の周辺の福祉・医療関係者と相談した上、健康診断等の受診、治療・入院等の医療に関する契約の締結及び費用の支払、老人ホーム等の施設の入退所に関する契約の締結及び費用の支払、要介護認定の申請、福祉・医療サービスの契約の締結及び費用の支払、各種給付金の受給手続等の身上保護面のサポートをすること、③（民事信託は、委託者の特定の財産についての管理制度ですので、）委託者の全財産を包括的に管理すること、④受益者の代理人として訴訟行為を行うことや訴訟行為について

86　道垣内・私法体系218頁。

訴訟代理人となる資格を有する者に対し授権をすること等を信託事務としてすることができません。他方、これらの行為は成年後見制度によれば後見人が行うことができます。そのため、それらの事務を第三者に任せるには、民事信託ではなく、成年後見制度によることになります。

　任意後見においては、①から④の事務についても、家庭裁判所の任意後見人を通した間接的な監督下にある任意後見人により行うことになります。民事信託においては、受託者は、成年後見制度における家庭裁判所のように公的機関の監督を受けながら事務を遂行していくわけではないので、設定後の事務の履行可能性は、任意後見の方が高いといえます。

　したがって、両制度の実務上の連携・棲み分けの理解の仕方としては、任意後見で実現可能な（本人の利益のための）財産管理と身上保護については、任意後見で行い、より広範な財産管理（財産の定期給付等）等、任意後見ではその性質上実現することが難しい事務については、民事信託により行うという方向性が法理論上妥当であるといえます。

第2章　死後の意思実現

　本章においては、遺言、死後事務の委任契約と民事信託の連携・棲み分けについて検討していきます。

1　遺言の基本的な仕組み

(1)　意　義

　死後の意思実現を可能とする法制度としては、まず、遺言制度が挙げられます。遺言は、遺言をする人（遺言者）の最終の意思表示について、その人の死後に効力を生じさせる制度です。遺言をするか否かの判断は人それぞれの自由ですし、内容についても遺言者が自由に決めることができます。

　遺言の特徴は、①遺言者の死亡時から効力を生じる、②相手方の承諾や同意を要しない単独行為であるという点です。

　遺言は、遺言者の生前には効力が生じないので、遺言者の生前に遺言無効確認をすることはできません（最判昭和31年10月4日民集10巻10号1229頁）。また、遺言は、遺言者本人の独立の意思に基づいてなされる必要があり、代理に親しまない行為とされています。

(2) **遺言能力**

　遺言は、遺言者が未成年者であっても、遺言作成時に15歳以上で（民法961条）、遺言内容とその結果を理解し得る判断能力（遺言能力）を有していれば、法律上有効に遺言することができます（民法963条）。行為能力の制限に関する民法5条、9条、13条及び17条の規定は、遺言については適用されないので（民法962条）、成年被後見人、被保佐人、被補助人も作成時に遺言能力を有していれば遺言することができます。

　ただし、成年被後見人については、「成年被後見人が事理を弁識する能力を一時回復した時において遺言をするには、医師2人以上の立会いがなければならない」とされ（民法973条1項）、「遺言に立ち会った医師は、遺言者が遺言をする時において精神上の障害により事理を弁識する能力を欠く状態になかった旨を遺言書に付記して、これに署名し、印を押さなければならない」とされています（同条2項本文）。

(3) **遺言の方式**

　遺言は、前記(1)の特徴と遺言書の偽造・変造による遺言者の死後の紛争予防の必要性から、民法に定める方式に従うものでないと効力が認められず、無効な遺言となってしまいます（民法960条）。遺言の方式は、普通方式（自筆証書遺言（民法968条）、公正証書遺言（民法969条）、秘密証書遺言（民法970条））と特別方式（一般危急時遺言（民法976条）、難船危急時遺言（民法979条）、伝染病隔離者遺言（民法977条）、在船者遺言（民法978条））の大きく2つに分けられますが、本書においては普通方式の自筆証書遺言、公正証書遺言及び秘密証書遺言にのみ触れていきます。

ア　**自筆証書遺言**

　自筆証書遺言は、遺言者が遺言の全文、日付及び氏名を自書し、これに印を押すことによって成立する遺言です（民法968条1項）（遺言書例は、巻末資料16のとおりです。）。

① 自　書

　自筆証書遺言は、「自書」が要件なので、パソコンやワープロ等の機器を利用した文字や本人の自書をコピーしたものは、「自書」にはあたりません（ただし、判例には、カーボン紙を用いて複写の方法で作成された遺言については、自書の方法として許されないものではないとするものもあります（最判平成5年10月19日判時1477号52頁）。

　また、添え手により補助を受けて作成した遺言は、遺言者がその作成時に文字を知り、かつ、これを筆記する能力を有し、添え手をした人の意思が介入した形跡のないことが筆跡から判定できる場合に限り、この自書の要件を満たします（最判昭和62年10月8日民集41巻7号1471頁）。

　このように、原則的には、すべて自らの手で記述する必要があるのですが、「民法及び家事事件手続法の一部を改正する法律」（平成30年法律第72号）では一部要件が緩和され、財産目録については、自書によらず、パソコンやワープロ等の機器を利用した文字で記載しても、また、預金通帳のコピーや不動産登記事項証明書等を利用しても要件を満たすとされました（民法968条2項。ただし、財産目録の各頁（自書によらない記載がその両面にある場合にあっては、その両面）には自筆で署名し、印を押さなければなりません。）。

　自書する過程で、字を書き間違えたり、書き飛ばしたりしてしまうこともあると思いますが、遺言者が、その場所を指示し、これを変更した旨を付記して特にこれに署名し、かつ、その変更の場所に印を押すことで本来あるべき有効な記載となります（民法968条3項）。なお、明白な誤記の訂正については、その訂正方法が、民法968条3項の要件を満たしていなかったとしても、遺言が無効になるわけではありません（最判昭和56年12月18日民集35巻9号1337頁）。

② 日　付

　自筆証書遺言には、日付の自書が要件となっています。年月の記載はあっても日の記載がない遺言はこの要件を満たさないため無効です（最判昭和52年11月29日家月30巻4号100頁）。日付の自書は遺言の成立時期を明確にするためであり、複数の遺言が存在してその内容が抵触している場合に、その抵触する部分については、後の遺言で前の遺言を撤回したものとみなす（民法1023条1項）とされていることからも、重要な意味を有しています。

　この日付については暦上の特定の日と認識できる記載であればよいので、「令和○年○月○日」という年月日の表記ではなく、例えば、「私の80歳の誕生日」、「長野オリンピックの開会式の日」等、日付までが特定できる記載であれば問題ありません。また、「平成元年11月末」と記載された場合、それを「平成元年11月30日」と表示したと解すべきとした東京地判平成6年6月28日金判979号31頁もあります。一方、「令和○年○月吉日」は、暦上の特定の日を認識できる記載ではないため、そのような日付の記載をした場合、遺言が無効となってしまいます（最判昭和54年5月31日民集33巻4号445頁）。

　なお、日付を誤記したことが明白で、正しい日付の特定が可能な場合は、有効な遺言として扱われます（最判昭和52年11月21日家月30巻4号91頁）。

③ 氏　名

　自筆証書遺言には、氏名の自書も要件となっています。基本的には、戸籍上の氏名をそのまま記載することになりますが、遺言者の特定ができれば、通称、雅号、ペンネーム、芸名等も有効であるとされています（大判大正4年7月3日民録21輯1176頁等）。

④ 押　印

自筆証書遺言には、遺言者による押印も要件となっています。これは、遺言者の同一性及び真意を確保することと、我が国の慣行・法意識による要件とされています（最判平成元年2月16日民集43巻2号45頁。なお、欧米人についてはサインのみで足りると判断したものとして最判昭和49年12月24日民集28巻10号2152頁があります。）。そのため、印鑑登録された実印でなくてもよく、いわゆる認印や拇印でも要件を満たすことになります（最判平成元年2月16日民集43巻2号45頁）。なお、花押を書くことは「押印」の要件を満たさないとされています（最判平成28年6月3日民集70巻5号1263頁）。

　法律上、押印場所等についての規定はありませんが、一般的には、署名箇所の右に押印し、前記①で触れた要件緩和による財産目録に押す印及び誤字・脱字を修正する場合に用いる印も含め、すべて同一の印を用いることになると思われます。なお、遺言書自体には押印がなく、これを入れた封筒の封じ目に押印がなされていた事案において、押印要件が満たされていると判断した最判平成6年6月24日家月47巻3号60頁がありますが、遺言書には署名押印がなく、封筒には署名押印があるものの検認時に既に開封されていた事例において、署名押印要件を満たさないと判断した東京高判平成18年10月25日判時1955号41頁もあります。遺言書と封筒の一体性をどのように理解すべきかという点については、統一的な見解があるわけではないので、原則通り、遺言書中に押印するようにしてください。

⑤　連綴に関する問題

　遺言書が複数枚にわたる場合、各用紙が一通の遺言として作成されたものであることが確認されれば、その一部に日付、署名、押印が適法になされている限り、その遺言は有効なものとして扱われます（最判昭和36年6月22日民集15巻6号1622頁）。民法上も遺言書が複数枚にわたる場合に契印が必要であるとする規定はありません

が、各用紙が一通の遺言として作成されたものであることを証するためにも、各用紙の綴り目に契印をすることが望ましいと思われます。

⑥ 自筆証書遺言書保管制度

　自筆証書遺言は、遺言者が死亡したときには、意図した人にみつけてもらい、その内容を実現してもらわなければなりませんが、その保管の仕方を間違えると、遺言を紛失・亡失してしまいますし、場合によっては、誰かに破棄、改ざんや隠匿されるおそれがあります。

　そこで、それらの問題点を解消し、自筆証書遺言の利用を促進するために、「法務局における遺言書の保管等に関する法律」（平成30年法律第73号。以下、「保管法」といいます。）により、令和2年7月10日から自筆証書遺言書を作成した遺言者が法務局（本局・支局等）に遺言書の保管を申請することができる制度の運用が開始されています。

　どのように利用するかというと、遺言者は、自筆証書遺言を作成して、保管申請する法務局を遺言者の住所地・本籍地・遺言者が所有する不動産の所在地のどの管轄法務局にするかを決めて、保管申請の予約をします。その予約した日時に、(i)遺言書（ホチキス止めせず、無封のもの）、(ii)必要事項を記入した遺言書の保管申請書（申立書例は、巻末資料17のとおりです。）、(iii)戸籍謄本・戸籍の附票等の必要書類、(iv)手数料分の収入印紙（遺言書1通につき、3,900円分）、(v)印鑑、(vi)マイナンバーカード、運転免許証等の本人確認資料を持参して、法務局に出向き（後述の公正証書遺言と異なり、本人が必ず法務局まで出向く必要があります。）、保管の申請をします。この保管申請によって、遺言書はデータ化され、遺言者の死後、相続人等は法務局で遺言書情報証明書を取得し（保管申請を

した法務局に限らず、全国の各法務局で取得可能です。）、その証明書をもって各種の相続手続等を行うことができます。なお、通常、自筆証書遺言を執行する際には、家庭裁判所で検認の手続が必要ですが、この保管制度を利用した自筆証書遺言を執行する際には、検認の手続は不要であることも、この制度の大きな特徴です。

イ 公正証書遺言

公正証書遺言は、遺言者が公証人の前で遺言の趣旨を述べ、公証人がそれを筆記して作成するものです（遺言書例は、巻末資料18のとおりです。）。そのため、自筆証書遺言の個別のケースであるような「形式が法律上の要件を満たしていない」という問題は起きませんし、公証人が法律の規定に照らして確認することから、内容について「遺言者の意図した効力を生じない」という問題も起こりにくいものです。

また、公証人が公正証書遺言の原本を保管するので、誰かに破棄、改ざんや隠匿されるおそれがありません。たとえ、遺言者本人が手元で保管している公正証書遺言の謄本を破棄・紛失してしまったとしても、公証人が原本を保管しているので、遺言者（遺言者が既に死亡しているときは、その遺言にて相続・遺贈により財産を取得することになっている人）は、いつでもその謄本の取得請求をすることができます。

① 証人の立会い

公正証書遺言においては、証人2人以上が、公証人による遺言内容の読み聞かせから遺言者が署名・捺印をするまでの全過程に立会い（民法969条1号）、遺言者の意思がその公正証書遺言に反映されていることを確認後に、署名・押印することが要件となっています（同条4号）。遺言の内容に利害関係を有している人は、この証人にはなれません。民法上、①未成年者、②推定相続人及び受遺者並びにこれらの配偶者及び直系血族、③公証人の配偶者、四親等内の親

族、書記及び使用人は、証人となることができないと定められています（民法974条）。遺言執行者に指定された者は、遺言において利益を得るわけではないので、証人になることができます（大判大正7年3月15日民録24輯414頁）。

　なお、署名ができない者は、証人になることはできませんが、目が見えない者であっても、遺言者の口授と公証人の読み聞かせを聞いてその正確なことを確認でき、署名することができる限り、証人となることができます（最判昭和55年12月4日民集34巻7号835頁）。また、耳が聞こえない者であっても、公証人が筆談や手話通訳人の通訳により遺言者の口授と公証人の読み聞かせの内容を確認することができるため、署名することができる限り、証人となることができます。

② 実際の公正証書遺言の作成の流れ

　公正証書遺言を作成しようとする人は、まず、戸籍等の必要書類を準備し、事前に公証人と遺言内容を打ち合わせます。司法書士・弁護士・行政書士等の専門職に文案の作成を依頼した場合は、専門職が代わりにそれらを行います。文案が定まると、公証人、遺言者、2人以上の証人でいつ立会い（公証人による遺言内容の読み聞かせと閲覧※）を行うかを決めます。原則は、公証役場にて立会いを行いますが、遺言者が、入院先の病院、入所先の介護施設、自宅等での立会いを希望する場合は、公証人と証人が出張して立会いを行います。公正証書遺言は、自筆証書遺言と異なり、遺言者が自書するのは末尾の署名欄への署名のみです。傷病等で自力での署名や押印が難しい場合は、公証人が代書や代印をします。

※　民法969条3号は、「読み聞かせ又は閲覧させること」と規定していますが、実務上は両方行われることが一般的です。

③　遺言者が口がきけない者・耳が聞こえない者である場合

　遺言者が口がきけない者・耳が聞こえない者である場合、手話通訳又は筆談により公正証書遺言をすることができます（民法969条の2第1項・2項、969条3号）。

　通訳人は、有資格者である必要はありませんが、客観性確保の観点から、たとえ、公証人や証人が手話通訳できる場合でも、別に通訳人を立ち会わせる必要があります。

④　口授の内容と程度

　遺言者は、遺言作成の立会いの際に、公証人に対して、遺言の簡単な趣旨を述べる必要があります（民法969条2号）。そのため、公証人の遺言内容の確認に対して単に頷くだけの場合（最判昭和51年1月16日家月28巻7号25頁）、公証人が遺言内容を確認し、間違いがなければ手を強く握るように説明して作成した場合（東京地判平成20年11月13日判時2032号87頁）、公証人の遺言内容の確認に対して「はい、そうです。」等の返事のみをすることで作成した場合（名古屋高判平成5年6月29日家月46巻11号30頁、東京地判平成11年9月16日判時1718号73頁）は、遺言者から遺言の趣旨について発語がなされたとはいえないため、有効な公正証書遺言とはいえません。

⑤　遺言検索システム

　昭和64年1月1日以後に作成された公正証書遺言については、日本公証人連合会により、嘱託人（遺言者）の氏名、生年月日、遺言作成日等がデータベース化されています。

　これにより、公正証書遺言をした遺言者に相続が開始した際、相続人や受遺者等の正当な利害関係人から、公証人（全国のどの公証人でも差し支えありません。）に対し遺言の有無等について照会があったときに、公証人は日本公証人連合会に遺言の検索を依頼し、

その結果を速やかに照会者に回答することができます。

　なお、遺言者の生存中は、遺言者以外の者からの照会に対して一切回答がなされません。遺言者の相続が開始したときに、照会者（相続人や受遺者等）が遺言者の死亡や法律上の利害関係の有無を戸籍謄本等で証明した場合に限り、公証人はその照会者に対し、公正証書遺言の有無と保管している公証役場等を回答することになっています。

　照会者が、公正証書遺言の正本や謄本を管理していない場合は、照会により回答された公正証書遺言を保管している公証役場に請求することで、公正証書遺言の正本又は謄本を取得できます。請求は、法律上の利害関係を有する者又はその代理人が、公正証書遺言を保管している公証役場の窓口に赴くだけでなく、郵送で行うこともできます。

ウ　秘密証書遺言

　秘密証書遺言は、次の手順によって作成されます。

① 遺言者が、その証書に署名し、印を押すこと（民法970条1項1号）

② 遺言者が、その証書を封じ、証書に用いた印章をもってこれに封印すること（同項2号）

③ 遺言者が、公証人1人及び証人2人以上の前に封書を提出して、自己の遺言書である旨並びにその筆者の氏名及び住所を申述すること（同項3号）

④ 公証人が、その証書を提出した日付及び遺言者の申述を封紙に記載した後、遺言者及び証人とともにこれに署名し、印を押すこと（同項4号）

　秘密証書遺言では、公証人が遺言者本人の遺言であることを確認しますが、公正証書遺言とは異なり遺言内容に関与しないため、内容に

誤りがあったりして、遺言者の死後に意図した効力を生じないこともあり得ます。また、自筆証書遺言と異なり、「自書」が要件ではありませんので、パソコンやワープロ等の機器を利用した文字、さらには、他人に書いてもらったものでも、秘密証書遺言の要件を満たします。

秘密証書遺言の加除その他の変更については、自筆証書遺言の加除その他の変更の規定（民法968条3項）が準用されます（民法970条2項）。

秘密証書遺言としての方式を具備せず、秘密証書遺言としては無効であっても、自筆証書遺言の方式を具備している場合には、自筆証書遺言として有効とされます（民法971条）。

(4) 共同遺言の禁止

遺言は、2人以上の者が同一の証書ですることはできません（民法975条）。

同一の証書に2人以上の者が遺言しており、遺言者の一方に氏名を自署しないといった方式の違背がある場合も、その遺言は民法975条により禁止された共同遺言とされ、両者とも無効な遺言となります（最判昭和56年9月11日判時1023号48頁）。

なお、各々の遺言者が別々の証書に遺言し、同一の封筒に入れられているだけの場合は、「同一の証書」に該当しないため、個々の遺言はそれぞれ有効なものとなります。

(5) 検 認

自筆証書遺言（法務局の自筆証書遺言書保管制度を利用しているものを除く。）又は秘密証書遺言の保管者は、相続の開始を知った後、遅滞なく、遺言書を家庭裁判所に提出して、その検認を請求しなければなりません（民法1004条1項・2項、保管法11条）（申立書例は、巻末資料19のとおりです。）。また、封印のある遺言書は、家庭裁判所において相続人又はその代理人の立会いがなければ、開封することができません

（民法1004条3項）。

　検認とは、相続人に対して、遺言の存在及びその内容を知らせるとともに、遺言書の形状、日付、署名等、検認の日における遺言書の内容を明確にして、遺言書の偽造や変造を防止するための手続です。検認は、遺言内容の真否や遺言書の有効性を判断する手続ではありません（福岡高決昭和38年4月24日家月15巻7号105頁）。

　検認の手続を受けるには、遺言書の保管者又は遺言書を発見した相続人が、遺言者の最後の住所地の家庭裁判所に対して、申立書一式を提出することから始めます。申立てがあると、家庭裁判所は、相続人全員に検認を行う日を通知します。その期日に家庭裁判所に出向くかどうかは、各相続人の判断に任されていて、相続人全員が出席しなくても検認手続は行われます。

　検認をする日には、申立人が遺言書を持参し、出席した相続人等の立会いのもと、裁判官は、封がされた遺言書については開封して、遺言書を検認します。実際に相続手続を行うには、遺言書に検認済証明書が付いていることが必要であるため（登記について、平成7年12月4日民三第4344号通知、登記研究464号115頁・480号132～133頁）、検認後には、検認済証明書の申請を行うことになります。

【検認済証明書例】

検認済証明書

　前記遺言書は、令和〇年〇月〇日に、当裁判所令和〇年（家）第〇〇〇号遺言検認審判事件として、検認されたことを証明する。
　　　　　令和〇年〇月〇日
　　　　　　　〇〇家庭裁判所家事部

|裁判所書記官　　○○　　㊞|

※　この証明書と遺言書本体（封筒に入っているときはその封筒も含む。）に割印がなされます。

【平成7年12月4日民三第4344号通知】
相続を証する書面として検認を経ていない自筆証書遺言が申請書に添付された所有権移転の登記の申請の受否について

（要旨）

　検認を経ていない自筆証書の遺言書を相続を証する書面として申請書に添付した相続による所有権移転の登記の申請は、不動産登記法第49条第8号の規定により却下することが相当である。

（通知）

　標記について、別紙甲号のとおり山形地方法務局長から照会があり、別紙乙号のとおり回答したので、この旨貴管下登記官に周知取り計らい願います。

（別紙甲号）

　相続を原因とする所有権移転登記の申請について、検認を経ていない自筆証書である遺言書を、相続を証する書面として申請書に添付してされる場合には、不動産登記法第49条第8号の規定により却下する取り扱いをすべきものと考えますが、そのように取り扱って差し支えないかお伺いします。

（別紙乙号）

　本年10月18日付け登第536号をもって照会のあった標記の件については、貴見のとおりと考えます。

【登記研究464号115頁】
遺言書の検認の要否

（要旨）

　相続による所有権移転の登記申請書に自筆証書又は秘密証書の遺言書を添

付する場合には、その遺言書は家庭裁判所の検認を経たものであることを要する。

(問)

家庭裁判所の検認手続きを経ていない遺言書（自筆証書及び秘密証書）を添付して、相続登記を申請した場合認められると思われますがいかがでしょうか。

(答)

家庭裁判所の検認を要するものと考えます。

【登記研究480号132～133頁】

遺言書の検認の要否

(要旨)

家庭裁判所の検認手続を経ていない自筆遺言書に基づき相続による所有権移転登記の申請をする場合、申請書に当該遺言書は被相続人の自筆遺言書である旨の相続人全員が署名捺印した上申書（印鑑証明書付き）を添付しても、当該遺言書が自筆遺言書であるか否か確認できないので、当該登記申請は受理できない。

(問)

家庭裁判所の検認手続を経ていない自筆遺言書に、当該遺言書は被相続人の自筆遺言書である旨の相続人全員の署名捺印のある上申書（印鑑証明書付）を相続による所有権移転登記申請書に添付しても、その登記申請は受理できないと考えますが、いかがでしょうか。

(答)

検認手続きを経ていなければ、自筆遺言書と認定できないので、御意見のとおりと考えます。

(6) 遺言事項

1　遺言の基本的な仕組み

　遺言でできることについては、民法や他の法律に定められた次のものに限られています。それ以外のことを記載したとしても法的な効力は認められません。

① 遺贈（民法964条）
② 遺産分割方法の指定又は指定の委託・遺産分割の禁止（民法908条）
③ 共同相続人の相続分の指定又は指定の委託（民法902条1項）
④ 遺留分侵害の負担割合の指定（民法1047条1項2号但書）
⑤ 共同相続人間の担保責任の定め（民法914条）
⑥ 特別受益持戻し免除（民法903条3項）
⑦ 遺言執行者の指定又は指定の委託（民法1006条1項）
⑧ 子の認知（民法781条2項）
⑨ 推定相続人の廃除又はその取消し（民法893条、894条2項）
⑩ 祭祀主宰者の指定（民法897条）
⑪ 未成年後見人・未成年後見監督人の指定（民法839条1項・848条）
⑫ 遺言にて無償で未成年者に財産を与える場合に遺言者がする親権者又は未成年後見人にその財産を管理させない意思表示（民法830条、869条）
⑬ 信託の設定（信託法3条2号）
⑭ 一般財団法人の設立（一般社団法人及び一般財団法人に関する法律152条2項）
⑮ 保険金受取人の変更（保険法44条1項、73条1項）

(7) 付言事項

　遺言は、前記(6)のように法的な効力を生じる事項以外にも、遺言者が

遺言をするに至った動機、遺言の趣旨、相続人等への思い入れや希望等、法的な効力を伴わない事項を記載することができます。

　遺言の本文で、特定の相続人が他の相続人より多くの財産を取得することになっている場合に、心情に働きかけて、相続人間の関係の悪化を防いだり、遺留分の侵害額請求権の行使を抑止したりする効果も期待されます。

　しかし、付言事項の内容が生前の事実と異なる記述であったり、特定の相続人等に対して攻撃的な文言であったりしたことから、遺言者の死後の紛争の原因となったという事例もあります。そのため、記載内容については、十分検討する必要があります。

(8) **遺言の撤回**
　ア　意　義
　　　遺言者は、いつでも、理由を問わず、遺言の方式に従って、その遺言の全部又は一部を撤回することができます（民法1022条）。また、この撤回する権利は放棄することができません（民法1026条）。
　イ　撤回の方式
　　　遺言の撤回は、遺言の方式によってなされなければなりませんが、前の遺言と同じ方式による必要はありませんので、自筆証書遺言を公正証書遺言で撤回することも、公正証書遺言を公正証書遺言で撤回することもできます。

　　　具体的には、前の遺言を撤回することのみ記載した遺言を作成する方法、前の遺言を撤回する旨の記載をして、さらに新たな内容の遺言を作成する方法、撤回には触れずに前の遺言と抵触する新たな遺言を作成する方法（民法1023条1項）があります（同じ遺言者の遺言が複数存在する場合は、後の作成日付の遺言が優先します。）。

　　　そのほか、次の①～③の場合にも、撤回があったとみなされます。
　　①　遺言と抵触する生前処分があったときは、抵触する部分につい

て前の遺言を撤回したものとみなされます（民法1023条2項）。
② 遺言者が遺言書を故意に破棄したときは、破棄した部分について前の遺言を撤回したものとみなされます（民法1024条前段）[※]。
③ 遺言者が遺贈の目的物を故意に破棄したときは、破棄した部分について前の遺言を撤回したものとみなされます（同条後段）。

※ 遺言書の破棄には、遺言書を破り捨てたり、燃やしたりして物理的に用紙を破損させるだけでなく、遺言書の文面全体に赤色のボールペンで斜線を引くことも含まれます（最判平成27年11月20日民集69巻7号2021頁）。

ウ 抵触の範囲

遺言の撤回にいう「抵触」とは、例えば、「甲土地をAに相続させる。」と遺言した後で、「甲土地をBに相続させる。」と遺言したり、甲土地をBに贈与したりすることをいいます。抵触といえるか否かは、「単に、後の生前処分を実現しようとするときには前の遺言の執行が客観的に不能となるような場合のみにとどまらず、諸般の事情より観察して後の生前処分が前の遺言と両立せしめない趣旨のもとにされたことが明らかである場合をも包含する」として遺言者の実質的意思を探究することによって判断するとしています（最判昭和56年11月13日民集35巻8号1251頁）。

エ 撤回の撤回

前の遺言を撤回する行為が、さらに撤回されたり、取り消されたり、又は効力を生じなくなったりしても、その行為が錯誤、詐欺又は強迫による場合を除き、撤回された前の遺言は効力を回復しません（民法1025条）。

ただし、前の遺言を撤回した遺言者が、その撤回を遺言の方式によってさらに撤回した場合において、遺言書の記載に照らし、遺言者の意思が最初の遺言の復活を希望するものであることが明らかなときは、

最初の遺言の効力が回復するとされています（最判平成9年11月13日民集51巻10号4144頁）。

(9) **遺言執行者**

　ア　**法的地位**

　　遺言によって、死亡後の財産の帰属先等を定めたとしても、それが実現されなければ意味がありません。遺言執行者は、遺言の内容を実現するため、相続財産の管理その他遺言の執行に必要な一切の行為をする権利義務を有します（民法1012条1項）。遺言執行者がその権限内において遺言執行者であることを示してした行為は、相続人に対して直接にその効力を生じます（民法1015条）。

　　遺言執行者と相続人の関係は、委任に関する民法644条、645条から647条まで及び650条の規定が、遺言執行者について準用され（民法1012条3項）、委任の終了に関する民法654条及び655条の規定も遺言執行者の任務終了に関して準用されています（民法1020条）。

　イ　**遺言執行者の指定・選任方法**

　　実務上は、遺言において遺言執行者を指定することが一般的ですが、遺言書に記載がない場合や記載があってもその者が遺言執行者に就職（就任）できない場合は、必要に応じて、相続人、受遺者、相続債権者等の利害関係人が、遺言者の最後の住所地を管轄する家庭裁判所に、遺言執行者の選任申立てを行うことで、家庭裁判所に選任してもらうことになります（申立書例は、巻末資料20のとおりです。）。

　ウ　**職　務**

　　遺言執行者が就職を承諾したときは、直ちにその任務を行わなければならず（民法1007条1項）、その任務を開始したときは、遅滞なく、相続人に対して、就職通知と併せて、遺言の内容を通知し（同条2項）、また相続財産目録を作成して交付しなければなりません（民法1011条1項）。したがって、遺言執行者は、就職後まもなく、①戸籍

等を取得して遺言者の相続人調査、及び②名寄帳、不動産登記事項証明書、金融機関の残高証明書、取引履歴を取得して相続財産の調査の両方を行うことになります。

　その後、遺言書記載の財産については、各種の相続手続（不動産については所有権移転登記、預貯金・有価証券については、各金融機関にて相続手続等）や受益相続人・受遺者への財産の引渡しを行います。また、遺言に認知や推定相続人の廃除等の記載がある場合は、市区町村役場への認知届の提出や家庭裁判所への廃除の申立て等を行います。遺言の執行が終了した後は、相続人及び受遺者に執行事務が終了した旨の通知を行います。

　なお、遺言執行者がある場合には、相続人は、相続財産の処分その他遺言の執行を妨げるべき行為をすることができません（民法1013条1項）。この「遺言執行者がある場合」には、遺言執行者として指定された者がその就職を承諾する前の場合も含まれます（最判昭和62年4月23日民集41巻3号474頁）。もし、遺言執行者がある場合に、相続人が、そのような行為をした場合、それは無効となります（同条2項本文。大判昭和5年6月16日民集9巻8号550頁）。

エ　資　格

　遺言執行者の資格について特に定めているものはなく、司法書士や弁護士等の専門職に就職を依頼しなければならないわけではありません。したがって、実際の遺言では、司法書士や弁護士等の専門職だけではなく、同性パートナーや親族等、遺言によって財産を取得することになる人や、遺言者が信頼できる友人・知人等が遺言執行者になっています。

　法人も遺言執行者になることができ、また、複数の者を遺言執行者に指定することもできますが、未成年者と破産者は、遺言執行者になることはできません（民法1009条）。

オ　復任権

　　遺言執行者は、遺言者が遺言で反対の意思表示をした場合を除き、自己の責任で第三者にその任務を行わせることができます（民法1016条1項）。

　　第三者に任務を行わせることについてやむを得ない事由があるときは、遺言執行者は、相続人に対してその選任及び監督についての責任のみを負います（同条2項）。

カ　報　酬

　　遺言執行者の報酬は、司法書士や弁護士等の専門職だけでなく、親族、遺言で相続や遺贈によって財産を取得する人や、遺言者が信頼できる友人・知人・同性パートナー等が就職した場合も得ることができます。

　　一般的には、遺言書の中に定めることが多いと思いますが、そのような定めがない場合は、相続人・受遺者等との協議や家庭裁判所に報酬付与の審判の申立てを行うことで決定します。なお、家庭裁判所に対する報酬付与の審判申立ては、家庭裁判所が選任した遺言執行者でなくても、遺言により指定された遺言執行者も行うことができます。

(10)　遺言の内容と異なる遺産分割

　　明文の規定はありませんが、被相続人の遺言がある場合でも、相続人や受遺者の全員の同意によって、遺言と異なる内容の遺産分割協議を成立させることが認められています（遺言執行者がいる場合は、遺言執行者の同意も必要となります。）。

2　財産の段階的給付―後継ぎ遺贈の議論から―

(1)　後継ぎ遺贈の意義

2 財産の段階的給付－後継ぎ遺贈の議論から－

　遺言と民事信託の交錯領域の問題として後継ぎ遺贈の問題があります。後継ぎ遺贈とは、次のような事例のもとで行われる遺贈のことを指します。

【事例】

> 　Aは、死後に自分の不動産を第一次的に内縁の妻Bに遺贈するが、さらにBが死亡したときは、Bに遺贈した財産を第二次的に姪のCに遺贈させたいと考えている。

　Aは、遺言において、①不動産を第一次的な受遺者であるBに遺贈する旨を定めると同時に、②Bが死亡した際には、その財産を第二次的な受遺者であるCに遺贈すると定め、自分の死亡した後の財産の帰属者が死亡した際の財産の帰属者まで指定することを後継ぎ遺贈といいます。

　実務上の後継ぎ遺贈の事例としては、次のような生活保障、家督相続、離婚が関係するものが多いです。

ア　残された家族の生活保障のケース

　　A（70歳）には、推定相続人として、配偶者B（69歳）、長男C（45歳）及び二男D（44歳）がいます。Cは、生まれつき知的障害を有しており、生来的に意思能力が喪失した状態で、婚姻歴はなく、子もいません。Aは、Cが生まれてから、妻のBとともに献身的にCの身の回りの世話をしてきました。しかし、自身とBがともに高齢になったことから、そろそろ、A自身、B、Cの身の回りの世話も二男であるDに任せて、Aは自身に相続が開始したときには、まず、配偶者Bの生活保障のために自身の財産を必要に応じて定期的に給付したい、そして、Bが亡くなった際は残った財産をCの施設費や療養費の捻出のために交付したい、最後に、残った分をBとCを献身的に世話したDに帰属させたい、と考えています。

イ　家督相続を実現させるニーズの強いケース

　　家督相続の志向が強いＡ（70歳）には、推定相続人として長男Ｂ（45歳）及び二男Ｃ（44歳）がいて、Ｂは、Ｄ女と婚姻し、子Ｆ（17歳）がいます。Ｃも、Ｅ女（47歳）と婚姻していますが、２人の間に子はいません。Ａは、Ｂ及びＣには、自分の相続において、平等に恩恵を受けさせたいと考えていますが、Ｃには子供がいないため、ＣがＥよりも先に亡くなった場合に、Ａが今まで多くの苦労の末、積み上げてきた財産が、Ｅ女の家系に移っていってしまうことを不安に思っています。

ウ　離婚歴があり財産の承継先を確実に指定するニーズの強いケース

　　Ａには離婚歴があり、前婚時の前妻Ｂとの間には子Ｃがいますが、再婚したＤとの間には子がいないといった場合に、まずは、今の配偶者Ｄに自分の遺産をすべて相続させて、Ｄが死亡した場合には、その残余の財産を前婚時代に授かった子Ｃに取得させたいと思っています。

(2)　従来から存在する後継ぎ遺贈型の制度

　　後継ぎ遺贈を有効・積極的に解する学説は、明治憲法下のものが多く、その背景には、「家産」の承継に、後継ぎ遺贈型の財産承継を利用していたという実情があったと思われます。

　　室町末期の戦国・江戸時代の武士の時代から明治初期まで、慣習上「仲継相続」という相続制度が存在しました。この制度は、被相続人が死亡したり、隠居したりしたものの、その相続人が幼少、病弱であるという場合に、一度、第三者に後見的任務を負う仲継相続人として信託的に家督を継がせ、後日、本来の相続人やその子孫が成長したり、回復したりしたときに、その子に仲継相続人を相続させる制度でした。

　　しかし、明治政府は、明治６年の太政官布告第263号により「家督相続ハ必ス総領ノ男子タルヘシ、若シ亡歿或ハ廃篤疾等不得止ノ事故アレハ、其事実ヲ詳ニシ次男三男又ハ女子ヘ養子相続願出ツヘシ、次男三男

女子無之者ハ、血統ノ者ヲ以テ相続願出ツヘシ、若シ故ナク順序ヲ越テ相続致ス者ハ相当ノ咎可申付事」という法則を確立し、それ以後、幼年者であっても法定相続人であれば必ず家を継承し、後見人を置いてその者を保護することを徹底したため、仲継相続を行うことは許されなくなりました。ただし、民衆の仲継相続に対するニーズは潰えたわけではなく、実質的な仲継相続を実現するために、入夫相続や養子縁組による仲継相続人の確保や、元戸主である祖父の再相続ということも行われていたようです。

明治民法下のにおいては積極説が主流で、代表的な論者である穂積重遠や近藤英吉は各々次のような説を唱えていました。

ア　穂積重遠

「遺言の内容たる意思表示は必ずしも單純なるを要せぬ。其事項の性質が許す限り條件附又は期限附でも爲され得る」[87]ことは、「殊に遺贈について考へられる。即ち停止條件附遺贈・解除條件附遺贈・始期附遺贈・終期附遺贈が場合により又財産の性質に應じて行はれ得る。或時期まで又は或事實の發生までは甲が受遺者となり其後は乙が受遺者となる、といふドイツ民法（2100條以下）の『先位相續人』『後位相續人』（VORERBE, NACHERBE）の如き關係を生ぜしめることも不可能ではあるまい」[88]。「受遺者甲の受ける財産上の利益が、或条件が成就し又は或期限が到来した時から乙に移轉する」ことは、「所謂『後繼遺贈』であつて」、「乙も亦受遺者である。而してこの第２の受遺者は必ずしも遺言が效力を生ずる時に存在するを要せず、右の條件が成就し又は期限が到來する時に存在すればよい」と解しました[89]。

イ　近藤英吉

87　穂積395頁。
88　穂積401頁。
89　穂積404頁。

「遺贈には解除條件を附し又は終期を附することを得るのであるから、先づ甲を受遺者となし（仲繼受遺者、前位受遺者）、一定の事實の發生に因つて遺贈の效力を失はしめ、その遺贈は乙（後位受遺者）に歸屬すべき」と解しました[90]。この場合に、後位受遺者がその遺贈を放棄したときは、「遺言者の別段の意思が推斷せられない限り、仲繼受遺者に於てその遺贈を終局的に保有し得るものと解すべきである」[91]。「尚後位受遺者は同時に補充的受遺者たる資格を兼ぬることを得べく、疑はしい場合には、寧ろこの兩資格を兼ぬるものと見るべきであるから、仲繼受遺者が受遺者たることを得ないときは、後位受遺者に於て始めから受遺者たる地位を取得するものと解しなければならぬ」[92]。

しかし、後継ぎ遺贈についての積極説には、注意が必要です。なぜなら、包括遺贈について、近藤は、包括受遺者は相続人と同一視できる（民法990条）ため、被相続人が、自己の死について相続人が相続することについて条件や期限を付すことができないのと同様に、包括遺贈にも条件や期限を付けることはできないと主張しています。よって、後継ぎ遺贈の有効性について積極説の立場に立つとしても、積極説の論者は、それは特定遺贈としてされる後継ぎ遺贈を念頭に置いていることに注意が必要となります。

また、明治民法起草者である梅謙次郎も、現行民法994条にあたる明治民法1094条の審議の中で、横田國臣からの「併ナカラオ前ガ受取ツタ後チニ其子ニ遣ツテ呉レト云フコトハドウデスカ」という問いに対して「ソレハイケナイ」と答え、またそれに続けて、横田からの「其内カラ幾分カ給付シテ呉レト云フコトナラバ宜イテセウ」という

---

90 近藤161頁。
91 近藤161頁。
92 近藤・独逸311頁。

質問に対して、「皆遺ルト云フコトハイケナイ」と述べ、包括遺贈での後継ぎ遺贈には否定的な見解を示していました[93]。被相続人の財産を包括的に、２代にわたって遺贈することは、①相続順位を破ること、②遺産の分割ができないこと、③相続人の遺留分を侵害すること、④第一次受遺者の取得した遺贈利益の処分権を完全に否定するのは所有権を侵害することにつながること等の危険性を含んでいるためです[94]。

(3) 遺言で行うことの問題点

後継ぎ遺贈においては、Aが死亡した時点で、Aからの遺贈により、その不動産は、確定的にBの固有財産となりますが、Bに帰属させた不動産のBの死亡後の帰属先を、そのとき既に亡くなっているAが拘束することになります。

これについて、現在は、①B死亡の際は、Bの相続人でない者に相続により承継させたいという場合に、Bの相続人はどのような権利主張をすることができるのか、②もしBが生前にAから相続承継した財産を第三者に処分した場合にどうなるのか、③BがAから財産を相続承継するのと同時にBの債権者が当該財産を差押えた場合に、第二次受遺者は当該債権者に対抗することができるかという問題があります。そのため、現在においては、後継ぎ遺贈の法的効力については、否定・消極的な説が多いのですが、その流れをより加速させたのは、最判昭和58年３月18日判タ496号80頁です。

後継ぎ遺贈の有効性が争われた上記判例では、後継ぎ遺贈の仕組みとして、次の４つの解釈の仕方があるとしました。

① 後継ぎ遺贈は、第一次受遺者への単純遺贈であり、第二次受遺者に対する遺贈の部分は、単に遺言者の希望を述べたにすぎないという解釈

---

93 法典調査会７巻73頁参照。
94 中川＝泉501頁。

② 後継ぎ遺贈は、第一次受遺者に対する遺贈について、遺贈の目的の一部である遺贈の対象財産の所有権を第二次受遺者に移転すべき債務を第一次受遺者に負担させた負担付遺贈であるという解釈

③ 後継ぎ遺贈は、第二次受遺者に対しては、第一次受遺者の死亡後に遺贈の対象財産の所有権が第一次受遺者に帰属しているときには、その時点において、遺贈の対象財産の所有権が第二次受遺者に移転するという趣旨の遺贈であるという解釈

④ 後継ぎ遺贈は、第一次受遺者は、遺贈の対象財産の処分を禁止され、実質上は遺贈の対象財産に対する処分権を除いた使用収益権を有するに過ぎず、第一次受遺者の死亡を不確定期限とする第二次受遺者に対する遺贈であるという解釈

しかし、結局、本判決は、第一次受遺者が第二次受遺者に負う履行義務はどのようなものか、第一次受遺者はどのような内容の権利を取得することになるのか、第二次遺贈の法的根拠は何か、仮に後継ぎ遺贈を④のものとして解釈したとしても、第一次受遺者が死亡するまでの間に財産の所有権は誰に帰属しているのか、第一次受遺者が用益権のみ遺贈された場合、遺留分との関係はどうなるのか等は明らかにされておらず、後継ぎ遺贈の効力について否定的な立場に立つものと位置づけられています。

▼裁判例紹介5　最判昭和58年3月18日判タ496号80頁

〔事実の概要〕

遺言者は、「一、甲土地及び乙土地とその土地上の倉庫一棟はYに遺贈す」る、「Yの死後は、X1弐、X2弐、X3弐、X4参、X5参、X6参、X7参、X8弐の割合で権利分割所有す、…〔中略〕…但右の割合で取得した本人が死亡した場合はその相続人が権利を承継す」る（以下、X1からX8を「Xら」といいます。）、という内容の遺言をし

ました。

　遺言者は、昭和51年12月24日に死亡し、Yは昭和52年6月13日に上記不動産の遺贈を受けたものとしてY名義への所有権移転登記をしました。これに対し、Xらは、その不動産は、Yに遺贈されたものではなく、Xらに遺贈されたものだと主張して、Y名義への所有権移転登記の抹消を請求して訴訟を提起しました。

　そして、原審（福岡高判昭和55年6月26日）は、次のように述べて、Xら第二次受遺者に対する遺贈部分は、遺言者の希望を述べたに過ぎず、本件遺言は第一次受遺者Yへの単純遺贈の部分として有効であると判示しました。

　「本件遺贈は、一般に『後継ぎ遺贈』といわれているものであつて、…〔中略〕…この種の遺贈は、受遺者に一定の債務を負担させる負担付遺贈とも異なり、現行法上これを律すべき明文の規定がない。そのため、右遺贈を有効とした場合には、第一次受遺者の受ける遺贈利益の内容が定かではなく、また第一次受遺者、第二次受遺者及び第三者の相互間における法律関係を明確にすることができず、実務上複雑な紛争を生ぜしめるおそれがある。関係者相互間の法律関係を律する明文の規定を設けていない現行法のもとにおいては、第二次受遺者の遺贈利益については法的保護が与えられていないものと解すべきである。」

　これに対して、Xらは、本件遺言条項は、Yの死亡を停止条件としたXらへの単純遺贈であると主張し、上告しました。

〔判旨〕

　最高裁は、本件遺言条項について、遺言者の真意は「第一次遺贈の条項は被上告人に対する単純遺贈であつて、第二次遺贈の条項は遺言者の単なる希望を述べたにすぎないと解する余地もないではないが、本件遺言書による被上告人に対する遺贈につき遺贈の目的の一部である本件不動産の所有権を上告人らに対して移転すべき債務を被上告人に負担させ

た負担付遺贈であると解するか、また、上告人らに対しては、被上告人死亡時に本件不動産の所有権が被上告人に存するときには、その時点において本件不動産の所有権が上告人らに移転するとの趣旨の遺贈であると解するか、更には、被上告人は遺贈された本件不動産の処分を禁止され実質上は本件不動産に対する使用収益権を付与されたにすぎず、上告人らに対する被上告人の死亡を不確定期限とする遺贈であると解するか、の各余地も十分にありうるのである。原審としては、本件遺言書の全記載、本件遺言書作成当時の事情などをも考慮して、本件遺贈の趣旨を明らかにすべきであつたといわなければならない」と判示して、原審判決を破棄し、差し戻しました。

(4) 後継ぎ遺贈の定義の問題

現行民法の下では、後継ぎ遺贈について否定説が有力となっていますが、その前提として、後継ぎ遺贈をどのように定義するかという問題があります。

稲垣明博「後継ぎ遺贈（再考）」論叢：玉川大学経営学部紀要17号、19頁以下（2012年）によると、一重に「後継ぎ遺贈」といっても、その構成をどのように解するかによって、その後継ぎ遺贈における受遺者と第二次受遺者が、果たして遺言者と第一次受遺者のどちらから対象物を取得することになるかという点が異なってくるとされています。

前掲稲垣論文によると、後継ぎ遺贈の仕組みについて、(ｱ)受益者（第一次受遺者）が、自身について相続が開始した場合に、遺言者の定めた遺贈対象財産を特定の者（第二次受遺者）に遺贈するという負担付きの遺贈と構成する仕方、(ｲ)遺言者から直接遺贈を受けた受遺者（第一次受遺者）の死亡を不確定期限とする期限付遺贈であると構成する仕方、(ｳ)民法上の後継ぎ遺贈も信託法91条の規定通りのものと捉えて、中間の第一次受遺者に相続が開始した場合に、遺贈対象財産は、第一次受遺者か

らではなく、遺言者から第二次受遺者に帰属すると構成する仕方の3つがあるとされています。(ｱ)及び(ｲ)の構成によれば、遺贈対象財産は、「遺言者→第一次受遺者→第二次受遺者」と順に帰属していくのに対し、(ｳ)のように信託的に構成すると第二次受遺者は遺言者から遺贈対象財産を取得すると解することになります。

さらに、前掲稲垣論文によれば、民法上の後継ぎ遺贈については、(ｱ)から(ｳ)までの3つの構成の仕方があるとされますが、後継ぎ遺贈はその特殊性ゆえに、「そのどちらかに限定することは現行法上、規定がない以上あまり意味が薄いと思われる。今ある条文の中で現在のニーズに合った『後継ぎ遺贈』に最も近い遺贈類型を考えてもいいのではあるまいか。」と述べています。

そこで、本書においては、信託法を用いた後継ぎ遺贈を検討する関係で、民法上の後継ぎ遺贈を述べる上では、(ｱ)ないし(ｲ)、すなわち、遺言者に対する相続開始によって、まず第一次受遺者が遺贈対象財産を取得し、その後に第一次受遺者に相続が開始した際に、第二次受遺者が第一次受遺者から遺贈対象財産の移転を受ける形態を前提として、以下、否定説の検討を行っていくこととします。

(5) 後継ぎ遺贈否定説の検討

後継ぎ遺贈に対する否定的・消極的要素について個別に検討していきます。

ア 遺留分侵害額請求について

後継ぎ遺贈の否定・消極説からは、遺留分侵害額請求が行われた場合の法律関係が不明確であるとの指摘があります。

しかし、これについては、①第二次受遺者は、第一次受遺者の負う負担ないし期限の到来により対象財産を取得する将来的な期待権しか有していないため、遺留分を侵害しているとはいえず、遺留分侵害額請求は、第一次受遺者に対して行われるべきであるという見解と、②

第二次受遺者の第一次受遺者に対して有する期待権も民法1043条2項に従い、十分に評価できるため、第二次遺贈についてもその期待権の評価額に応じて遺留分減殺の対象とすることができるという見解があり、それらによれば、遺留分侵害額請求についての法律関係が不明確であるとまではいえないように思われます。

イ　長期的な財産処分の制約について

無効説は、後継ぎ遺贈は、第一次受遺者が長く生きるほど、①長期にわたって財産の処分の自由を侵し、財産の流通を損なうこと、②世襲財産作りにつながることを論拠として挙げています。②においては、そもそも明治民法下で実践された後継ぎ遺贈のニーズが、まさにその点にあったため、その指摘は免れないように思われます。

しかし、後継ぎ遺贈は、財産処分の自由をそれほど厳格に制限してしまうものなのでしょうか。そこで考えてみますと、第一次受遺者も第三者との関係では、民法上の完全な所有権を有しているといえます。そのため、遺贈対象財産を自由に処分することは可能です。第一次受遺者から財産を取得した第三者と第二次受遺者は、将来的に民法177条の対抗関係に立つことになり、両者の関係性は対抗要件の具備の先後を明確にすることによって決定されます。

したがって、第一次受遺者の遺贈対象財産の処分の自由そのものが、後継ぎ遺贈によって制約されているとはいえないはずです。

ウ　相続秩序に反するという論拠について

否定説には、「第1次受遺者の死後は目的物が本来なら第1次受遺者の相続人に承継させるべきところを、それをいわば曲げて、遺言者が予め指定する第2次受遺者に帰属させるというようなこと、つまり相続秩序を個人の意思で変更するようなことは認め得ない。」[95]という指摘があります。

95　米倉・可能性95頁。

しかし、第一次の遺贈に対して、条件・期限を付すか否かということは、それが法的に有効に効力を生ずるかということとは別としても、遺言者の全くの自由のはずです。遺言者の後継ぎ遺贈型の相続承継を実現したいという意思について、第一次受遺者の相続人から指摘される筋合いはないのではないともいえます。

(6) 信託法上の後継ぎ遺贈の明文の規定の創設とその問題点

現行民法上の後継ぎ遺贈については、否定的な見解が根強いものの、その否定・消極的要素についてはある程度の反論を試みることが可能です。しかし、その否定要素をすべて指摘し尽くすことはできず、実際の効果については、未だ不安が残ります。

これらの後継ぎ遺贈の民法上の効力についての争いを受けて、平成18年の信託法改正によって、受益者連続型信託についての信託法91条が創設され、「受益者の死亡により、当該受益者の有する受益権が消滅し、他の者が新たな受益権を取得する旨の定め（受益者の死亡により順次他の者が受益権を取得する旨の定めを含む。）のある信託は、当該信託がされた時から30年を経過した時以後に現に存在する受益者が当該定めにより受益権を取得した場合であって当該受益者が死亡するまで又は当該受益権が消滅するまでの間、その効力を有する。」という規定が設けられました。

この規定により、信託の仕組みによって、後継ぎ遺贈を実現できるようになりました（厳密には、この規定は、後継ぎ遺贈だけでなく、委託者の生前中からも受益者が連続していくような信託を含む規定です。)。

具体的にどのように受益者連続型信託により、後継ぎ遺贈を実現するかというと、まず、契約による場合は、委託者Aが、自己を受益者として、受託者Tに所有する財産を信託します。その信託の内容について、委託者兼受益者であるAが死亡したときの第二次受益者をAの妻Bとし、さらにBが死亡したときの第三次受益者をAの長女Cとするような仕組

みにより後継ぎ遺贈を実現することになります（他にも様々な仕組みを採用することができます。）。また、遺言による場合は、委託者Ａの遺言により、Ａの死亡により信託が効力を生じ、Ａの妻Ｂを第一次受益者とし、Ｂが死亡したときの第二次受益者をＡの長女Ｃ、さらにＣが死亡したときの第三次受益者をＡの二女Ｄとするような仕組みにより後継ぎ遺贈を実現することになります（他にも様々な仕組みを採用することができます。）。

しかし、信託法91条によって規定された信託法上の後継ぎ遺贈型の受益者連続信託についてもいくつかの問題が指摘されています。

ア　受益者指定権・変更権（信託法89条）との関係

信託法91条の定める「当該信託がされた時から30年を経過した時以後に現に存在する受益者が当該定めにより受益権を取得した場合であって当該受益者が死亡するまで又は当該受益権が消滅するまでの間」という期間についての定め方と信託法89条の定める受益者指定権・変更権との関係性について問題が指摘されています。

委託者が、同法91条に定める後継ぎ遺贈型の受益者連続信託を設定したものの、その信託設定行為において、二次以降の受益者の具体的な指定を行わず、その指定を第三者に委ねたというケースにおいて、信託設定から29年と数か月後に第一次受益者に相続が開始したものの、設定から31年目に受益者指定権を有する第三者が第二次受益者を指定したという場合に、同法91条の後継ぎ遺贈の期間制限の規定の適用を受け、その後継ぎ遺贈は存続できなくなるのでしょうか。このように、同法89条の受益者指定権・変更権の行使の場面と、同法91条の受益者連続の場面が交錯している場合は、どのように調整されるべきなのかという点が問題となります。

イ　遺言代用信託（信託法90条）との関係

遺言代用信託について規定する信託法90条は、委託者の死亡を始期

として、受益者について、「委託者の死亡の時に受益者となるべき者として指定された者が受益権を取得する旨の定めのある信託」（信託法90条1項1号）、または、「委託者の死亡の時以後に受益者が信託財産に係る給付を受ける旨の定めのある信託」（同項2号）のことをいうとしています。このうち、同法90条1項1号の遺言代用信託については、信託設定時に委託者自身が第一次受益者として受益権を取得することも可能であり、その際は信託設定行為において自身に相続が開始した際の第二次受益者を指定しておくということになります。ここにおいて、遺言代用信託における第一次受益者から第二次受益者への受益者たる地位の移行は、同法91条における受益者連続の場面ともとれるのではないでしょうか。

　このように、遺言代用信託（信託法90条1項1号）と後継ぎ遺贈型の受益者連続信託（同法91条）が、ともに適用されるような場合、同法91条の期間制限の規定は適用されるのでしょうか。民法の規定する遺言した者が、遺言作成後30年を経過して亡くなったとしても、その遺言は民法所定の様式を満たす限り、有効なものとして効力を生ずることと比較して、遺言代用信託を設定した後、委託者兼第一次受益者が30年を経過して亡くなったときは、同法91条の定める期間制限に服し、第一次受益者から第二次受益者への受益者たる地位の移行がなされず、委託者の生前の意思が実現できないという結果になるのは不平等ではないかということが問題となります。

ウ　残余財産受益者と帰属権利者との関係

　信託の終了時に最終的に財産を取得することになる者が、信託法182条1項に定める「信託行為において残余財産の給付を内容とする受益債権に係る受益者…となるべき者として指定された者」、すなわち、残余財産受益者であるか、それとも、同じく同項で規定する「信託行為において残余財産の帰属すべき者…となるべき者として指定さ

れた者」、すなわち、帰属権利者であるか否かにより、同法91条の適用の可否が分かれるのではないかという問題があります[96]。

この両者の違いについては、「帰属権利者は、信託の清算期間中だけ受益者とみなされる存在であり（信託法183条6項）」、信託が終了して清算が始まるまでは、なんらの権利も有しないのに対して、残余財産受益者は、信託終了事由が発生する前から受益者としての地位を有していることに違いがあるとされています[97]。信託終了後の財産の帰属者が、帰属権利者として規定されているのではなく、残余財産受益者として定められているのだとすると、信託終了後の財産の帰属者は、信託の終了事由（例えば、委託者Aの死亡）が発生する以前の信託の効力発生時から受益者としての地位を確定的に取得していることになります。

すなわち、信託終了後に最終的に財産を取得する者が、信託法182条1項に定める帰属権利者であれば、その者は信託の終了によって初めて受益者となるため、同法91条の期間制限の規定の適用を受けることになりますが、その者が残余財産受益者であれば、その者は信託の効力発生時から受益者としての地位を有するため、同法91条の期間制限を受けないこととなるのではないでしょうか。

以上により、帰属権利者も残余財産受益者も「信託財産の最終帰属者」という実質的な位置づけは同じであるにもかかわらず、このような差異が生じることは法理論的な妥当性に欠けるように思われます。

エ　遺留分侵害額請求との関係

信託には、独自の機能がありますが、当然に、民法上の規定のすべてに優越するわけではなく、遺留分制度を潜脱することはできません。ただ、遺留分制度の適用を受けるとしても、遺留分を侵害しているの

96　沖野・受益者連続型信託38頁。
97　道垣内226頁。

は誰で、遺留分侵害額請求の相手方は誰かという点については、議論があります。①委託者から受託者への財産移転が生じる信託設定行為が遺留分侵害行為であり、同請求権を行使する相手方は受託者であるとする信託財産説、②信託財産の実質的所有者である受益者が信託財産の実質的利益である受益権を取得することが遺留分侵害行為であり、同請求権を行使する相手方は受益者であるとする受益権説、③遺留分は委託者から受託者への信託財産の形式的な所有権移転と受益者の受益権取得による受益者への実質的な利益移転の双方により侵害されるため、同請求権を行使する相手方は受託者と受益者であるとする折衷説があり、③の折衷説が多数説とされています。後継ぎ遺贈型受益者連続信託をはじめとする信託と遺留分制度との関係について、初の裁判例である東京地判平成30年9月12日金法2104号78頁では、受益権の価額を算入して遺留分及び遺留分侵害額が算出されたことから、②の受益権説を採用しているようにみえます。しかし、信託の設定による信託財産の受益権への性質転換によって、信託財産の価値を基礎として計算した場合の遺留分額が保障されなくなった点が問題視されているだけではなく、信託財産の固定資産税評価額等を手がかりとして受益権の価額が算定されています。そのため、伝統的な受益権説とは異なり、信託財産説に近いようにも感じられ、その立場は、必ずしも明らかではないといえます。このように、後継ぎ遺贈型受益者連続信託を行ったとしても、それに対する遺留分侵害額請求の扱いは確定的なものとはいえないため、今後の議論の動向が注目されるところです。

　また、後継ぎ遺贈型連続信託にあっては、信託法91条の規定の仕方から、二次以降の受益者は、第一次受益者からではなく、委託者から受益権を取得することになります。第一次受益者を初めとする中間の受益者は、いつまで生存するかわからないため、中間の受益者の受益権は、その存続期間が不確定であり、かつ、次順位の受益者がいつ受

益権を取得するかも不明で、市場性がありません。各受益者の受益権を評価してその価額を合算しても、その価額は信託された財産の信託設定前の価額にならないということが問題として指摘されています[98]。信託を利用することにより、遺留分算定の基礎財産が下回り、その結果、民法上得られるはずの遺留分が得られない者が生じてしまうとすれば、それをどのように調整すべきなのかという点が問題となります。

(7) 受益者連続型信託の課題

前記(6)のように、信託法91条については、その規定振りの不明確さから、信託法の他の条文との整合性について、検討されるべき課題が多いことがわかります。同条の規定振りや解釈そのものに不明確な点が存在することから、「同条によって後継ぎ遺贈が実現することができることとなった」と言い切ることはそう容易ではなく、条文そのものの解釈としても今後より一層の議論が必要だと思われます。

また、受益者連続型信託により、後継ぎ遺贈を実現できるとしても、多くの場合、第二次以後の受益者が死亡して信託が終了するまで続くことになるので、信託期間がかなりの長期にわたることが予想されます。そのため、その間、職務を全うできる受託者を確保する必要があります。

また、そのような受託者が確保できたとしても、長期にわたる信託の期間の中で、受託者自身も疾病や死亡等によって職務の執行をすることができなくなることも予想されるので、そのような場合に備えて、次の受託者を確保しておくことも重要なことです。

受益者連続型信託によって、後継ぎ遺贈を実現する場合は、いかに長期にわたって、適切に受託者としての職務を遂行できる人材を確保するか、ということが大きな課題となり、それが確保できれば採用すべき制度だと思われます。

---

[98] 加藤祐司21頁。

> **コラム** 信託設定を契約と遺言のどちらで行うかの判断基準─不動産登記申請の観点から─
>
> 　受益者連続型信託は、委託者が死亡したときに信託の効力が生じる停止条件付の契約によって設定することもできますし、遺言によっても設定することもできますが、そのどちらによって信託を設定するのがよいでしょうか。ここでは、不動産登記申請の観点から検討します。
>
> 　信託の設定を、契約と遺言のどちらで設定したとしても、登記権利者を受託者、登記義務者を委託者として所有権移転及び信託の登記を申請することになります。しかし、この事例のように、委託者の死亡が効力の発生条件となっている信託の場合、所有権移転及び信託の登記を申請するときに、既に委託者が死亡していることから、誰が委託者の地位を承継するのか、又は委託者の代理人として、その登記申請をするのかという点が問題となります。
>
> 　契約によって信託を設定する場合は、委託者の相続人全員が、委託者の登記申請義務を承継して、所有権移転及び信託の登記を申請することになります。ただし、前記のとおり、委託者はその契約書中に、委託者の相続人が相続によって委託者の地位を承継しない旨を定めることもでき、その規定がある場合にも、委託者の登記申請義務を承継するのかという点には争いがあります。また、委託者の相続人全員が登記義務者になるとしても、委託者が遺言の代わりに、死後の財産の管理や給付の方法を定める信託は、委託者の相続人の利益になる内容であるとは限りません。現実には、登記申請に非協力的な相続人が出現し、登記申請が円滑に行われないことも予想されます。
>
> 　一方、遺言によって信託を設定する場合は、遺言執行者が登記義務者である委託者の代理人として所有権移転及び信託の登記を申請することになります。仮に、信託の設定行為である遺言の中に、遺言執行者の定めがない場合は、利害関係人である受託者・受益者等が家庭裁判所に遺言執行者の選任の申立てを行います。
>
> 　このように、信託財産に不動産を含み、その信託が委託者の死亡によって効力を生じるものである場合は、信託の設定は遺言で行う方が登記手続の面からみて有効だと思われます。

(8) 飛越し遺贈

　後継ぎ遺贈を信託を利用せずに、民法上の遺贈で実現できないかということを改めて考えてみます。後継ぎ遺贈は、最終的に遺贈の対象財産の帰属をどのようにしたいのか、という点に着目すると、結局、第一次受遺者に処分権を含む完全な所有権を取得させる必要がないのではないか、ともいえそうです。すなわち、受益者連続型信託が、第一次受益者

等に信託財産についての処分権を除いた使用収益権を受益権として設定することで、実質的に後継ぎ遺贈を実現したのであれば、遺言による民法上の遺贈でも同じ発想で実現できないか、と考えるわけです。

遺言者の真意は、第二次受遺者に財産を帰属させることであり、第一次受遺者に対する財産の帰属はそのプロセスに過ぎなかったとすれば、遺贈により、直接最終的な権利帰属者に権利を帰属させ、中間の受益者については、それらの者の生存中に遺贈の目的財産を各々使用収益させる負担を課すような飛越し遺贈によって、後継ぎ遺贈を実現することができます。

(9) 配偶者居住権

飛越し遺贈は、中間の使用収益権者が配偶者の場合に限っては、配偶者居住権の設定によって実現することができます。

配偶者居住権とは、法律上の夫婦の一方が死亡し、遺された配偶者が、死亡した配偶者が所有していた建物に相続開始時に居住していた場合、死亡するまで又は一定の期間、無償で居住することができる権利です（令和2年4月1日以降に発生した相続から新たに認められた権利です。）。

配偶者の居住権確保について、これまでの判例では、共同相続人の1人が被相続人の許諾を得て遺産である建物に相続開始前から同居していたときは、特段の事情のない限り、被相続人と当該相続人との間で、相続開始時を始期とし、遺産分割時を終期とする使用貸借契約が成立していたものと推認されるとしていました（最判平成8年12月17日民集50巻10号2778頁）が、この判例によれば、この要件に該当する限り、相続人である他方の配偶者は、遺産分割が終了するまでの間の短期的な居住権が確保されることになります。しかし、この判例法理は、①あくまでも当事者間の合理的意思解釈に基づくものであるため、被相続人が明確にこれとは異なる意思を表示していた場合等には、配偶者の居住権が保護

されない事態が生じ得ること、②国民の平均寿命の伸長により、被相続人の死亡後、その配偶者が数十年といった長期間にわたって生活を継続することも珍しくなくなっていること等を踏まえ、遺された配偶者の生活保障を強化する観点から、配偶者が住み慣れた居住環境での生活を継続したいと希望する場合にそれを実現する制度が必要であるということから、配偶者居住権の確保が立法化されました。

この配偶者居住権は、死亡した配偶者が、生前に遺言で「配偶者居住権を遺贈する。」と定めていなくても、死亡後の相続人間での遺産分割協議や家庭裁判所の審判で取得することができます。

なお、配偶者居住権には、死亡した配偶者についての遺産分割協議がまとまるまでか、協議が早くまとまった場合も含め死亡した配偶者が亡くなってから6か月間は無償で住み続けられる短期のものと、配偶者居住権者が死亡するまで住み続けられる長期のものがありますが、長期の配偶者居住権は、登記が第三者への対抗要件となっています。

⑽ 遺言と民事信託のどちらで行うかの判断基準

飛越し遺贈については、信託の場合と異なり、第三者に長期にわたって対象財産の管理を任せることはありませんので、民事信託を用いた後継ぎ遺贈のように受託者を確保する手間はありません。また、対象財産が不動産の場合に、受益者連続型信託の一連の登記申請をする必要もなく、遺言者の死亡時に最終的な権利帰属者に遺贈の登記を行うだけで足ります。遺言者の死亡後は、遺贈の当事者である受遺者が、中間の受益者に対して受益者に課された負担を履行すれば足ります。

このように、飛越し遺贈にて後継ぎ遺贈を実現する方が、不動産登記との関係で手続をする手間が少なく済み、また信託の受託者のような管理人を別途用意する必要もなく、簡明であるといえます。しかし、受遺者が、遺言者の意図した中間の受益者に対する「負担」を履行しない場合もあり得、その場合にこの負担付遺贈を取り消すことができるのは相

続人に限られています（民法1027条）。中間の受益者が、遺言者の相続人でない場合は、負担を履行すべき受遺者への監督が難しく、その点が課題ともいえます。

どちらで実現させるかの判断は、上記を加味しつつ、個別の案件ごとに判断することになります。

後継ぎ遺贈をはじめとする遺言と民事信託の交錯領域の問題については、まず、①遺言で実現することがなぜ難しいとされているか、②遺言で実現が難しいことが、なぜ民事信託によれば実現できるのか、ということを考えます。その上で、再度、遺言において実現することはできないかを考え、その結果、再考後の遺言による仕組みで対応することができそうであれば、遺言を活用することになりますし、それが難しそうであれば、民事信託を活用することになります。

> **コラム　長期的な財産処分の制約について**
>
> 　遺言や民事信託で、二次以降の承継者を指定することで、相当の長期にわたって、遺言者や委託者の遺言の作成時・信託の設定時の意思が反映されていくことになります。逆にいうと、相続人が本来であれば自由に財産を使用・収益・処分できるはずの権利が（それだけ）制限されることになってしまいます。対象となる財産の取引・流通を阻害し、場合によっては、民法90条の公序良俗に抵触することになるのではないか、という問題も生じます。アメリカでは、死後も遺言者・委託者が財産に対する支配権を維持することは、まるで死者が墓場から伸ばした手によってなされているかのようにみえるとして、「デッド・ハンド・コントロール（dead hand control）」という言葉があります。
>
> 　相談者が、20年、30年超にも及ぶ後継ぎ遺贈型の資産承継を希望する場合は、上記のような問題を考えた上で、法律面だけではなく、社会的な妥当性・許容性の面も満たした仕組みを設定する必要があります。

3　事務執行者の裁量権

(1)　遺言執行者と受託者の裁量権

　　遺言と民事信託の棲み分けを考察する上では、事務執行者の裁量権の比較検討が必要となります。遺言においては、遺言執行者、民事信託においては、受託者が事務執行者となりますが、両者はどのような裁量権をもって事務を遂行するのでしょうか。

　　例えば、死後の財産の定期給付を遺言や信託において実現する場合は、事務の遂行期間が長期にわたる可能性があります。そのため、当初被相続人である遺言者・委託者が遺言の作成や信託の設定時に中間の受益者や最終の帰属者を定めきれないといった場合もあり得ます。そのような場合には、信託の受託者や遺言執行者に、「孫の中から、その時、最も経済的に困窮している者に帰属させる。」や「原則として、障害を有している子Aに帰属させるが、その当時、妻の健康状態が思わしくない場合には、妻にも療養のために必要な範囲で多少の財産を帰属させるものとする。」というように、一定の裁量権を持たせておくことで、事情の変化に即した柔軟な対応をすることができ、既に亡くなっている被相続人の意思の実現に資することができるのですが、そのような裁量権を持たせることができるかということが問題となります。

　　まず、信託の受託者は、英米では、受託者に完全な裁量権を与える、裁量信託（Discretionary Trust）と呼ばれる信託の形態が一般的で、信託の設定時に委託者が予め受益者を指定せずに、その選定の裁量権を受託者に付与する信託が実務的にも普及しています。我が国の信託法上も、受益者の確定性は、一般的に有効要件とされていますが、信託設定時に受益者が特定されている必要はありません。また、平成18年の改正により、信託法には、信託の設定行為において、受益者を指定し、またはこ

れを変更する権利を信託の受託者に付与することができることが明文の規定によって定められました（信託法89条6項）。したがって、これをもって受託者に、受益者の選定・変更についての裁量権を付与することが認められたといえます。

　次に遺言執行者については、そのような裁量権を付与することができるかということが問題となります。従来の判例・学説によれば、受遺者を誰とするかは遺贈者が決めるべきことであり、遺贈義務者や遺言執行者に受遺者の決定を任せる旨の遺言は、遺言の代理と異ならないため無効であると解されてきました。そのような状況の中、最判平成5年1月19日民集47巻1号1頁は、遺言執行者に受遺者選定の裁量権を委任する遺言の有効性を認めましたが、事例判決とされており、一般的にこの法理が適用されるかという保障はありません。

　遺言者が、遺言作成の時点では、受遺者を特定し得ないような場合、遺言者の死亡した時点における諸般の事情を勘案しつつ、しかも遺言者の意思に沿いながら、受遺者を選定することは遺言執行の一部でもあるとされています。また、特に後継ぎ遺贈等、長期間にわたるスキームを遺言で定める場合は、最終の帰属者を特定できないということも少なくないのではないでしょうか。例えば、「『孫のうち』、最も経済的に困窮している者へ」という場合の「孫」というような受遺者の対象となる「枠」を定めてさえあれば、その中から実際の受遺者を選ぶことができるというのは自然な流れで認められるべきことだといえそうです。

　したがって、遺言執行者の職務範囲を遺言の執行に必要な行為や遺産管理行為に限定する必要はなく、より広く、遺言者の意思に従って遺言内容を補完することもできると解してもよいと思われます。ただし、そうはいっても、受遺者の「枠」の定め方には、注意が必要です。本判決は、受遺者の選定を遺言執行者に委託する旨の有効性を認める前提として、遺言執行者の受遺者選定権が濫用されない程度に、遺言上で受遺者

3 事務執行者の裁量権

選定の範囲が限定されるべきであると判断しています。公共に対する遺贈と非公共に対する遺贈のどちらであっても、地域性や活動分野等、ある程度の特定は要求されるべきだと思われます。

▼裁判例紹介6　最判平成5年1月19日民集47巻1号1頁

[事実の概要]

遺言者Aは、昭和58年2月28日、以前に残した財産処分に関する遺言について、Xを遺言執行者とする内容の自筆証書遺言（以下、「遺言①」といいます。）を作成し、Xに託し、再度その来宅を求めました。そこで、昭和58年3月28日、Aは、A宅を訪れたXの面前で、「1、発喪不要。2、遺産は一切の相続を排除し、3、全部を公共に寄与する。」との文言のある自筆証書遺言（以下、「遺言②」といいます。）を作成し、Xに託し、その際、Aは、Xに自分は天涯孤独である旨を述べました。事実、Aがこれら遺言をなした時点では、Aの法定代理人は、実妹であるYらだけでしたが、AとYらは長らく絶縁状態にありました。

Aは昭和60年10月17日に死亡したため、Xは、昭和61年2月24日頃、本件遺言①及び遺言②の検認を家庭裁判所に請求し、同年4月22日にその検認を受け、同年同月23日に、Yらに対してAの遺言執行者に就任する旨を通知しました。

一方、Yらは、昭和60年3月20日を受付年月日とするXの死亡について相続を原因とする所有権移転登記を経由しました。

そこで、Xは、Yらに対して、当該相続登記の抹消を求めました。

第1審（東京地判昭和61年12月17日民集47巻1号27頁参照）は、本件遺言②は、公共への寄附または公共への包括遺贈として有効であるが、「公共への寄附行為とすれば、寄附者の死亡と財団法人の設立許可までの浮動的状態の間においては、相続人が将来の法人のための受寄者たる資格において目的財産の形式的主体となり、これを保管し、遺言執行者

があればこれを管理するものと解せるから、Ｙらの相続登記を否定することはできない。また、公共への包括遺贈と解すれば『公共』とは何かが問題となるが、この場合には遺言者の死亡により『公共』へ所有権が移転するのであり、遺言執行者の介入を要せず『公共』がＹらに対し抹消に代る所有権移転登記を求めれば足り」「いずれにしてもＸがＹらに対し本件不動産につきなされたＹらの相続登記の抹消を求めることはできない」と判示し、Ｘの請求を棄却しました。そこで、Ｘが控訴しました。

第２審（東京高判昭和62年10月29日判時1258号70頁）は、本件遺言②の「全部を公共に寄与する」との文言は、「亡Ａの遺産全部を、国、地方公共団体に包括遺贈する意思」を「表示したものであり、本件遺言執行者指定の遺言は、本件公益遺贈につき、右のとおり定めた受遺者たり得べき者の範囲内において、受遺者の選定をＸに委託する趣旨を含むものと解するのが相当である。」「本件遺言は、本件公益遺贈につき、受遺者たり得べき者の範囲を明確に定めているし、遺言執行者が受遺者を選定するのに困難もなく、その選定が遺言者の意思と乖離する虞れもなく」本件遺言は有効であると判示し、第１審判決を取消し、Ｘの請求を認容しました。そこでＹらが上告しました。

［判旨］

最高裁は、「遺言の解釈に当たっては、遺言書に表明されている遺言者の意思を尊重して合理的にその趣旨を解釈すべきであるが、可能な限りこれを有効となるように解釈することが右意思に沿うゆえんであり、そのためには、遺言書の文言を前提にしながらも、遺言者が遺言書作成に至った経緯及びその置かれた状況等を考慮することも許されるものというべきである」。「本件遺言は、右目的を達成することのできる団体等（原判決の掲げる国・地方公共団体をその典型とし、民法34条に基づく公益法人あるいは特別法に基づく学校法人、社会福祉法人等を含む。）

3 事務執行者の裁量権

にその遺産の全部を包括遺贈する趣旨であると解するのが相当である」。
「本件遺言は、本件遺言執行者指定の遺言と併せれば、遺言者自らが具体的な受遺者を指定せず、その選定を遺言執行者に委託する内容を含むことになるが、遺言者にとって、このような遺言をする必要性のあることは否定できないところ、本件においては、遺産の利用目的が公益目的に限定されている上、被選定者の範囲も前記の団体等に限定され、そのいずれが受遺者として選定されていても遺言者の意思と離れることはなく、したがって、選定者における選定権濫用の危険も認められないのであるから、本件遺言は、その効力を否定するいわれはないものというべきである」と判示し、上告を棄却しました。

(2) 遺贈する旨の遺言を「遺言による信託設定」と捉えることについて

　最判平成5年1月19日民集47巻1号1頁で問題となった遺言について、民法上の遺贈を定めた遺言ではなく、遺言による信託設定が行われたと解釈することはできないでしょうか。大村敦志は、「遺言の解釈と信託―信託法2条の適用をめぐって―」公益財団法人トラスト60『基礎法理からの信託分析』(2013) 120頁の中で、遺言解釈の一般論として、来栖三郎「遺言の解釈」(民商78巻5号、590頁、1978年)において、「判例は証書の解釈は使用された文字に拘泥しないで当事者の真意を探求すべきであるが、遺言書の解釈にあっては常に此の点に留意して解釈しなければならないと説示している。それを敷衍すれば、遺言の解釈は遺言者の意思の確定を目的とし、遺言者の意思は遺言書の個々の文言に拘泥しないで、遺言の全趣旨より確定すべく、その際遺言作成当時の一切の関係事実および遺言者の置かれていた状況を考慮しうるし、遺言者の意思の直接的な証言も証拠とすることが許されるということになろう」と述べていることから、前掲昭和58年3月18日判タ496号80頁と最判平成5

年1月19日民集47巻1号1頁で問題となった遺言について、遺言書中に「信託」の文字が用いられていなくとも信託法3条2号による信託関係の成立を認める余地があると述べます。信託の設定においては、その設定行為において必ずしも「信託」の文言を用いる必要はありません。しかし、どの程度まで信託的なニュアンスが盛り込まれていれば、このように信託の成立が認められるかは、事例ごとに判断しなければならず、法的な安定性を欠くことになってしまいます。この点については、今後の実例の報告が待たれるところです。

4 遺言による財産の定期給付と信託による死後の定期給付

(1) 負担付遺贈による死後の財産の定期給付

遺言者は、遺贈をするに際して、受遺者に一定の義務（負担）を課すことができます。負担の内容としては、受遺者に扶養等の義務を課したり、財産の一部を特定の誰かに与えたりするといったもの等、様々なタイプのものが考えられます。死後の財産の定期給付についてもこの負担の内容とすることができるとされています。

(2) 受遺者の負担の限度

負担付遺贈における受遺者の負担の限度について、民法1002条1項は、遺贈の目的物の価額を超えない限度においてのみ、負担した義務を履行する責任を負うと規定しています。遺贈を受けた者の受益者に対する負担が予想外に大きくなっても、遺贈を受けた受益者は、遺贈を受けた目的物の価額を超えてまで負担を負う必要はなく、受遺者が負担過重だと判断すれば、遺贈を放棄することができます。その際は、民法1002条2項により、負担の利益を受けるべき者は、自ら受遺者となることができます。この点については、「通常の遺贈の放棄のように相続人に負担付

の遺贈が帰属するとした場合、相続人も相続放棄をしてしまうと、受益者の地位が安定しない。遺言者は受益者のためを思って遺贈をしているのだから、その意思を生かすためにも受益者が受遺者になることができるとした。」と説明されています[99]。

また、負担付遺贈の目的の価額が相続の限定承認又は遺留分回復の訴えによって減少したときは、受遺者は、その減少の割合に応じて、その負担した義務を免れます（民法1003条）。

ただし、民法1002条2項及び1003条には、いずれにも但書があり、遺言者が別段の意思表示をしたときは、その意思に従うものとされています。

(3) 受遺者が負担を履行しなかった場合（民法1027条）

負担付遺贈において、受遺者は、受益者に財産を給付する義務を負うことになりますが、「ここで『義務を負担する』ということの意味は、必ずしも明確ではない」と解されています[100]。受遺者が負担を履行しない場合について民法1027条は、「負担付遺贈を受けた者がその負担した義務を履行しないときは、相続人は、相当の期間を定めてその履行の催告をすることができる。この場合において、その期間内に履行がないときは、その負担付遺贈に係る遺言の取消しを家庭裁判所に請求することができる。」と規定しています。すなわち、受遺者の負担すべき義務は、相続人との関係での義務と理解することができ、受益者が、遺言者の相続人以外の第三者の場合には、受益者は、民法1027条に定める遺贈の取消請求権を有さないものとされています[101]。

しかし、第三者のためにする契約について「受益者には履行請求権はあるが解除権はないとされており、負担付遺贈の場合も、取消請求がで

---

99 二宮405頁。
100 窪田472頁。
101 窪田472頁。

きない（1027条）からといって、履行請求権まで否定するのが論理必然的な帰結というわけではない」という指摘もあり、受益者が遺言者の相続人の場合と相続人以外の場合とにかかわらず、受託者に対する履行請求権を広く認める説も有力であるとされています[102]。

なお、民法1027条により負担付遺贈が取り消された場合には、取消しによって遺贈は遡及的に効力を失うので、受遺者が受けるべきだったものは被相続人の相続人に帰属することになります（民法995条）[103]。この場合、相続人全員は、負担付遺贈の受遺者に代わって遺贈を受けたのと同じなので、遺言者の相続人全員が、取り消された負担付遺贈の負担を履行すべき義務を負うと解されています[104・105]。

(4) 信託による死後の定期給付との比較

前記(1)から(3)を踏まえて、民事信託による死後の定期給付と負担付遺贈による定期給付との関係をみていきます。

ア 託された財産の範囲内での給付

負担付遺贈については、民法1002条1項より、受遺者は、遺贈の目的物の価額を超えない限度においてのみ、負担した義務を履行する責任を負うとされています。また、信託法においては、特に義務の負担、すなわち、受益者が受託者に対して有する受益権にかかる債務について、信託法100条により、受託者は、受益権に係る債務については、信託財産に属する財産のみをもってこれを履行する責任を負うと規定されています。両制度においても、受遺者・受託者の負担した義務は、死亡した被相続人から取得した財産の範囲内で行えば足りるということになります。

しかし、負担付遺贈の場合、前記(2)より、負担を履行すべき受遺者

102　内田492頁。
103　二宮406頁。
104　二宮406頁。
105　内田492頁。

が、負担過重だと判断すれば、遺贈を放棄することができてしまう関係で、例えば、「私の死後、孫のAが成人するまで、その必要性に応じて毎月3万円を限度に現金を支払う」という義務を負担する場合、民法1002条1項の「義務の負担の価額」とは、受遺者が金銭的な価値として毎月給付する金額だけでなく、「給付額を見極める労力など」も含めて、受遺者に主観的にとらえられてしまうこともあり得ます。そうすると、その受遺者の主観による負担すべき義務を価額として算定することは難しく、遺言者が意図したよりも、受遺者の主観によって、受遺者に課す「義務の負担の価額」の金額が高くなり、理論的には、途中で受遺者がそのように判断した場合は、受益者に対する義務の履行を中止するというおそれもあります。

　もちろん、遺言執行者により、事実上、受遺者の負担の履行を監督させることもできるのですが、その場合においても、受遺者が履行を負担するにつき、遺贈により取得した財産の価額を超えるか否かという判断は、必ずしも容易とはいえないと思われます。

イ　受益者の履行請求権

　負担付遺贈において、受益者に、負担を履行すべき義務を負う受遺者に対する負担の履行請求権が存在するか否かという点については、見解が対立しています[106]。しかし、民事信託によって、死後の定期給付を実現する場合は、受益者は、信託法上の受益者として、受託者に対して、受益権を有することになります（信託法88条）。この受益権は、信託法2条7項により、「信託行為に基づいて受託者が受益者に対し負う債務であって信託財産に属する財産の引渡しその他の信託財産に係る給付をすべきものに係る債権」と規定されています。受益権に係る債務については、受託者は、信託財産に属する財産のみをもってこれを履行する責任を負うと規定されています。これにより、受

106　窪田472頁。

益者は、受託者が相当と判断した金額を受益権を行使することにより請求できるのです。

　この点について、負担付遺贈によって、死後の定期給付を実現した場合は、必ずしも受益者の履行請求権が認められているわけではないのと比較して、信託により死後の定期給付を行った方が、受益者が受託者に対して履行請求権を有することが明文で認められているため、受益者の保護に厚いといえます。

ウ　託された者が義務を履行しない場合

　負担付遺贈については、受遺者がその負担を履行せず、受益者が遺言者の相続人の場合は、受益者による負担付遺贈の取消請求権を行使することができるのに対して、受益者が遺言者の相続人以外の者の場合は、その受益者にはその取消請求権が認められず、多数説によると受遺者に対する負担の履行請求権も有していないため、なす術がないということになってしまいます。

　これに対して、民事信託によって死後の財産の定期給付をすることを定めた場合は、受遺者が、委託者（遺言者）の相続人であるか否かにかかわらず、受託者が受益者に財産の給付を行わないようなときには、民法上の債務不履行に関する一般原則に基づいて、受託者の責任が追及されることになります。また、信託監督人や受益者代理人を置くことで、債務不履行による責任追及をより行いやすくする方策も取り得ます（信託法132条1項、139条1項）。

　以上より、信託による死後の定期給付の方が、負担付遺贈による場合と比べて受益者の保護に厚いといえます。

5 定期給付型の遺贈と解した場合

遺言による死後の定期給付を、負担付遺贈ではなく、遺言執行者による第三者への定期的な金銭の遺贈として行った場合について検討していきます。

(1) 遺言執行者による死後の財産の定期給付

「私は、孫Aが成人するまでの間、毎月3万円を孫Aに遺贈する。遺言執行者として、甲を選任する。」という、死後の定期給付を遺言執行者に任せるタイプの遺贈もあり得ます。遺言執行者は、民法1012条1項に規定されているとおり、遺言の執行について非常に広範な権限を有するため、前記のような内容の遺言を定めた場合においても、遺言執行者は、その定期給付型の遺贈の執行について必要な一切の権利義務を有するといえます。

(2) 遺言執行者による定期給付型の遺贈と信託による死後の定期給付

死後の定期給付は、遺言執行者によっても、民事信託の受託者によっても行うことができます。英米法上、遺言執行者も受託者も、受益者に対して信認義務を負うとされています。また、事務執行が長期にわたる点においても、遺言執行者も受託者も、適格性を有するといえます。

両者の明確な違いは、事務の遂行の過程において、被相続人の相続財産の所有権の帰属を受けながら事務を行うか否かという点です。民事信託によれば、委託者の死亡により、信託財産は受託者に信託的に移転し、受託者は、信託財産の所有権の帰属を受けながら事務を遂行していくことになります。そして、受託者が、受益者に対して、死後の定期給付を継続している間、受託者は、信託法34条により、分別管理義務を負い、その任務を怠ったことで、信託財産に損失が生じた際は、同法40条1項に定める損失てん補責任を負うことになります。そのため、死後の定期

給付型の遺贈が信託によって行われた場合は、受託者の所有する信託財産と受託者の固有財産の「色分け」が鮮明になされた状態で、定期給付の事務が行われることになります。

　一方、死後の定期給付を遺贈として、遺言執行者が行う場合、遺言執行者は、民法1012条の準用する民法644条より善管注意義務を負いながら事務を遂行することになります。その際は、受託者の負う分別管理義務と同様に、遺言執行者も善管注意義務の一内容として分別管理をしながら事務を遂行していくことになります。この点については、両者の間にそれほどの差異はみられませんが、遺言執行者は、受託者と異なり、遺贈対象財産の財産権の帰属を受けながら事務を遂行していくわけではないという点が両者の大きな違いです。

　「私の死後、孫のCが成人するまで、Cに毎月3万円を遺贈する。」というような、定期給付型の遺贈が許容されるとして、それは10年、15年と長期間効力を維持し得るものなのでしょうか。例えば、遺言者が、前記のような内容の遺言を残し、Cが8歳の誕生日に遺言者に相続が開始したとすると、残り10年間の長期に渡って定期的に遺贈を行っていくことになります。相続開始時点においては、Cに交付すべき金銭は、10年間毎月3万円ということで、総額を計算することは容易であり、それ以外の財産について、遺言において取り決めなかった場合は、相続人が相続するか、相続人不存在の場合は相続財産管理人による清算の手続を経ることになります。しかし、Cが成人する前、例えば、15歳で亡くなった場合、遺贈対象財産はどうなるのでしょうか。Cが8歳の時から交付を始めた財産の定期交付につき、本来、10年間交付する予定で、遺贈対象財産として確保した財産が、15歳からの3年間分につき、遺贈対象財産から外れ、遺言者に相続が開始した際の相続財産として巻き戻るようなことになるのでしょうか。長期にわたる定期給付型の事務を遺贈によって実現しようとすると、遺贈の対象財産と他の相続人が得る相続財

5 定期給付型の遺贈と解した場合

産との境界が曖昧になる場合がある、という問題点を見出すことができます。

このように、遺言者に相続が開始してから数年後に追加的に遺言者の相続財産が確定するという事態が生じ得ることは、他の相続人が相続により取得することができる利益の予測可能性を侵害する潜在的な可能性を含んでいます。そのため、この点については、相続法秩序に反するという指摘もなされています。

それでは、どれほどの期間なら遺言による相続人の拘束が認められるかということが問題となります。もちろんそれは具体的な個別事情に応じて判断されるのですが、被相続人の遺言による遺産分割の禁止が5年を超えることができない（民法908条）と規定されていることから、「5年」というのが1つの目安になるのではないでしょうか。いずれにしても、あまりに長期の間、相続財産が確定しないということは、相続人を不安定な状況に置くことになるので好ましくないと思われます。

さらに、冒頭の例のように、一度遺贈が始まってからそれが当初の期間を全うできなくなるまでの間に、遺言者の相続人にさらに相続が生じる可能性もあり、相続人資格が分散化するおそれや相続人が高齢などにより意思能力が減退していると、遺産分割協議を行うには成年後見人の選任申立てを行わなければならなくなること等、手続上の負担が非常に重くなるため、相続手続の実務上の遂行における弊害が大きいといえます。

この点において、民事信託によると、その設定と同時に信託財産は、遺言者の固有財産からは分離し、その所有権は受託者に帰属するため、信託財産は遺言者の相続財産には組入れられません。したがって、一度信託の仕組みの中で、受託者に財産権が帰属した以上、たとえ、受益者が成人する前に亡くなったとしても相続財産への巻き戻しということは起こらず、あとは信託の仕組みの中で処理されることになります。より

具体的には、「第一次受益者である孫Cが成人になる前に死亡した際は、第二次受益者として、孫Dに対し、Cが成人するとした期間、財産を毎月3万円交付する。」というように、信託法91条の受益者連続信託として定めることもできますし、仮に、信託の設定行為において、受益者Cの死亡により信託による定期給付が終了する旨の定めがあったとしても、残余の財産の帰属者として第三者を定めておくことにより、その者に残余の財産が帰属することで預かった財産が「浮動状態になる」ということは起こりません。

　また、信託設定行為において、残余財産帰属者の定めすら設けなかったり、残余財産帰属者を指定したとしても指定を受けた者のすべてがその権利を放棄した場合には、信託法182条2項により、信託行為に委託者又はその相続人その他の一般承継人を帰属権利者として指定する旨の定めがあったものとみなされます。

　さらに、それによっても、残余財産の帰属が定まらないときは、残余財産は、清算受託者に帰属すると規定されています（同条3項）。

　したがって、遺言によって、定期給付型の遺贈を行う場合に比べて、信託によれば相続人の予測可能性を侵害する危険性は減るといえます。また、仮に受益者が遺言者の意図した期間、生存することができないといったことがあったとしても、二次的な受益者を定めることで、信託法上の後継ぎ遺贈として、給付を継続することができますし、二次的な受益者を定めずに受益者の死亡と同時に信託を終了させることもできます。後者の場合であっても、残余の信託財産が残余財産帰属者に帰属するのは、遺言者の相続を原因としてではなく、信託の終了による財産の移転として説明されるため、遺言者に相続が開始してから数年先に再度遺言者の相続財産が追加的に確定するという危険性もありません。

6　死後事務の委任契約

(1)　意　義

　死後の意思実現の場面において、民事信託や遺言以外にも委任者の死をもって効力を生じる委任契約があります。例えば、身寄りのない高齢者、身寄りはあっても自分の死後の葬儀・葬祭の方法や規模等、遺言で定めたとしても法的効力を生じない事柄について詳細に決めておきたい者等が、①祭祀関係として、遺体の引取り、親族・菩提寺への連絡、埋火葬のための手続、葬儀、火葬、供養、菩提寺・墓所の選択、墓石の建立、埋葬、墓所の管理、永代供養、墓の改葬、それらの費用等の支払い、相続人・その他親族への報告等、②債務等の清算関係としては、医療費の支払い、入院保証金の受領、老人ホーム等の施設利用料の支払い、入所保証金の受領、公共料金・その他日常家事債務の支払い、家賃の支払い、入居保証金（敷金）の受領、地代その他の賃料の支払い等、③住まい、その他身辺整理関係としては、入院先の私物の引取り、入所施設の退去手続・明渡し、賃貸不動産の解約・明渡し、不要な家財道具や生活用遺品の処分、公的年金担当窓口・日本年金機構への届出手続等を内容として信頼できる者に委任することが多いので、一般的に、死後事務の委任契約と呼ばれています。

(2)　死後事務の委任契約の活用場面

　任意後見契約を締結し、これによって、判断能力が低下した場合の療養看護や財産管理に関する事務を委任したとしても、任意後見人の代理権は、委任者たる本人の死亡により消滅します。その一方で、本人には相続が開始し、それまで任意後見人が管理してきた財産が、相続人に帰属することになります。しかし、本人が、親戚とは疎遠で身寄りがなく、死後もその相続人が、生前の入院・施設利用料の支払い、遺体・遺品の

引取り、葬儀の催し等の死後事務への関与に消極的な場合、任意後見人であった者は、法律上の権限がないにもかかわらず、本人の相続人に財産の引渡しをするまでは、事実上、本人の財産を所持することになります。そのため、任意後見人であった者は、本人が入院・入所していた病院・施設、アパートの管理者等の関係者から、「代理人であったから」という理由からそれらの事務を行うことを要請されることもあります。

　それらの事務については、応急処分義務（民法874条による654条準用）や一個人としての事務管理（民法697条）の規定が適用されることになります。

　委任の終了後の応急処分義務について定める民法654条は、「委任が終了した場合において、急迫の事情があるときは、受任者又はその相続人若しくは法定代理人は、委任者又はその相続人若しくは法定代理人が委任事務を処理することができるに至るまで、必要な処分をしなければならない。」としています。任意後見人であった者が、「本人が死亡したので任意後見契約はもう終了したから」と受任した事務を中止してしまうと本人の相続人に不測の損害が生じてしまうことも起こり得ます。そのような損害の発生を防止するために、民法は契約の受任者側に必要な処分をする義務を負わせています。受任者であった者に応急処分義務が生じると、委任の終了する前と同様の限度で、その者は代理人として事務を処理していくことになります。しかし、本人の死亡後に、後見人の地位で応急処分義務に基づく死後事務を行う場面では、委任の契約法理と相続法理との抵触が問題となります。本人が死亡することで、後見人であった者が行う応急処分義務に該当する事務は、本来は相続人が自ら行う事務です。したがって、受任者側が、応急処分義務を負う事務範囲を拡張していくと相続人等の利益を害するおそれが相続法の予定していることと相違するという問題が生じるおそれがあるため、応急処分義務の範囲は、必要最小限とすべきです。

この点については、平成28年10月13日に施行された「成年後見の事務の円滑化を図るための民法及び家事事件手続法の一部を改正する法律（平成28年法律第27号）」によって、死後事務の一部について成年後見人の権限を認めた民法873条の2の規定が創設されました。この規定は、成年後見人は、成年被後見人が死亡した場合に、必要があるときは、成年被後見人の相続人の意思に反することが明らかな場合を除いて、相続人が相続財産を管理することができるようになるまでの間、①相続財産に属する特定の財産の保存に必要な行為、②相続財産に属する債務（弁済期が到来しているものに限る）の弁済、③その死体の火葬又は埋葬に関する契約の締結その他相続財産の保存に必要な行為（①及び②の行為を除く。）を行うことができると規定しています（③の行為を行う場合のみ家庭裁判所の許可が必要とされています（民法873条の2但書）。）。

しかし、この規定の問題点として、(i)この規定が、任意後見人、保佐人及び補助人には適用されないことや、(ii)火葬・埋葬の契約について家庭裁判所の許可を要求しているものの、本人が死亡してから家庭裁判所に許可の申立てをしていては、火葬・埋葬契約の締結に間に合わない可能性が高いこと、(iii)「相続人の意思に反することが明らかな場合」及び「相続人が相続財産を管理することができるようになるまで」の客観的基準が不明確なこと等が挙げられています。

相続人である子が、任意後見人を引き受ける場合には、これらはあまり問題とならないかもしれませんが、遠縁の親族や友人知人等の第三者が任意後見人を引き受ける場合には、本人死亡後の事務処理を誰がどのように行うのか、という点までしっかり話し合った上で、場合によっては死後事務委任契約の締結も視野に入れて、任意後見契約の利用を検討する必要があります。

(3) 民法653条1号との関係

民法653条1号は、委任契約は、委任者又は受任者の死亡によって終

了すると定めます。死後の事務委任契約においては、委任者である本人が、生前に信頼できる人に死後の事務をお願いし、その効力が発生するときには既に死亡しているため、その契約の効力が問題となります。

最判平成4年9月22日金法1358号55頁は、死後の事務委任契約を締結した当事者の意思は、本人の死亡後においても有効な契約により受任者に死後事務の処理をさせようとするもので、本人の契約上の当事者としての地位は相続の対象であり、相続人を拘束すると考えなければ意味をなさないのですから、受任者の死亡によって契約は終了するものの、委任者の死亡を契約の終了原因とすることはできないと判断しました。

▼裁判例紹介7　最判平成4年9月22日金法1358号55頁

［事実の概要］

老齢に達した委任者Aは、入院加療中の昭和63年3月初め頃、世話を受けていたYに対し、預金通帳、印章及び現金を預けて、Aの死後の入院費用の支払い、死後の葬式と法要の費用、入院中世話になった家政婦Bと友人Cに対する謝礼金の支払いを依頼する旨の契約を締結しました（書面による依頼ではなかったようです。）。その後、Aは同月中に死亡しました。そこで、YはAの依頼に従い、入院諸費用、葬儀費用、法要費用及びBとCに対する謝礼金（各20万円）を支払いました。

それについて、Aの相続人であるXは、Yに対して、当該委任契約は、民法653条によってAの死亡により終了したとして、相続財産である預金通帳及び印章のほか、相続財産にあたる現金のうち、Yが支払った費用を控除した残金の返還を求めるとともに、Cへの支払いは承諾した覚えがなく、不法行為にあたるとして、損害賠償請求を行いました。

原審は、「AがYに対して右金員などの交付をしたのは、前記各費用などの支払を委任したものであり、そうすると委任者であるAの死亡によって右委任契約は終了した（民法653条）」と判断した上で、Yが、A

から受け取っていた預金通帳及び印章の返還、Yが支払った費用を控除した残金の返還を認め、さらに、Cへの支払いは「Xの承諾を得ることなくYが独自の判断でしたものであるから不法行為とな」るとして、Cへ支払った金額の相当分につきYの損害賠償責任を認めました。そこで、Yが上告しました。

［判旨］

　最高裁は、「自己の死後の事務を含めた法律行為等の委任契約がAとYとの間に成立したとの原審の認定は、当然に、委任者Aの死亡によっても右契約を終了させない旨の合意を包含する趣旨のものというべく、民法653条の法意がかかる合意の効力を否定するものでないことは疑いを容れないところである」。「しかるに、原判決がAの死後の事務処理の委任契約の成立を認定しながら、この契約が民法653条の規定によりAの死亡と同時に当然に終了すべきものとしたのは、同条の解釈適用を誤り、…〔中略〕…原判決中、Y敗訴の部分は破棄を免れない。そして、右部分について、当事者間に成立した契約が、…〔中略〕…委任者の死亡によっては当然には終了することのない委任契約であるか、あるいは所論の負担付贈与契約であるかなどを含め、改めて、その法的性質につき更に審理を尽くさせる」として、原判決を破棄し、原審に差し戻しました。

(4) 法典調査会の審議

　明治28年7月16日の第103回法典調査会で、起草委員の富井政章は、「委任者ノ死亡ヲ以テ委任終了ノ原因ヲ爲スト云フ」点について、「商事ノ委任ニ付テハ今日ハ最モ多クノ法典ニ於テハ反對ノ規定ヲ置テ居リマス」[107]。「商事ニ付テハ成程其方ガ宜イカトモ思ハレル」、しかし、「民事ノ委任ニ付テハ矢張リ今日ト雖モ通常ハ其人ノ信用ト云フモノヲ土臺

107　法典調査会4巻671頁。

ニシテ居ル受任者モアノ人ダカラ引受ケタ又委任者ノ方カラ言フテモ生キテ居レバ解除スルカモ知レヌト云フ場合デアリマス」「其信用ノ關係ト云フモノハ一方ガ死ネバ何ウシテモ消エルト云フノガ理窟デアラウト思ヒマス」[108]、つまり、商事に関しては、委任者の死亡後も委任契約は当然に継続する方がよいが、民事に関しては、死亡により委任契約が終了することで不便な場合も想定されると指摘した上で、委任が当事者の信用関係を土台に成立することを重視するとし、委任者の死亡により委任契約は終了する旨の規定の必要性を説いたと説明されます[109]。

　ただし、委任の規定の審議の際、梅謙次郎が、次のようにやや立ち入った説明をしています。

　「或ル死ンダ人ガ來タ死ナナイ内ニ或ル人ヲ信用シテ其人ニ或ル事ヲ委任ヲシタ此場合ニ其ノ委任ヲシタ人ガ死ンダナラバ其財産ハ相續人ノ財産ニ爲ル然ウスルト詰リ他人ガ自分ノ財産ノコトヲ頼ンダ事ガ自分ノ頭マノ上ニ落チテ來ルト云フコトハ相續人ニ取ツテ随分迷惑ナ話シデアリマス成程解除權ハ興ヘテアリマスケレドモ態々解除スルマデハ矢張リ委任ガ解ケナイト云フコトハ餘程不都合ナ結果ヲ起ス恐レガアリマス」、また、受任者の側にしてみても「自分ノ主人ガ誰レカノ爲メニ厚意デ委任ヲ受ケタノデアツテモ其人ノ相續人ニ」「何處ノ馬ノ骨カ牛ノ骨カ分ラヌ夫レヲ前ノ人ト同ジヤウニ其人ヲ信用スルトカ愛スルトカ云フ義務ハ持ツテ居リマセヌ」[110]。よって、「其相續人ノ爲メニ委任ヲ受ケルト云フ意思ハ毛頭無イ夫レデアリマスカラ」、「死亡ニ因ツテ委任ガ終了スルトシテモ双方ノ意思ニ反スルト云フコトハアリマセヌ」[111]。

　つまり、委任者の相続人は、委任契約締結当時の契約当事者ではなく、しかも特に受任者に対して信頼があるとは限りません。一方、受任者側

108　法典調査会4巻671頁。
109　岡39頁。
110・111　法典調査会4巻673頁。

でも、委任者本人（被相続人）のために厚意で受任したのに、その相続人を委任者本人（被相続人）と同じように信用する義務は負いません。そこで、仮に委任者の死後も委任関係が終了しないとすると、委任者の相続人と受任者の両者にとって非常に迷惑なことであり、委任者の相続人は解除権を有しているものの実際に解除できるまで委任が有効だとすると、余程不都合な結果を生じるおそれがあるので、死亡により委任が終了するとしても、契約当事者双方の意思に反することはないというのです[112]。

　この説明から、この規定（明治民法653条）は任意規定であり、委任者の死亡後も委任関係を存続させる合意は可能であるものの、その合意の効力を判断するには相続人の利益を配慮することが必要であることが示唆されているといえます。

(5)　現行民法653条の解釈と民法651条の関係

　相続においては、包括承継が行われますが、前記(4)における梅の見解のとおり、委任者と受任者との契約は、承継されないことを原則としているため、原則的には、委任者に相続が開始した場合は、その相続人と受任者との間には委任契約は存在しないこととなります。

　しかし、現在の判例・通説は、民法653条は、任意規定だと考えており、特約がある場合には、委任者が死亡したとしても委任契約は存続することとなります。つまり、その委任契約が、委任者の死亡によっても終了しないという合意が可能で、そのような合意がある場合には委任契約は委任者の死亡によっても終了しないことになります。

　委任者本人の死に密接に関連した、本人の死亡後でしかできないような事務処理の委任では、委任者・受任者双方が委任者の死亡後に事務処理が開始することを認識した上で、委任契約を締結しているため、委任者が死亡しても委任は終了しないとの当事者の合意（特約）の存在が当

112　岡39頁。

然の前提となっているといえます。また、民法の基本原則である私的自治の原則や契約自由の原則のもとでは、委任契約の内容をどのように定めるかは、当事者の自由に委ねられており、委任者死亡後の事務を内容とする委任契約を締結することは自由であるはずです。

　しかし、委任者の死亡後に効力を生じる契約として、どのような内容の事務でも委任できるとすると、相続法秩序と抵触するおそれがあります。なぜなら、委任者が死亡することによって、委任者（被相続人）に属していた一切の権利義務は相続人に承継されるため（民法882条、896条）、委任者（被相続人）の財産について、委任者の相続人の意思ではなく、委任者（被相続人）の生前の意思を反映・優先させ、委任者の相続人を拘束することが許されるかということが問題となるためです。

(6) **民法651条**

　民法651条は、その１項において、「委任は、各当事者がいつでもその解除をすることができる。」と規定し、２項では、「相手方に不利な時期に委任を解除したとき。」と「委任者が受任者の利益（専ら報酬を得ることによるものを除く。）をも目的とする委任を解除したとき。」は、やむを得ない事由があるときを除いて、相手方の損害を賠償しなければならないと規定しています。委任契約は、当事者の信頼関係を基礎としているので、それが破綻した場合等に自由に任意解除ができてしかるべきです。これが、民法651条の通説的な存在理由であるといわれています。

　民法651条の規定上は、任意解除は可能であり、このことに関して制限はありません。しかし、委任契約について任意解除をしない特約が存在しない場合の委任契約時の任意解除権行使の制限に関しては、委任事務が、委任者のためだけでなく、受任者の利益をも目的とするものである場合、委任者がいつでも任意解除権を行使できるとすると受任者の利益が著しく害されてしまいます。そのような場面で、委任者に任意解除権を認めるのは、その行使によって受任者が不利益を受ける場合は、受

任者が委任者に対して損害賠償請求することで、その不利益が補填されれば足りるからであり、判例の傾向としては、任意解除の制限の可能性を示しつつも、契約で受任者に確保しようとした利益を考慮して、原則的に任意解除を可能とする傾向にあるといえます（最判昭和43年9月20日判時536号51頁、最判昭和56年1月19日民集35巻1号1巻、最判昭和58年9月20日判時1100号55頁）。

　死後事務の委任契約についても、この民法651条の適用があり、委任者の死亡にもかかわらず委任契約が存続しても、委任者の相続人は、民法651条1項に基づいて、原則として当該委任契約をいつでも解除できます。しかし、委任者の地位を承継した相続人がいつでも委任契約を解除できるとすると、委任者は生前に自身の死後に効力が生ずることを期待して、受任者に委任したにもかかわらず、その意思が達成されずに終わることもあり得るため、死後事務の委任契約の有効性を認める意味が薄れてしまいます。

　すなわち、死後事務の委任契約として認められる範囲の事務は、自らの死後も委任契約が存続することを望む委任者（被相続人）の利益と、自ら締結したわけではない委任契約に拘束されることになる委任者の相続人の利益を比較考慮して決められることになります。したがって、死後事務の委任契約において委任できる事項は、委任者の相続人の利益を侵害してもなお委任者（被相続人）の意思を尊重すべき事務、つまり、委任者の地位を承継した相続人の解除によって終了しない旨の合意がなされているとみられるような委任事務に限られるということになるのではないでしょうか。

　東京高判平成21年12月21日判時2073号32頁は、委任者が自己の死亡後の葬儀、永代供養等を含む一切の供養を委託して死亡し、委任者の地位を承継した相続人がその契約の終了ないし解除を主張した事件です。東京高裁は、「契約の履行が不合理と認められる特段の事情がない限り委

任者の地位の承継者による解除をさせることができない」として、「契約内容の合理性の有無を解除権行使の可否を決する基準」であることを示し、委任者の相続人が行使した死後事務の委任契約の解除権を認めないと判断しました。前掲平成4年最高裁判決と後掲の平成22年高松高裁判決においては、死後事務の委任契約の成立を認めたものの解除権の行使については、何らの判断を示しておらず、本判決が積極的に解除権の行使の可否について判断している点において意義があるとされています。

> ▼裁判例紹介8　東京高判平成21年12月21日判時2073号32頁
> ［事実の概要］
> 　XとYはともに僧侶ですが、Xと親戚関係にあるAは、まず、Yに対して、自己の葬儀及び供養料を依頼し、供養料として300万円を渡しました（以下、「第一準委任契約」といいます）。さらに、Aは、自己の写真をYに渡してこれを墓に納め、永代供養をしてほしいと依頼しました（以下、「第二準委任契約」といいます）。一方、Aは、遺言により、葬儀及び祭祀の主催者としてXを指定しました。A死亡後、Yは前記依頼に応じて、Aの写真を墓に納め永代供養の手続を進めました。
> 　これに対し、Xが、Yに対し、主位的に第一準委任契約につき履行不能と後発的不能を理由に300万円の不当利得返還請求と予備的に第二準委任契約につき解除（民法651条1項）を理由に交付金の返還を求めました。
> 　第一審判決（東京地判平成21年4月22日）は、有償の第一準委任契約及び第二準委任契約の成立を認め、YがAの永代供養を行っている事実がある以上、第二準委任契約を解除したとしても、その解除により、交付金の返還を認めることはできないとして、Xの請求を棄却しました。そこで、Xが控訴しました。
> ［判旨］

東京高等裁判所は、次のとおり判示しました。
① 第二準委任契約が社会通念上不能であるという主張について

「遺言は遺言者が死亡するまで、何時にても新たな遺言を作成して、従前の遺言内容を変更することが可能であり、また遺言は、遺言者の死亡の時からその効力を生ずる（民法985条1項）のであるから、Xを葬儀及び祭祀の主宰者として指定する遺言が作成されたことのみをもって、本件第二準委任契約の事務が社会通念上履行不能又は後発的不能となったとはいえない」。

また、第二準委任契約の履行は、本件墓にＡの写真を納めて永代供養するものであるから宗教法人甲寺の僧侶であるＹにとっては、容易に行うことができる。

したがって、「Ｘが葬儀及び祭祀の主宰者として指定されたとしても、このことにより、Ｙが本件第二準委任契約の上記事務を遂行することが、社会通念上履行不能又は後発的不能となったと解することは相当でない」。

② Ｘが民法651条1項に基づいて第二準委任契約を解除したという主張について

「本来、委任契約は特段の合意がない限り、委任者の死亡により終了する（民法653条1号）のであるが、委任者が、受任者に対し、入院中の諸費用の病院への支払、自己の死後の葬儀を含む法要の施行とその費用の支払、入院中に世話になった家政婦や友人に対する応分の謝礼金の支払を依頼するなど、委任者の死亡後における事務処理を依頼する旨の委任契約においては、委任者の死亡によっても当然に同契約を終了させない旨の合意を包含する趣旨と解される」。

「さらに、委任者の死亡後における事務処理を依頼する旨の委任契約においては、委任者は、自己の死亡後に契約に従って事務が履行されることを想定して契約を締結しているのであるから、その契約内容が不明

確又は実現困難であったり、委任者の地位を承継した者にとって履行負担が過重であるなど契約を履行させることが不合理と認められる特段の事情がない限り、委任者の地位の承継者が委任契約を解除して終了させることを許さない合意をも包含する趣旨と解することが相当である」。

本件では、「Aとしては、Xに対する祭祀の承継者の指定とは別に、あえてYに対し、本件墓をいわばお墓の別荘としてA自身のために永代供養してもらうことを企図していたものと解される。そして、本件第二準委任契約の事務の内容は、Aの写真を本件墓に納め、永代供養をするというもので、内容は明確であり、かつ実現可能なものであり、また極めて宗教的で委任者の内心の自由にかかわる事務であり、その対価も供養としてお経を上げるなどの宗教的行為をしてもらうことの謝礼としての意味を有し、依頼する者の宗教心に基づくものと解されるところ、本件において供養料は、Aにおいて既に支払済みであって、Aの地位を承継したXには特に履行すべき義務はないのである」。

こうした諸事情を総合すると、「本件第二準委任契約においては、委任者であるAが死亡し、祭祀承継者としてXが委任者の地位を承継することとなったとしても、Xに同契約を解除することを許さない合意を包含する趣旨と解するのが相当である。したがって、Xが委任者の地位の承継人として、民法656条、同法651条1項に基づき、本件第二準委任契約を解除したとして本件交付金の返還を請求するのは、その前提を欠くものであって、理由がない」。

(7) 死後事務の委任契約と遺言との関係

平成21年東京高裁判決から、死後事務の委任契約において、祭祀主宰者の祭祀行為と抵触しない事務内容を考えることの重要性がわかります。祭祀主宰者は、遺言による指定のほか、相続人の協議や慣習により定まり、この優先順位は、遺言による指定、相続人の協議（合意による調停

の成立も含む。)、慣習の順となりますが、それでも決まらない場合は、家庭裁判所の審判によることとなります。祭祀主宰者の祭祀行為も死後事務の一種であり、通常は、複数の者がこれを別個に行うことはないので、遺言との矛盾が生じないようにすることはもちろん、死後事務の委任契約を複数の者と締結するときは、契約相互の矛盾抵触が生じないように十分注意するべきです。

(8) 死後事務の費用

　死後事務には、本人の死亡後に迅速な事務処理が求められる事務が多く、その中には、高額な費用がかかる事務も含まれています。「費用の確保」が死後事務の遂行において、1つのテーマとなります。

　死後事務に必要な費用を民法885条の「相続財産に関する費用」に含めるとすれば、被相続人の死後も保管している財産から葬儀費用や最後の病院費用、施設費用を捻出することができます。しかし、金融実務においては、預金口座の名義人が死亡した際は、預金口座を凍結させる扱いとなっています。死後事務の費用を民法885条の「相続財産に関する費用」に含めることができるとしても、肝心の出金をスムーズに行うことができず、費用の支払いが滞ってしまうため、被相続人の最後の世話人が一次的に費用を立て替えて対応しなければならなくなってしまいます。

　一般的には、生前に預かり金として預託を受けておくことが考えられますが、その場合、受任者が本人よりも先に死亡してしまうと、本人の預託金が受任者の相続財産に混在してしまうリスクや預託を受けた受任者又は預託した本人が経済的に破綻した場合に、預託金が差し押さえられるというリスク等があります。その意味で、預かり金を信託による信託財産とした方が、財産管理機能の充実を図ることができます。

　高松高判平成22年8月30日判時2106号52頁では、この預託の法律関係を負担付贈与とすることが争われ、死後事務を執行するための費用を預

ける行為は、負担付遺贈であるとしました。ただし、そのように解した場合、①受任者が、自然人であった場合、仮にその受任者が委任者よりも先に死亡してしまうと、委託者の預託金が受託者の相続財産に混在してしまうこと、②預託金の預かりについて監督機関がないため、長期にわたる預託金の管理が適正に行われる保証がないということ、③預託を受けた受任者又は預託した委託者が経済的に破綻したときに、委託者の預託金が差し押さえられてしまうおそれがあること、④委任者の死亡後、その預託金が確実に死後事務の執行に使用されるとはいえないこと等の問題が指摘されています。

そのような預託金を英米法下における擬制信託のように信託関係とすることができれば、①と③の指摘については、信託財産の独立性によって、また、②と④の指摘については、信託関係人の関与によって、回避することができますが、我が国においては英米法下における擬制信託の法理を適用して、信託の設定を認定した裁判例は見当たりません。しかし、我が国においても、前記のように、個別のケースにおいて、信託関係の成立を認めた裁判例がみられます。今後の動向が注目されるところです。

▼裁判例紹介9　高松高判平成22年8月30日判時2106号52頁

［事実の概要］

被相続人A（平成9年死亡）及びその娘B（平成15年死亡）の唯一の相続人（A及びBの各々の相続について代襲相続人である）Xは、Aの孫であり、Bの弟（昭和57年死亡）の子です。XとAはそれほど親しく交流しておらず、X側の関係者で葬儀に出席した者はいませんでした。これに対して、Aの姪であるY2は、幼いころからAに可愛がられ、Aと親しい関係を継続させていました。Y2は、Aから生前にA名義の通帳と印章を託されており、Aの「葬式から何からして欲しい。Y2しか

頼む人がいない。」「残った分はＹ２にあげるから。」と言われていたこともあり、Ｙ１銀行におけるＡ及びＢ名義の預金の払戻しを受けました。しかし、Ｘは、Ｙ２及びその夫Ｃが無権限で預金の払戻しを受けたとして、主位的にＹ１銀行に対し、預金の返還請求をし、予備的に、本件払戻しが有効であった場合にはＹ２及びＣに対して、共同不法行為に基づく損害賠償または不当利得に基づく金銭の返還を請求しました。なお、訴訟係属中にＣが死亡したため、Ｃの妻Ｙ２及び、相続により子・孫Ｙ３、Ｙ４、Ｙ５及びＹ６が本件訴訟を継承しました。

原審（松山地判平成21年２月20日判時2106号61頁）は、①ＡはＹ２に対して、Ａの葬儀費用等死後の一切の事務を行うこと及びＢの世話をすること等を内容とする負担付きで預金を贈与したこと、②Ｂは精神病のため、財産管理をＡに頼らざるを得ない状態であり、ＡがＢの将来を考えてＹ２にＢの財産の管理を依頼したことについてＢの黙示の同意があったこと、①と②のいずれについても認めるのが相当であるため、Ｙ２に不法行為は成立しないとして、Ｘの請求をすべて棄却しました。

[判旨]
① 負担付贈与について
　Ａが、Ｙ２に対して、Ｂが死亡した時点での残金をＹ２に贈与する旨を述べるのは、受遺者となるＹ２がＢよりも12歳年上であったことなどを考慮すると、不自然で信用することができず、これを裏付ける的確な証拠もないので、本件負担付遺贈の有効性については認めることはできません。
② 死後事務委任契約について
　「Ａは、Ｙ２にＡ名義の通帳類と印鑑を渡して、Ａの葬儀等と将来にわたってＢの世話をすることを委託し、これを了解したＹ２に対して、前記義務を履行するためにＡ名義の預金全部について払戻等を行うことができる管理処分権を与えたものと認められる。そして、前記事務の内

容に照らすと、当該委任契約においてはAの死亡によっては契約が終了しないことが合意されていたものと認めるのが相当である」。

　また、Y2には、「前記預金の全部について払戻しを受ける権限があるから、Y2の要求に応じてY1銀行が前記預金の払戻しをしたことによって、前記債権はすべて消滅」しているから、XのY1銀行に対する預金返還請求は理由がありません。

　次に、B名義の預金に関しては、「Bは、精神病のため自己の財産の管理について有効な意思表示をする能力が存在したと認めるのは疑問であり」、「AがY2に対してBの財産の管理を委託することについて、Bが事前に黙示的に同意していたと認めることは困難である」から、Y2は、B名義の預金について、「事務管理者として、その事務の性質に従い、本人であるBの利益に最も適合する方法によって、その事務の管理をしなければならないことになり、これを自らのために費消することは許されないことになる（民法697条1項）」として、Y2は、Xに対して損害賠償義務を負うと判断しました。

(9) 財産の定期給付の実現の可否

　結論からいうと、委任できる死後事務の範囲に、死後の財産の定期給付も含めることができるかという点については、消極的に解するべきです。なぜなら、委任者が死亡すると、その委任者に帰属していた一切の権利義務が相続人に承継されるため、被相続人の死後も、相続人の意思より被相続人の生前の意思を優先的に反映することが許されるか、という点が常に問題となるからです。当初の委任者としては、生前にできるだけ自分の意思のとおりに物事がいくように定めておきたいと考えるでしょうし、委任者の死亡後の相続人の立場からすれば、「（相続が開始して）もう、自分たちの財産となったのだから縛られたくない。」と主張する方向にいくことが予想されます。相続人が承継した財産からの費用

の捻出という意味だけでなく、被相続人が締結した契約の内容が、相続人の意思に反し、過度な拘束をしてしまうということも十分あり得るからです。

また、被相続人が、死後に意思を実現するための方法は、原則的には遺言であり、定期給付についても、負担付遺贈の中で行うことができ、契約による死後の定期給付を認める必要性は少ないといえそうです。また、近年は、信託による死後の財産の定期給付が実現されており、それとの関係でも契約による死後の財産の定期給付を認める実益は少ないのではないでしょうか。

やはり、死後事務の委任契約で委任できる内容は、前記のとおり、①祭祀関係として、遺体の引取り、親族・菩提寺への連絡、埋火葬のための手続、葬儀、火葬、供養、菩提寺・墓所の選択、墓石の建立、埋葬、墓所の管理、永代供養、墓の改葬、それらの費用等の支払い、相続人・その他親族への報告等、②債務等の清算関係としては、医療費の支払い、入院保証金の受領、老人ホーム等の施設利用料の支払い、入所保証金の受領、公共料金・その他日常家事債務の支払い、家賃の支払い、入居保証金（敷金）の受領、地代その他の賃料の支払い等、③住まい、その他身辺整理関係としては、入院先の私物の引取り、入所施設の退去手続・明渡し、賃貸不動産の解約・明渡し、不要な家財道具や生活用遺品の処分、公的年金担当窓口・日本年金機構への届出手続等のように、委託者たる被相続人の死に密接に関係し、かつ、遺言事項になっていない法律行為や事実行為に限られるのではないでしょうか。

前掲の平成4年最高裁判決及び平成21年東京高裁判決において、死後事務の委任契約の相続による承継性が問題となった事務の内容も、被相続人の葬儀費用や供養についてのものであり、それらは遺言事項ではありませんが、委任者の死と密接に関係した事務であったことからも、そのような帰結となったものと思われます。

第3章 まとめ
本人の意思実現に向けた制度間の連携と今後の展望

　第2部においては、第1章で、意思能力の低下ないし喪失後の財産給付についての意思実現を検討し、第2章においては、死後の財産給付についての意思実現を検討しました。

1　意思能力の低下ないし喪失後の意思実現について

　第1章にて、本人の生前における意思能力の低下ないし喪失後の財産給付についての意思実現について、任意後見と民事信託の関係性を法理論的に検討しました。

　本人の生前の意思能力の低下ないし喪失した状態に対する備えとしては、任意後見と民事信託の適用が想定されます。任意後見は、本人の意思能力が低下ないし喪失状態に陥った際に発効することが想定されており、また、民事信託についても、その受益者の利益保護機能によって、委託者本人が意思能力の低下ないし喪失した状態に陥ったとしても、さらには死亡したとして

も、その効力を存続し得るものであるとされています。本人の意思能力が低下ないし喪失した後の財産の定期給付は、それぞれの制度によってどのように行うことになるのかという問題を明らかにするためには、両者の関係性を検討する必要があります。

(1) 任意後見による意思実現

　任意後見は、現行の成年後見制度の基本理念の1つである「自己決定権の尊重」が最も重視された制度であるにもかかわらず、その発効数は低迷しています。その原因としては、①任意後見契約が発効するケースが実際には少ないことから任意後見契約が発効後にどのような作用を及ぼすのかという事例報告が少ないこと、②任意後見契約がスムーズに発効する法的仕組みが整備されていないこと等が考えられます。

　移行型の任意後見契約において、本人が意思能力が低下ないし喪失状態にあるにもかかわらず、任意代理の委任契約のまま受任者が事務を行われているケースが多いということについては、そのような状況に至った場合の委任契約の効力はどうなるかという問題にもつながっていきます。委任者本人が、意思能力が低下ないし喪失した状態で、受任者がきちんと契約の履行をしているかということをチェックすることができない状態を許すことは妥当ではありません。かといって、委任契約の終了事由に、「委任者の意思能力の喪失」を含めた場合は、実社会上の弊害があまりにも大きく、現実的とはいえないのではないでしょうか。委任契約の効力と委任者の意思能力の喪失、そして任意後見契約の発効は、一続きの問題であり、今後は立法による解決が望まれるところです。

　また、任意後見による財産の給付については、任意後見によれば、法定後見に比べて本人の意思を反映させることができると考えられますが、後見法理の性質からそれは委任者「本人の利益のため」の身上監護や財産管理に関する範囲内のものに限られると解釈することが妥当と思われます。「本人の利益のため」という範囲を超えるような、より積極的な

財産の処分行為（例えば、相続税対策の推定相続人に対する暦年贈与等）は、任意後見に定めたとしても、契約発効後に任意後見監督人の監督下で実際にそれが認められるとは限らないのではないでしょうか。

(2) 民事信託による意思実現

(1)を受けて、本人の意思能力の低下ないし喪失状態において、より積極的な財産処分を行うには、民事信託により行うとするのが法理論的に妥当であるという結論に至るのではないかとなりそうです。

しかし、任意後見契約や民法上の任意代理の委任契約では有効性に問題のあることが、なぜ民事信託によれば可能となるのかという点については、しっかり検討されるべきです。

信託は、委託者が死亡したり、意思能力の低下ないし喪失状態に陥ったりしたとしても、その効力を維持できるとされており、その原因として、本論文では、信託の「受益者の利益保護」の性質を根拠として論証を試みました。民事信託においては、民法上の委任とは異なり、その設定によって受託者に財産権が帰属し、信託財産は信託法上に規定のある倒産隔離・差押禁止機能によって保全されます。また、明文で、受益者が適切に受益権の履行を受けることを確保するための信託関係人の規定が定められています。民事信託が委託者の死亡や意思能力の低下ないし喪失の影響を受けずに効力を維持することができるのも、それらの受益者の利益保護のための特徴を有するからといえるのではないでしょうか。

2 死亡後の意思実現について

第2章にて、死亡後の意思実現について、遺言、死後事務の委任契約と民事信託の関係性を明らかにするため、死後の財産の段階的給付と、死後の財産の定期的給付について検討しました。

2　死亡後の意思実現について

(1)　死後の財産の段階的給付

　　死後の財産の段階的給付については、民法上の後継ぎ遺贈と信託法上の後継ぎ遺贈（受益者連続型信託）を検討しました。現在、純粋な民法上の後継ぎ遺贈、すなわち、遺言者Aが自己の遺言において、「私に相続が開始した場合は、甲不動産をBに遺贈する。そして、Bに相続が開始した場合は、甲不動産をCに遺贈する。」という、順を追った後継ぎ遺贈については、否定的・消極的な見解が大多数を占めています。その主な根拠は、①後継ぎ遺贈の効力が発生した際の遺留分減殺請求が行われた場合の法律関係が不明確であること、②第一次受遺者の財産処分を長期に渡って制約することとなってしまうこと、③第一次受遺者死亡後にその相続人の利益を害するため相続法秩序に反するのではないかということ等が挙げられています。

　　信託法学者は、民法上の後継ぎ遺贈に対するそれらの否定的見解を受けて、平成18年の改正によって新設された信託法91条により、後継ぎ遺贈は信託法によれば実現可能であると主張しますが、信託法91条の規定振り自体、不明確であり、信託法の他の条文との整合性について検討されるべき課題は多いといえます。また、信託法上の後継ぎ遺贈においても、①遺留分侵害額請求との関係性や②長期的な財産処分の制約のように、民法上の後継ぎ遺贈において指摘されていた解釈上の問題点が解消されているとはいえません。

　　また、第2章においては、民法上の後継ぎ遺贈と信託法上の後継ぎ遺贈における事務執行者の権限についても検討しました。信託の受託者には、明文の規定によって裁量権が認められていますが、遺言執行者については、事例判断のレベルで最判平成5年1月19日民集47巻1号1頁が存在するのみです。しかし、遺言執行者についても、今後の判例・議論の集積次第では、受遺者選定の裁量権が一般的に認められる可能性も十分あり得るのではないでしょうか。

第3章　まとめ　本人の意思実現に向けた制度間の連携と今後の展望

配偶者居住権の制度が民法上成立したことや、後継ぎ遺贈の有効性についての議論の状況、生命保険信託をはじめとする受益者連続型信託に関する金融商品の普及等からも、我が国においても、少子化や超高齢社会の影響を受けて、相続法の公序に変化がみられているといえます。このような相続法の公序の変化に伴って、現行の民法規定の解釈も今後変化していく可能性があります。

その一例が、後継ぎ遺贈においては、飛越し遺贈といえますが、この飛越し遺贈についても、負担の恩恵を受ける第一次使用者が、遺言者の相続人でなければ、遺言者からの直接の受贈者が、第一次使用者の生存中はその者に不動産を使用収益させるという負担を履行しなかった場合に、その負担付遺贈を取り消すことができない（民法1027条）という欠点があります。そのため、中間の第一次使用者が、遺言者の相続人でない場合は、信託法上の後継ぎ遺贈の利用を考えることになります。

(2)　**死後の財産の定期給付**

死後の財産の定期給付についての契約法、遺言法、信託法の関係性を検討しました。例えば、「私の死後10年間、Ｆに対し、私の財産から毎月5,000円支払う」という事務を遺言、死後事務の委任契約、民事信託で行う場合、どのような違いが出てくるのでしょうか。

ア　**死後事務の委任契約**

死後事務についての委任契約が存在しない場合では、本人の死後の事務を後見人であった者が行う法的根拠について、どこまでが応急処分義務に基づく事務なのか、どこからが民法上の事務管理として行う事務なのか、という境界線が不明確なものが少なくありません。特に専門職が後見人となっている場合に、その差による影響は大きいといえます。この議論は、平成28年10月13日に成年後見人の死後事務についての権限を定めた民法873条の2が創設された今も変わらず意義を有します。したがって、本人が十分な意思能力を有している段階で、

275

2 死亡後の意思実現について

　自身の死後の事務について事前に第三者に依頼しておくことの意義は大きいといえます。

　ただし、委任者の死後に効力を生ずる契約の効力を認めることは、委任者の相続人との利益衡量が必要になります。民法653条は、判例・通説によれば、任意規定とされているため、委任者の死亡によっても終了しないと合意していれば、委任契約を委任者の死亡によっても終了させないとすることは可能です。しかし、そのように、死者の意思を尊重することは、相続人を不当に拘束することにもなりかねません。かといって、相続人の権利を尊重して、相続人が相続によって承継した委任者の地位に基づいて、民法651条の任意解除権をいつでも行使できるとすれば、委任者の死後に問答無用で委任者の相続人から死後に効力の生じる契約は解除させることもできてしまい、その意義がなくなってしまいます。そこで、死後事務の委任契約によって、受任できる事務内容は、委任者と委任者の相続人の利益衡量によって、自ずと制限されることになります。

　したがって、死後に効力を生ずる契約の内容として、財産の定期給付まで盛り込むことができるか、ということは、それが委任者の相続人の委任契約に対する任意解除権の行使を制限する程の事務であるか、法定の遺言事項以外のものであるかという観点からその有効性が判断されることになります。

　実際に有効性の認められる死後の事務委任は、本人の死に密接に関連した①祭祀関係として、遺体の引取り、親族・菩提寺への連絡、埋火葬のための手続、葬儀、火葬、供養、菩提寺・墓所の選択、墓石の建立、埋葬、墓所の管理、永代供養、墓の改葬、それらの費用等の支払い、相続人・その他親族への報告等、また、②債務等の清算関係としては、医療費の支払い、入院保証金の受領、老人ホーム等の施設利用料の支払い、入所保証金の受領、公共料金・その他日常家事債務の

支払い、家賃の支払い、入居保証金（敷金）の受領、地代その他の賃料の支払い等、さらに、③住まい、その他身辺整理関係としては、入院先の私物の引取り、入所施設の退去手続・明渡し、賃貸不動産の解約・明渡し、不要な家財道具や生活用遺品の処分、公的年金担当窓口・日本年金機構への届出手続等に限られるものと思われます。

　以上より、死後事務の委任契約として、財産の定期給付を行うことが難しいことが明らかになりました。しかし、このことは、契約全般において死後の事務を行うことができないということではありません。死後の財産の定期給付は、定期給付型の遺贈におけるのと同じ仕組みで、死因贈与契約においても実現できるはずです。その際は、定期給付型の遺贈について、定期給付型の死因贈与が、期間の途中で終了したような場合に、死因贈与対象財産が、場合によっては贈与者の死後、何年か先に相続財産に巻き戻るというようなことも起こり得るため、一定の期間制限をかける必要があると思われますが、契約類型である死因贈与においても死後の財産の定期給付は実現することができるのではないのでしょうか。

　なお、第2部においては、信託法も扱う関係から、死後の事務における費用の帰属はどのようになるかという点と、現に生じている死後事務についての費用の預かり状態について、信託的に構成することはできないかという点についても検討しました。

　死後事務費用については、フランスにおいて相続財産の負担とされているように、日本民法885条の「相続財産に関する費用」と解することで、事務執行者の事務負担を限りなく軽減することができ、スムーズに死後事務を執行することができます。

　また、現に生じている死後事務についての費用の預かり状態を信託と構成することができるか、という点については、日本では英米法下における擬制信託の理論をそのまま適用することは難しいかもしれま

せんが、最判平成14年1月17日民集56巻1号20頁、最判平成15年6月12日民集57巻6号563頁のように、預かり関係を信託関係とみなすような判断もなされています。信託的な関係を契約関係から切り離し、英米法における信認関係をもとに大陸法と英米法の法体系の違いを超えた利益衡量としての法理が見出される日も近いのではないでしょうか。

イ　遺言による定期給付と信託による定期給付

　遺贈の負担として、受贈者に第三者への定期給付を行わせるものと、遺贈自体を定期給付型の内容とし、給付行為は遺言執行者に委ねるものの2種類を検討しました。前者の負担付遺贈として、財産の定期給付を行う時は、死後の財産の段階的給付におけるのと同じように民法1027条により、負担の履行を受ける第三者が、遺言者の相続人でない場合は、遺贈の取消しを主張することができず、法的に保護されないという点が問題となります。また、後者の遺贈自体を定期給付で行う内容とする場合は、前記アの死因贈与で述べた問題と同じように、定期給付期間が途中で中断してしまった場合に、遺贈対象財産として確保されていた財産が、相続財産に巻き戻るという問題も起こり得ます。

　したがって、現状においては、死後の財産の定期給付については民事信託によって行うのが最も確実であるといえるのではないでしょうか。

3　残された課題と今後の展望

　認知症や不慮の事故等により自己の意思能力が低下ないし喪失状態に陥ったときも、また、本人が死亡したときも、「本人が意思能力を有さず、自由に意思表示することが困難・不可能である状態」という意味では共通してい

第3章　まとめ　本人の意思実現に向けた制度間の連携と今後の展望

ます。

　そのような状態における本人の意思実現のためのツールは、生前の意思能力の低下ないし喪失した場面については、任意後見を含む成年後見制度が、死後の場面においては、遺言や契約がありますが、その両方の場面に適用されるものに民事信託があります。まさに、民事信託は、本人の意思能力が低下ないし喪失してから、さらに死亡後何年、何十年先までの意思実現について、成年後見制度と遺言・死後に効力を生ずる契約の架け橋となる法制度であるといえます。

　現状においては、その両場面に対応する備えとして、任意後見、遺言、死後に効力を生ずる契約によって、スキームを策定することが多いと思われますが、民事信託はその両場面において活用することができるものであり、それらの制度と組み合わせて活用することで大きな相乗効果を得ることができます。

　ただし、民事信託がいったいどのような制度で、既存の民法を中心に積み重ねられてきた私法体系にどのように取り入れられていくべきかを明らかにすることは、今後残された課題だといえます。第2部においては、そのような民法と民事信託が交錯する領域について検討を試み、民法と民事信託の各々において、どのようなことまでできて、どこからができないのか、どちらでもできるとしたら法理論上どのような性質の違いがみられるか、ということを明らかにしていくことによって、両者の棲み分けや連携を明確にしました。しかし、民法と民事信託の交錯領域は無数にあり得、他の分野についても検討していくことが必要不可欠であり、そのことがより一層の民事信託の普及にもつながっていくと思われます。

　我が国が超高齢社会を迎え、さらに少子化、核家族化の進展が著しくなるにつれて、高齢者自身とその家族の在り方が、「個」を中心とする方向に変容する中で、自己の意思能力の減退後、または死亡後においても、減退前または生前と同様に、「自分の事を自分で決めておく」という必要性が増して

279

3 残された課題と今後の展望

きているのではないでしょうか。

そのような状況においては、任意後見、契約、遺言、民事信託を組み合わせて本人に最もふさわしい意思実現のスキームを組むことになります。各制度を使うことによってどういったことができるのか、何ができないのか、敢えて民事信託を用いるのはなぜかということをその都度探求することで、より柔軟に依頼人のニーズに応えることが、今後法律専門職にとって特に要求されるのだと思います。

昨今、家族スケールの信託として、民事信託の利用が提唱されているものの、実務においてはそれほど浸透していないように感じます。それは、既に実務界に浸透している民法を中心とした実務との兼ね合いで、信託法を用いた実務との交錯領域における検討が、活発でないことが主な原因の1つに思われます。「なんでもできる」はずの民事信託であるにもかかわらず、それを用いるべき実務家の側が、それを用いるのに消極的な姿勢をみせているようにも感じます。法体系的な信託法の異質性をいくら強調したところで、この現状は変わらないように思います。両立し得ない概念を矛盾なく解釈する際に、どのように融和させるかという点が問題となるわけですが、この「融和」を考えるにあたっては、第2部で試みたような「民法に立ち返って再度信託を考える姿勢」がとても重要な意味を持つことになるのではないでしょうか。

〈参考文献リスト〉

赤沼康弘「法定後見制度」新井誠・赤沼康弘・大貫正男『成年後見法制の展望』4頁以下（日本評論社、2011年）

浅香竜太＝内田哲也「後見制度支援信託の目的と運用について」信託250号、14頁以下（2012年）

新井誠「高齢者の意思能力喪失と代理・委任」ジュリスト943号、60頁以下（1989年）

新井誠『高齢社会の成年後見法（改訂版）』（有斐閣、1999年）

新井誠「受遺者の選定を遺言執行者に委託した遺言の効力」水野紀子・大村敦志・窪田充見編『家族法判例百選（第7版）』175頁以下（有斐閣、2008年）

新井誠「任意後見制度の存在意義・再考〜世界の潮流を踏まえて〜」実践成年後見45号、4頁以下（民事法研究会、2013年）

新井誠『信託法（第4版）』（有斐閣、2014年）

新井誠「任意後見制度の新たな展開」法学新報120巻9頁以下（中央大学法学会、2014年）

井木大一郎「死後事務と応急処分義務」松川正毅編『新・成年後見における死後の事務』37頁以下（日本加除出版、2019年）

石綿あゆ美「遺言における受遺者の処分権の制限—相続の秩序と物権の理念(1)」277頁以下（法学協会雑誌131巻2号、2014年）

石綿あゆ美「遺言における受遺者の処分権の制限—相続の秩序と物権の理念(2)」552頁以下（法学協会雑誌131巻3号、2014年）

石綿あゆ美「遺言における受遺者の処分権の制限—相続の秩序と物権の理念(6)」1475頁以下（法学協会雑誌131巻8号、2014年）

石綿あゆ美「遺言における受遺者の処分権の制限—相続の秩序と物権の理念(7)」1685頁以下（法学協会雑誌131巻9号、2014年）

泉久雄「遺言書中の特定の条項の解釈（昭和58.3.18最高二小判）」『昭和58年度重要判例解説』ジュリスト臨時増刊815号、91頁以下（有斐閣、1984年）

伊藤昌司「受遺者選定の委託と遺言執行者を指定した有効な遺言があるとされた事例」『平成5年度重要判例解説』ジュリスト臨時増刊1046号、98頁以下（有斐閣、1994年）

稲垣明博「いわゆる『後継ぎ遺贈』の効力」判タ662号、40頁以下（1988年）

稲垣明博「後継ぎ遺贈（再考）」論叢：玉川大学経営学部紀要17号、19頁以下（2011年）

犬伏由子「1012条」能見善久＝加藤新太郎『論点体系　判例民法10相続（第2版）』395頁以下（第一法規、2013年）

今川嘉文＝石田光曠＝大貫正男＝河合保弘『誰でも使える民事信託（第2版）』（日本加除出版、2012年）

浦野由紀子「第1部ドイツ法」公益社団法人商事法務研究会『各国の相続法制に

関する調査研究業務報告書』1頁以下（2014年）
内田貴『民法Ⅱ債権各論』（東京大学出版会、2005年）
内田貴『民法Ⅳ親族・相続（補訂版）』（東京大学出版会、2004年）
エドワードＣ．ホールバック・ジュニア（新井誠訳）「信託法第三次リステイトメントの展望」信託180号、58頁以下（1994年）
遠藤英嗣「任意後見契約における死後事務委任契約の活用—契約の流れと契約にあたっての留意点を中心に—」実践成年後見38号、30頁以下（2011年）
遠藤英嗣『新しい家族信託』（日本加除出版、2016年）
大塚正民「死者たちの手：遺言、信託および相続法の社会史」アメリカ法2010-2号、346頁以下（2011年）
大塚正民「永遠の生命と法：アメリカにおける死者たちの支配力の勃興」アメリカ法2011-2号、465頁以下（2012年）
大村敦志「遺言の解釈と信託—信託法２条の適用をめぐって」トラスト60『実定信託法研究ノート』109頁以下（1996年）
岡孝「委任者死亡後の委任契約の効力」判タ45号、38頁以下（1994年）
沖野眞已「新しい信託法に期待するもの」NBL832号、16頁以下（2006年）
沖野眞已「**受益者連続型信託**について—信託法91条をめぐって」信託法研究33号、33頁以下（2008年）
落合威「公証実務と任意後見」判タ1030号、119頁以下（2000年）
小野傑「新しい信託法実務の展望と課題」金商1261号、12頁以下（2007年）
加藤雅信『新民法体系Ⅳ契約法』（有斐閣、2007年）
加藤祐司「後継ぎ遺贈型の受益者連続信託と遺産分割及び遺留分減殺請求」判タ1327号、18頁以下（2010年）
金子敬明「第３部　イングランド法」公益社団法人商事法務研究会『各国の相続法制に関する調査研究業務報告書』（2014年）43頁以下
上山泰『専門職後見人と身上監護』（民事法研究会、2008年）
上山泰「任意後見契約の優越的地位の限界について」筑波ロー・ジャーナル11号、97頁以下（2012年）
川淳一「受益者死亡を理由とする受益者連続型遺贈」野村豊弘＝床谷文雄編『遺言自由の原則と遺言の解釈』19頁以下（商事法務、2008年）
川井健『民法概論１（民法総則）（第４版）』（有斐閣、2008年）
川井健『民法概論４（債権各論）』（有斐閣、2006年）
川口恭弘「受託者の善管注意義務」金判1261号、56頁以下（2007年）
北野俊光「成年後見と公証実務」新井誠・赤沼康弘・大貫正男『成年後見法制の展望』307頁以下（日本評論社、2011年）
黒田美亜紀「死後の事務における故人の意思の尊重と相続法秩序」明治学院大学法学研究93号、49頁以下（2012年）

黒田美亜紀「成年後見制度の現状と課題の検討―死後の事務委任契約の発展可能性を中心に」登記情報602号、9頁以下（2012年）

黒田亜美紀「死後事務委任の可能性―その有効性と委任の承継，解除権行使の基準について―」明治学院大学法科大学院ローレビュー18号、31頁以下（2013年）

公益社団法人成年後見センター・リーガルサポート編集『成年後見　相談対応の実務―チェックポイントとケース・スタディ―』（新日本法規、2014年）

國府剛「自筆証書遺言の解釈に違法があるとされた事例」民商89巻4号、553頁以下（1984年）

小圷眞史「移行型任意後見契約の問題点と改善策」公証法学38号、1頁以下（2008年）

小林昭彦＝原司「平成十一年民法一部改正法等の解説(9)」法曹時報53巻12号、3385頁以下（2001年）

小林昭彦＝原司「平成十一年民法一部改正法等の解説(10)」法曹時報54巻2号、339頁以下（2002年）

小梁吉章「差押禁止と倒産隔離」金商1261号、38頁以下（2007年）

近藤英吉『判例遺言法』（有斐閣、1938年）

近藤英吉『独逸民法5 相続』（有斐閣、1939年）

財産管理実務研究会編『不在者・相続人不存在　財産管理の実務（補訂版）』（新日本法規、2001年）

佐久間毅「代理法からみた法定後見・任意後見」民商122巻4・5号、494頁以下（2000年）

三枝健治「遺言信託における遺留分減殺請求」早法87巻1号、37頁以下（2011年）

潮見佳男『相続法（第5版）』（弘文堂、2014年）

四宮和夫『信託法（新版）』（有斐閣、1989年）

四宮和夫・能見善久編『民法総則（第8版）』（弘文堂、2010年）

澁谷彰久『預金口座と信託法理』（日本評論社、2009年）

清水恵介「成年後見人等の義務と責任の位置づけ」実践成年後見51号、7頁以下（2014年）

志村武「本人無能力時における任意代理に関する一考察（上）」早法71巻3号、1頁以下（1996年）

白須真理子「信託と相続」松川正毅編『成年後見における死後の事務―事例にみる問題点と対応策―』85頁以下（日本加除出版、2011年）

相続法制検討ワーキングチーム「相続法制検討ワーキングチーム報告書」（2015年）

高梨公之「遺言執行者」法学セミナー36号、30頁以下（1959年）

高野竹三郎「遺言の解釈（昭和58.3.18最高二小判）」久貫忠彦・米倉明編『家族法判例百選（第4版）』220頁以下（有斐閣、1988年）
髙橋弘「死後の事務再論」成年後見法研究8号、15頁以下（2011年）
髙柳真三『明治前期家族法の新装』（有斐閣、1987年）
田尻世津子「葬儀費用」松川正毅編『成年後見における死後の事務』149頁以下（日本加除出版、2011年）
田中利勝「死後事務と事務管理」松川正毅編『成年後見における死後の事務』49頁以下（日本加除出版、2011年）
田中実「遺言執行者」中川善之助教授還暦記念家族法大系刊行委員会『家族法大系Ⅶ　相続(2)』228頁以下（有斐閣、1960年）
田中亘「後継ぎ遺贈―その有効性と信託による代替可能性について」米倉明他『信託法の新展開　その第一歩をめざして』211頁以下（商事法務、2008年）
田山輝明『債権各論中巻　民法要義6』（成文堂、2001年）
田山輝明『成年後見読本』（三省堂、2007年）
田山輝明『続・成年後見法制の研究』（成文堂、2002年）
田山輝明『成年後見法制の研究　上巻』（成文堂、2001年）
寺本昌広「『信託法改正要綱試案』の概要」信託223号、4頁以下（2005年）
寺本昌広『逐条解説　新しい信託法（補訂版）』（商事法務、2008年）
道垣内弘人『信託法理と**私法体系**』（有斐閣、1996年）
道垣内弘人『信託法入門』（日経文庫、2007年）
道垣内弘人『信託法　現代民法　別巻』（有斐閣、2017年）
道垣内弘人「信託法改正と実務」ジュリスト1322号、2頁以下（2006年）
道垣内弘人「展開講座　さびしがりやの信託法　第1回　いろんな問題、あるんだな」法学教室331号、129頁以下（2008年）
道垣内弘人「展開講座　さびしがりやの信託法　第8回　誰が殺したクックロビン」法教339号、82頁以下（2008年）
道垣内弘人「信託設定と遺留分減殺請求―星田報告のコメントをかねて」能見善久編『信託の実務と理論』58頁以下（有斐閣、2009年）
道垣内弘人・大村敦志・滝沢昌彦『信託取引と民法法理』（有斐閣、2003年）
常盤史子「第4部　アメリカ法」公益社団法人商事法務研究会『各国の相続法制に関する調査研究業務報告書』83頁以下（2014年）
富井政章『民法原論第一巻総論』（有斐閣、1905年）
中川淳「受遺者選定を遺言執行者に委託した遺言―最判平成5年1月19日を中心として」戸時635号、52頁以下（2008年）
中川善之助＝泉久雄『相続法（法律学全集）（第4版）』（有斐閣、2000年）
中川善之助＝加藤永一『新版　注釈民法〈28〉相続(3)』（有斐閣、2002年）
二宮周平『家族法（新法学ライブラリ）（第4版）』（新世社、2014年）
二宮孝富「任意後見契約登記後に保佐開始審判をするための要件」民商128巻6

号、839頁以下（2003年）

『日本近代立法資料叢書4法典調査会民法議事速記録4巻』（商事法務研究会、1984年）

『日本近代立法資料叢書7法典調査会民法議事速記録7巻』（商事法務研究会、1984年）

能見善久『現代信託法』（有斐閣、2004年）

能見善久・加藤新太郎『論点体系判例民法6契約Ⅱ（第2版）』（第一法規、2013年）

能見善久・道垣内弘人『信託法セミナー〈1〉信託の設定・信託財産』（有斐閣、2013年）

能見善久・道垣内弘人『信託法セミナー〈2〉受託者』（有斐閣、2014年）

能見善久・道垣内弘人『信託法セミナー〈3〉受益者等・委託者』（有斐閣、2015年）

能見善久・道垣内弘人『信託法セミナー〈4〉信託の変更・終了・特例等』（有斐閣、2016年）

野口尚彦「任意後見受任者の状況」実践成年後見45号、16頁以下（2013年）

幡野弘樹＝宮本誠子「第2部　フランス法」公益社団法人商事法務研究会『各国の相続法制に関する調査研究業務報告書』23頁以下（2014年）

原司「任意後見制度について」ジュリスト1172号、30頁以下（2000年）

半田吉信「受遺者の選定を遺言執行者に委託する旨の遺言の効力」ジュリスト1042号、117頁以下（1994年）

樋口範雄『フィデュシャリー「信認」の時代　信託と契約』（有斐閣、1999年）

樋口範雄『アメリカ信託法ノートⅠ』（弘文堂、2000年）

樋口範雄『アメリカ法ベーシックス　アメリカ契約法（第2版）』（弘文堂、2008年）

樋口範雄『入門　信託と信託法（第2版）』（弘文堂、2014年）

平山也寸志「補助開始等審判についての本人による同意撤回および補助開始等審判申立て後の任意後見契約締結」成年後見法研究5号、173頁以下（2008年）

深山雅也「信託と倒産」金商1261号、118頁以下（2007年）

福井秀夫「後継ぎ遺贈型受益者連続信託の法と経済分析」判タ1247号、92頁以下（2007年）

藤原正則「死後事務における応急処分義務と事務管理の交錯」実践成年後見38号、22頁以下（2011年）

賓金敏明監修・太田健治＝岡村幸治＝兼行邦夫編『活用しよう！　任意後見　安心の老後と相続のために』（日本加除出版、2012年）

法務省民事局参事官室「民法（相続関係）等の改正に関する中間試案の補足説明」47頁（2016年）

星田寛「財産承継のための信託（受益者連続信託）の検討」能見善久編『信託の

実務と理論』47頁以下（有斐閣、2009年）
星野豊『信託法』（信山社、2011年）
穂積重遠『相続法第二分冊』（岩波書店、1946年）
松井秀樹「信託の活用による死後事務への対応」実践成年後見38号、38頁以下（2011年）
松尾知子「負担付遺贈（昭和6.2.20大審五民判、昭和58.3.18最高二小判、昭和43.8.1宇都宮家栃木支審判）」『家事関係裁判例と実務245題（判タ臨時増刊1100）』472頁以下（2002年）
松尾知子「遺言執行からみた遺言の解釈」野村豊弘＝床谷文雄編『遺言事由の原則と遺言の解釈』80頁以下（商事法務、2008年）
松尾知子「遺言執行者による遺言執行」久貴忠彦『遺言と遺留分　第1巻　遺言』395頁以下（第2版、日本評論社、2011年）
松川正毅「葬式費用の負担に関する事件（東京地判昭和61.1.28）」愛知学院大学宗教法制研究所紀要47号、1頁以下（1999年）
松川正毅「成年後見の終了―委任契約と法定代理」実践成年後見38号、4頁以下（2011年）
松川正毅「成年後見における死後事務の問題点」松川正毅編『成年後見における死後の事務』1頁以下（日本加除出版、2011年）
松原正明『全訂判例先例相続法Ⅴ』（日本加除出版、2012年）
ミシェル・グリマルディ、北村一郎訳「フランスにおける相続法改革（2006年6月23日の法律）」ジュリスト1358号、68頁以下（2008年）
水野紀子「信託と相続法の相克―とくに遺留分を中心として」『トラスト60研究業書　変革期における信託法』103頁以下（トラスト60、2006年）
水野紀子「財産管理と社会的・制度的条件」水野紀子・窪田充見編集代表『財産管理の理論と実務』1頁以下（日本加除出版、2015年）
宮本誠子「被後見人の死亡と死後の事務」松川正毅編『成年後見における死後の事務』27頁以下（日本加除出版、2011年）
宮本誠子「フランス法における成年後見制度と死後事務」松川正毅編『成年後見における死後の事務』233頁以下（日本加除出版、2011年）
柳勝司「遺言執行者の法的性質」名城59巻1号、45頁以下（2009年）
山田真紀「保佐開始の審判の申立て後、本人が任意後見契約を締結し、かつ、その登記もされた事案において、任意後見契約の無効原因をうかがうことはできない場合には、保佐を開始するためには『本人の利益のため特に必要がある』ことを要するにもかかわらず、原審において、この点の判断を示さず、積極的な審理・調査が尽くされたとも認められないとして、保佐開始の原審判を取り消した上、差し戻した事例」判タ1125号、112頁以下（2003年）
山本敬三『民法講義Ⅰ　総則（第3版）』（有斐閣、2011年）

山本敬三『民法講義Ⅳ-1　契約（第3版)』（有斐閣、2011年）
吉政知宏「死後の事務の委任契約と解除の可否」リマークス42号、22頁以下（2011年）
米倉明「後継ぎ遺贈の効力について」1頁以下（同『家族法の研究』、有斐閣、1999年）
米倉明「信託による後継ぎ遺贈の可能性―受益者連続の解釈論的根拠づけ」ジュリスト1162号、87頁以下（1999年）
力丸祥子「批判：最判平成4・9・22」法学新報101巻11=12号、181頁以下（1995年）
冷水登紀代「委任者の死亡と委任契約」松川正毅編『成年後見における死後の事務』17頁以下（日本加除出版、2011年）
冷水登紀代「死後事務委任契約の限界」月報司法書士526号、17頁以下（2015年）
我妻栄『新訂民法總則（民法講義Ⅰ)』（岩波書店、2012年）
我妻栄『債権各論中巻二（民法講義Ⅴ3)』（岩波書店、1962年）
我妻栄＝立石芳枝『親族法相続法コンメンタール』（日本評論新社、1970年）
渡部朗子「遺言執行者の地位・権限に関する一考察」千葉大学社会文化科学研究創刊号、177頁以下（1997年）

巻末資料

資料1　信託法施行規則（平成19年法務省令第41号）
資料2　信託計算規則（平成19年法務省令第42号）
資料3　民事信託契約公正証書例
資料4　信託目録例について
　　　(1)　一般的な信託目録例
　　　(2)　設定行為を公正証書で作成した場合に可能な信託目録例
資料5　遺言例
資料6　自己信託設定証書例
資料7　限定責任信託について
　　　(1)　限定責任信託設定契約書例
　　　(2)　申請書例
　　　(3)　登記事項証明書例
　　　(4)　印鑑届出
　　　(5)　印鑑カード交付申請書
資料8　登記事項証明書【通常の1対1の場合、及び受任者複数の個別代理の場合】
資料9　登記事項証明書【共同代理の場合】
資料10　登記事項証明書中の同意を要する旨の特約目録
資料11　任意後見契約公正証書（将来型）
資料12　任意後見契約公正証書（即効型）
資料13　委任契約及び任意後見契約公正証書（移行型）
資料14　任意後見監督人選任申立書例について
　　　(1)　任意後見監督人選任申立書（名古屋家庭裁判所ＨＰより）
　　　(2)　申立事情説明書
　　　(3)　親族関係図
　　　(4)　任意後見受任者事情説明書
　　　(5)　財産目録
　　　(6)　相続財産目録
　　　(7)　収支予定表
資料15　登記事項証明書
資料16　自筆証書遺言書例
資料17　自筆証書遺言の保管申請書例（法務省ＨＰより）
資料18　公正証書遺言書例
資料19　検認申立書例（東京家庭裁判所ＨＰより）
資料20　遺言執行者選任申立書例（東京家庭裁判所ＨＰより）

信託法施行規則
（平成19年法務省令第41号）

資料1

第1章 総則

第1節 通則

（目的）

第1条 この省令は、信託法（平成18年法律第108号。以下「法」という。）の委任に基づく事項その他法の施行に必要な事項を定めることを目的とする。

（定義）

第2条 この省令において使用する用語は、法において使用する用語の例によるほか、次の各号に掲げる用語の意義は、それぞれ当該各号に定めるところによる。

一 自己信託 法第3条第三号に掲げる方法によってされる信託をいう。

二 電磁的記録 法第3条第三号に規定する電磁的記録をいう。

三 電磁的方法 法第108条第三号に規定する電磁的方法をいう。

四 財産状況開示資料等 次のイ又はロに掲げる信託の区分に応じ、当該イ又はロに定めるものをいう。

　イ 限定責任信託以外の信託 法第37条第2項の規定により作成する同項の書類又は電磁的記録

　ロ 限定責任信託 法第222条第4項の規定により作成する同項の書類又は電磁的記録（法第252条第4項において読み替えて適用する法第222条第4項の規定の適用がある場合にあっては、法第252条第1項の

会計監査報告を含む。）

第2節　自己信託に係る公正証書等の記載事項等

第3条　法第3条第三号に規定する法務省令で定める事項は、次に掲げるものとする。

一　信託の目的
二　信託をする財産を特定するために必要な事項
三　自己信託をする者の氏名又は名称及び住所
四　受益者の定め（受益者を定める方法の定めを含む。）
五　信託財産に属する財産の管理又は処分の方法
六　信託行為に条件又は期限を付すときは、条件又は期限に関する定め
七　法第163条第九号の事由（当該事由を定めない場合にあっては、その旨）
八　前各号に掲げるもののほか、信託の条項

第2章　受託者等

（分別管理の方法）

第4条　法第34条第1項第三号に規定する法務省令で定める財産は、法第206条第1項その他の法令の規定により、当該財産が信託財産に属する旨の記載又は記録をしなければ、当該財産が信託財産に属することを第三者に対抗することができないとされているもの（法第14条の信託の登記又は登録をすることができる財産を除く。）とする。

2　法第34条第1項第三号に規定する法務省令で定めるものは、法第206条第1項その他の法令の規定に従い信託財産に属する旨の記載又は記録をするとともに、その計算を明らかにする方法とする。

（前受託者が破産管財人に通知すべき事項）

第5条　法第59条第2項に規定する法務省令で定める事項は、次に掲げるも

のとする。
一　信託財産に属する財産の内容及び所在
二　信託財産責任負担債務の内容
三　知れている受益者及び法第182条第1項第二号に規定する帰属権利者の氏名又は名称及び住所
四　信託行為の内容

第3章　受益者集会

（受益者集会の招集の場合における決定事項）

第6条　法第108条第四号に規定する法務省令で定める事項は、次に掲げるものとする。

一　次条の規定により受益者集会参考書類（法第110条第1項に規定する受益者集会参考書類をいう。次条において同じ。）に記載すべき事項

二　書面による議決権の行使の期限（受益者集会の日時以前の時であって、法第109条第1項の規定による通知を発した日から2週間を経過した日以後の時に限る。）

三　一の受益者が同一の議案につき法第115条第1項（法第108条第三号に掲げる事項を定めた場合にあっては、法第115条第1項又は第116条第1項）の規定により重複して議決権を行使した場合において、当該同一の議案に対する議決権の行使の内容が異なるものであるときにおける当該受益者の議決権の行使の取扱いに関する事項を定めるときは、その事項

四　第8条第1項第一号の欄に記載がない議決権行使書面（法第110条第1項に規定する議決権行使書面をいう。以下この条及び第8条において同じ。）が招集者（法第108条に規定する招集者をいう。以下この条及び第8条において同じ。）に提出され、又は法第116条第1項の規定により電磁的方法により招集者に提供された事項のうちに当該欄に記載すべきものがない場合における各議案についての賛成、反対又は棄権のいずれ

かの意思の表示があったものとする取扱いを定めるときは、その取扱いの内容
　五　法第108条第三号に掲げる事項を定めたときは、次に掲げる事項
　　イ　電磁的方法による議決権の行使の期限（受益者集会の日時以前の時であって、法第109条第１項の規定による通知を発した日から２週間を経過した日以後の時に限る。）
　　ロ　法第109条第２項の承諾をした受益者に対しては、当該受益者の第８条第２項の請求があった時に法第110条第１項の規定による議決権行使書面の交付（当該交付に代えて行う同条第２項の規定による電磁的方法による提供を含む。）をすることとするときは、その旨
　六　法第117条第１項の規定による通知の方法を定めるときは、その方法
（受益者集会参考書類）
第7条　受益者集会参考書類には、議案及び次の各号に掲げる議案の区分に応じ、当該各号に定める事項を記載しなければならない。
　一　新たな受託者（以下この号において「新受託者」という。）の選任に関する議案　次に掲げる事項
　　イ　新受託者となるべき者の氏名又は名称
　　ロ　新受託者となるべき者の略歴又は沿革
　　ハ　新受託者となるべき者を受託者に選任すべきものとした理由
　二　信託監督人又は受益者代理人の選任に関する議案　次に掲げる事項
　　イ　信託監督人又は受益者代理人となるべき者の氏名又は名称
　　ロ　信託監督人又は受益者代理人となるべき者の略歴又は沿革
　　ハ　信託監督人又は受益者代理人となるべき者が受託者と特別の利害関係があるときは、その事実の概要
　三　受託者、信託監督人又は受益者代理人の解任に関する議案　次に掲げる事項
　　イ　解任すべき受託者、信託監督人又は受益者代理人の氏名又は名称

ロ　解任の理由
　四　信託の変更に関する議案　次に掲げる事項
　　　イ　信託の変更後の信託行為の内容
　　　ロ　信託行為で定められた受益権の内容に変更を加え、又は受益権の価値に重大な影響を与えるおそれがあるときは、その変更又は影響の内容及び相当性に関する事項
　　　ハ　信託の変更がその効力を生ずる日
　　　ニ　信託の変更をする理由
　五　信託の併合に関する議案　法第151条第1項各号に掲げる事項
　六　吸収信託分割に関する議案　法第155条第1項各号に掲げる事項
　七　新規信託分割に関する議案　法第159条第1項各号に掲げる事項
　八　前各号に掲げる議案以外の議案　当該議案を提案した理由
2　受益者集会参考書類には、前項各号に定めるもののほか、受益者の議決権の行使について参考となると認める事項を記載することができる。
3　同一の受益者集会に関して受益者に対して提供する受益者集会参考書類に記載すべき事項のうち、他の書面に記載している事項又は電磁的方法により提供している事項がある場合には、これらの事項は、受益者集会参考書類に記載することを要しない。
4　同一の受益者集会に関して受益者に対して提供する招集通知（法第109条第1項又は第2項の規定による通知をいう。以下この条及び次条において同じ。）の内容とすべき事項のうち、受益者集会参考書類に記載している事項又は受益者集会参考書類の交付に代えて電磁的方法により提供している事項がある場合には、当該事項は、招集通知の内容とすることを要しない。

（議決権行使書面）
第8条　法第110条第1項の規定により交付すべき議決権行使書面に記載すべき事項又は法第111条第1項若しくは第2項の規定により電磁的方法に

より提供すべき議決権行使書面に記載すべき事項は、次に掲げる事項とする。
　一　各議案についての賛否（棄権の欄を設ける場合にあっては、棄権を含む。）を記載する欄
　二　第6条第三号に掲げる事項を定めたときは、当該事項
　三　第6条第四号に掲げる事項を定めたときは、同号の取扱いの内容
　四　議決権の行使の期限
　五　議決権を行使すべき受益者の氏名又は名称及び当該受益者が行使することができる議決権の数又は割合
2　法第108条第三号に掲げる事項を定めた場合において、第6条第五号ロに掲げる事項を定めたときは、招集者は、法第109条第2項の承諾をした受益者が請求をした時に、当該受益者に対して、法第110条第1項の規定による議決権行使書面の交付（当該交付に代えて行う同条第2項の規定による電磁的方法による提供を含む。）をしなければならない。
3　同一の受益者集会に関して受益者に対して提供する議決権行使書面に記載すべき事項（第1項第二号から第四号までに掲げる事項に限る。）のうち、招集通知の内容としている事項がある場合には、当該事項は、受益者に対して提供する議決権行使書面に記載することを要しない。
4　同一の受益者集会に関して受益者に対して提供する招集通知の内容とすべき事項のうち、議決権行使書面に記載している事項又は議決権行使書面の交付に代えて電磁的方法により提供している事項がある場合には、当該事項は、受益者に対して提供する招集通知の内容とすることを要しない。

（書面による議決権行使の期限）

第9条　法第115条第2項に規定する法務省令で定める時は、第6条第二号の行使の期限とする。

（電磁的方法による議決権行使の期限）

第10条　法第116条第1項に規定する法務省令で定める時は、第6条第五号

イの行使の期限とする。

（受益者集会の議事録）

第11条 法第120条の規定による受益者集会の議事録の作成については、この条の定めるところによる。

2 受益者集会の議事録は、書面又は電磁的記録をもって作成しなければならない。

3 受益者集会の議事録は、次に掲げる事項を内容とするものでなければならない。

　一 受益者集会が開催された日時及び場所

　二 受益者集会の議事の経過の要領及びその結果

　三 法第118条第1項の規定により受益者集会において述べられた意見があるときは、その意見の内容の概要

　四 受益者集会に出席した受託者（法人である受託者にあっては、その代表者又は代理人）又は信託監督人の氏名又は名称

　五 受益者集会の議長が存するときは、議長の氏名

　六 議事録の作成に係る職務を行った者の氏名又は名称

第4章　信託の併合及び分割

第1節　信託の併合

（信託の併合に当たり明らかにすべき事項）

第12条 法第151条第1項第五号に規定する法務省令で定める事項は、次のとおりとする。

一 信託の併合をする他の信託についての次に掲げる事項その他の当該他の信託を特定するために必要な事項

　イ 委託者及び受託者の氏名又は名称及び住所

　ロ 信託の年月日

資料1　信託法施行規則（平成19年法務省令第41号）

　　ハ　限定責任信託であるときは、その名称及び事務処理地（法第216条第2項第四号に規定する事務処理地をいう。以下同じ。）
　二　信託の併合をする他の信託の信託行為の内容
　三　法第151条第1項第三号に規定する場合には、同号に掲げる事項の定めの相当性に関する事項
　四　前号に規定する場合には、受益者に対して交付する金銭その他の財産の割当てに関する事項及び当該事項の定めの相当性に関する事項
　五　信託の併合をする各信託において直前に作成された財産状況開示資料等の内容（財産状況開示資料等を作成すべき時期が到来していないときは、次のイ又はロに掲げる書類又は電磁的記録の区分に応じ、当該イ又はロに定める事項）
　　イ　第2条第四号イに定める書類又は電磁的記録　当該書類又は電磁的記録を作成すべき時期が到来していない旨
　　ロ　第2条第四号ロに定める書類又は電磁的記録　法第222条第3項の規定により作成された貸借対照表の内容
　六　信託の併合をする各信託について、財産状況開示資料等を作成した後（財産状況開示資料等を作成すべき時期が到来していない場合にあっては、信託がされた後）に、重要な信託財産に属する財産の処分、重大な信託財産責任負担債務の負担その他の信託財産の状況に重要な影響を与える事象が生じたときは、その内容
　七　信託の併合をする理由
（債権者の異議に関する公告事項）
第13条　法第152条第2項第三号に規定する法務省令で定める事項は、次のとおりとする。
　一　信託の併合をする各信託についての次に掲げる事項その他の当該信託の併合をする各信託を特定するために必要な事項
　　イ　委託者及び受託者の氏名又は名称及び住所

ロ　信託の年月日

　　ハ　限定責任信託であるときは、その名称及び事務処理地

　二　前条第五号に掲げる事項（法第152条第1項の債権者が当該事項を知ることができるようにするための適切な措置を受託者が講ずる場合にあっては、当該措置に基づいて当該債権者が当該事項を知るための方法）

　三　前条第六号に掲げる事項（法第152条第1項の債権者が当該事項を知ることができるようにするための適切な措置を受託者が講ずる場合にあっては、当該措置に基づいて当該債権者が当該事項を知るための方法）

　四　信託の併合が効力を生ずる日以後における信託の併合後の信託の信託財産責任負担債務（信託の併合をする他の信託の信託財産責任負担債務であったものを除く。）の履行の見込みに関する事項（法第152条第1項の債権者が当該事項を知ることができるようにするための適切な措置を受託者が講ずる場合にあっては、当該措置に基づいて当該債権者が当該事項を知るための方法）

第2節　信託の分割

第1款　吸収信託分割

（吸収信託分割に当たり明らかにすべき事項）

第14条　法第155条第1項第七号に規定する法務省令で定める事項は、次のとおりとする。

　一　吸収信託分割をする他の信託についての次に掲げる事項その他の当該吸収信託分割をする各信託を特定するために必要な事項

　　イ　委託者及び受託者の氏名又は名称及び住所

　　ロ　信託の年月日

　　ハ　限定責任信託であるときは、その名称及び事務処理地

　二　吸収信託分割をする他の信託の信託行為の内容

　三　法第155条第1項第三号に規定する場合には、同号に掲げる事項の定

資料1　信託法施行規則（平成19年法務省令第41号）

めの相当性に関する事項
四　前号に規定する場合には、分割信託（法第155条第1項第六号に規定する分割信託をいう。以下この条及び次条において同じ。）の受益者に対する金銭その他の財産の割当てに関する事項及び当該事項の定めの相当性に関する事項
五　吸収信託分割に際して、承継信託（法第155条第1項第六号に規定する承継信託をいう。以下この条及び次条において同じ。）に属する財産（承継信託の受益権を含む。）を分割信託の信託財産に帰属させることとするときは、当該財産の種類及び数若しくは額又はこれらの算定方法
六　前号に規定する場合には、同号に掲げる事項の定めの相当性に関する事項
七　吸収信託分割をする各信託において直前に作成された財産状況開示資料等の内容（財産状況開示資料等を作成すべき時期が到来していないときは、次のイ又はロに掲げる書類又は電磁的記録の区分に応じ、当該イ又はロに定める事項）
　　イ　第2条第四号イに定める書類又は電磁的記録　当該書類又は電磁的記録を作成すべき時期が到来していない旨
　　ロ　第2条第四号ロに定める書類又は電磁的記録　法第222条第3項の規定により作成された貸借対照表の内容
八　吸収信託分割をする各信託について、財産状況開示資料等を作成した後（財産状況開示資料等を作成すべき時期が到来していない場合にあっては、信託がされた後）に、重要な信託財産に属する財産の処分、重大な信託財産責任負担債務の負担その他の信託財産の状況に重要な影響を与える事象が生じたときは、その内容
九　吸収信託分割をする理由
（債権者の異議に関する公告事項）
第15条　法第156条第2項第三号に規定する法務省令で定める事項は、次の

とおりとする。
一　吸収信託分割をする各信託についての次に掲げる事項その他の当該吸収信託分割をする各信託を特定するために必要な事項
　イ　委託者及び受託者の氏名又は名称及び住所
　ロ　信託の年月日
　ハ　限定責任信託であるときは、その名称及び事務処理地
二　前条第七号に掲げる事項（法第156条第1項の債権者が当該事項を知ることができるようにするための適切な措置を受託者が講ずる場合にあっては、当該措置に基づいて当該債権者が当該事項を知るための方法）
三　前条第七号に掲げる事項（法第156条第1項の債権者が当該事項を知ることができるようにするための適切な措置を受託者が講ずる場合にあっては、当該措置に基づいて当該債権者が当該事項を知るための方法）
四　当該信託が分割信託である場合には、吸収信託分割が効力を生ずる日以後における分割信託の信託財産責任負担債務及び承継信託の信託財産責任負担債務（吸収信託分割により承継信託の信託財産責任負担債務となるものに限る。）の履行の見込みに関する事項（法第156条第1項の債権者が当該事項を知ることができるようにするための適切な措置を受託者が講ずる場合にあっては、当該措置に基づいて当該債権者が当該事項を知るための方法）
五　当該信託が承継信託である場合には、吸収信託分割が効力を生ずる日以後における承継信託の信託財産責任負担債務（法第156条第1項の規定により吸収信託分割に異議を述べることができる債権者に対して負担するものに限る。）の履行の見込みに関する事項（同項の債権者が当該事項を知ることができるようにするための適切な措置を受託者が講ずる場合にあっては、当該措置に基づいて当該債権者が当該事項を知るための方法）

第2款　新規信託分割

資料1　信託法施行規則（平成19年法務省令第41号）

（新規信託分割に当たり明らかにすべき事項）

第16条　法第159条第1項第七号に規定する法務省令で定める事項は、次のとおりとする。

一　2以上の信託により新規信託分割が行われるときは、当該新規信託分割をする他の信託についての次に掲げる事項その他の当該他の信託を特定するために必要な事項

　　イ　委託者及び受託者の氏名又は名称及び住所

　　ロ　信託の年月日

　　ハ　限定責任信託であるときは、その名称及び事務処理地

二　前号に規定する場合には、当該新規信託分割をする他の信託の信託行為の内容

三　法第159条第1項第三号に規定する場合には、同号に掲げる事項の定めの相当性に関する事項

四　前号に規定する場合には、従前の信託（新規信託分割をする他の信託がある場合にあっては、従前の信託及び当該他の信託。以下この条及び次条第一号において同じ。）の受益者に対する金銭その他の財産の割当てに関する事項及び当該事項の定めの相当性に関する事項

五　新規信託分割に際して、新たな信託の受益権を従前の信託の信託財産に帰属させることとするときは、当該受益権の内容及び数若しくは額又はこれらの算定方法

六　前号に規定する場合には、同号に掲げる事項の定めの相当性に関する事項

七　従前の信託において直前に作成された財産状況開示資料等の内容（財産状況開示資料等を作成すべき時期が到来していないときは、次のイ又はロに掲げる書類又は電磁的記録の区分に応じ、当該イ又はロに定める事項）

　　イ　第2条第四号イに定める書類又は電磁的記録　当該書類又は電磁的

記録を作成すべき時期が到来していない旨

　　ロ　第2条第四号ロに定める書類又は電磁的記録　法第222条第3項の規定により作成された貸借対照表の内容

　八　従前の信託について、財産状況開示資料等を作成した後（財産状況開示資料等を作成すべき時期が到来していない場合にあっては、信託がされた後）に、重要な信託財産に属する財産の処分、重大な信託財産責任負担債務の負担その他の信託財産の状況に重要な影響を与える事象が生じたときは、その内容

　九　新規信託分割をする理由

（債権者の異議に関する公告事項）

第17条　法第160条第2項第三号に規定する法務省令で定める事項は、次のとおりとする。

　一　従前の信託についての次に掲げる事項その他の当該従前の信託を特定するために必要な事項

　　イ　委託者及び受託者の氏名又は名称及び住所

　　ロ　信託の年月日

　　ハ　限定責任信託であるときは、その名称及び事務処理地

　二　前条第七号に掲げる事項（法第160条第1項の債権者が当該事項を知ることができるようにするための適切な措置を受託者が講ずる場合にあっては、当該措置に基づいて当該債権者が当該事項を知るための方法）

　三　前条第八号に掲げる事項（法第160条第1項の債権者が当該事項を知ることができるようにするための適切な措置を受託者が講ずる場合にあっては、当該措置に基づいて当該債権者が当該事項を知るための方法）

　四　新規信託分割が効力を生ずる日以後における当該従前の信託の信託財産責任負担債務及び新たな信託の信託財産責任負担債務（当該従前の信託の信託財産責任負担債務のうち、新規信託分割により新たな信託の信託財産責任負担債務となったものに限る。）の履行の見込みに関する事

項(法第160条第1項の債権者が当該事項を知ることができるようにするための適切な措置を受託者が講ずる場合にあっては、当該措置に基づいて当該債権者が当該事項を知るための方法)

第5章　受益証券発行信託の特例

(受益権原簿記載事項)
第18条　法第186条第一号に規定する法務省令で定める事項は、次のとおりとする。
　一　各受益権に係る受益債権の給付の内容、弁済期(弁済期の定めがないときは、その旨)その他の受益債権の内容
　二　受益権について譲渡の制限があるときは、その旨及びその内容
　三　当該受益証券発行信託において、受益債権の内容が同一の2以上の受益権がある場合において、それらの受益権について、受益者として有する権利の行使に関して内容の異なる信託行為の定めがあるときは、当該定めの要旨

第19条　法第186条第五号に規定する法務省令で定める事項は、次のとおりとする。
　一　当該受益証券発行信託の委託者の氏名又は名称及び住所(当該受益証券発行信託の委託者が現に存しないときは、その旨)
　二　当該受益証券発行信託の受託者の氏名又は名称及び住所
　三　信託監督人があるときは、次に掲げる事項
　　イ　氏名又は名称及び住所
　　ロ　法第132条第1項ただし書又は第2項ただし書の定めがあるときは、当該定めの内容
　四　受益者代理人があるときは、次に掲げる事項
　　イ　氏名又は名称及び住所
　　ロ　法第139条第1項ただし書又は第3項ただし書の定めがあるときは、

当該定めの内容
　五　法第185条第２項の定めがあるときは、当該定めの内容
　六　法第188条に規定する受益権原簿管理人を定めたときは、その氏名又は名称及び住所
　七　限定責任信託であるときは、その名称及び事務処理地
　八　前各号に掲げるもののほか、当該受益証券発行信託の信託の条項

（受益証券発行信託の受託者が受益権を取得した場合の特例）

第20条　法第197条第１項に掲げる場合には、受益証券発行信託の受託者は、受益権原簿記載事項として、当該受益権が固有財産に属するか、他の信託財産に属するか、当該受益証券発行信託の信託財産に属するかの別をも記載し、又は記録しなければならない。

（受益権原簿記載事項の記載等の請求）

第21条　法第198条第２項に規定する法務省令で定める場合は、受益権取得者（受益証券発行信託の受益権を受益証券発行信託の受託者以外の者から取得した者（当該受託者を除く。）をいう。以下この条において同じ。）が受益証券を提示して請求をした場合とする。

２　前項の規定にかかわらず、受益権取得者が取得した受益権が法第185条第２項の定めのあるものである場合には、法第198条第２項に規定する法務省令で定める場合は、次のとおりとする。

　一　受益権取得者が、受益者として受益権原簿に記載若しくは記録がされた者又はその一般承継人に対して当該受益権取得者の取得した受益権に係る法第198条第２項の規定による請求をすべきことを命ずる確定判決を得た場合において、当該確定判決の内容を証する書面その他の資料を提供して請求をしたとき。

　二　受益権取得者が前号の確定判決と同一の効力を有するものの内容を証する書面その他の資料を提供して請求をしたとき。

　三　受益権取得者が、一般承継により当該受益権を取得した者である場合

において、当該一般承継を証する書面その他の資料を提供して請求をしたとき。

四　受益権取得者が、当該受益権を競売により取得した者である場合において、当該競売により取得したことを証する書面その他の資料を提供して請求をしたとき。

（受益証券記載事項）

第22条　法第209条第1項第四号に規定する法務省令で定める事項は、次のとおりとする。

一　各受益権に係る受益債権の給付の内容、弁済期（弁済期の定めがないときは、その旨）その他の受益債権の内容

二　受益権について譲渡の制限があるときは、その旨及びその内容

三　当該受益証券発行信託において、受益債権の内容が同一の2以上の受益権がある場合において、それらの受益権について、受益者として有する権利の行使に関して内容の異なる信託行為の定めがあるときは、当該定めの要旨

第23条　法第209条第1項第九号に規定する法務省令で定める事項は、限定責任信託の名称及び事務処理地（当該受益証券発行信託が限定責任信託である場合に限る。）とする。

第6章　限定責任信託の特例

第24条　法第216条第2項第六号に規定する法務省令で定める事項は、信託事務年度とする。

第7章　電磁的記録等

（電磁的記録）

第25条　法第3条第三号に規定する法務省令で定めるものは、電子計算機に備えられたファイル又は電磁的記録媒体（電子的方式、磁気的方式その他

人の知覚によっては認識することができない方式で作られる記録であって電子計算機による情報処理の用に供されるものに係る記録媒体をいう。第30条及び第32条において同じ。）をもって調製するファイルに情報を記録したものとする。

（電磁的記録の作成）

第26条 法第37条第４項本文、第５項若しくは第６項本文又は第222条第６項本文、第７項若しくは第８項本文に規定する法務省令で定める方法は、書面に記載されている事項をスキャナ（これに準ずる画像読取装置を含む。）により読み取る方法とする。

（電磁的記録に記録された事項の提供の方法）

第27条 法第37条第４項ただし書（同条第５項後段において準用する場合を含む。）若しくは第６項ただし書又は第222条第６項ただし書（同条第７項後段において準用する場合を含む。）若しくは第８項ただし書（第二号においてこれらの規定を「提供規定」と総称する。）に規定する法務省令で定める方法は、電磁的方法のうち、次に掲げる方法のいずれかとする。

一　信託行為に定めた方法

二　提供規定により電磁的記録に記録された事項の提供を受ける者が定めた方法

（電磁的記録に記録された事項を表示する方法）

第28条 次に掲げる規定に規定する法務省令で定める方法は、次に掲げる規定の電磁的記録に記録された事項を紙面又は映像面に表示する方法とする。

一　法第38条第１項第二号

二　法第38条第６項第二号

三　法第190条第２項第二号

四　法第252条第２項第二号

（検査役が提供する電磁的記録等）

第29条 法第47条第２項に規定する法務省令で定めるものは、商業登記規則

(昭和39年法務省令第23号）第36条第１項に規定する電磁的記録媒体（電磁的記録に限る。）及び法第47条第２項の規定により電磁的記録の提供を受ける者が定める電磁的記録とする。

２　法第47条第４項に規定する法務省令で定める方法は、電磁的方法のうち、同項の規定により電磁的記録に記録された事項の提供を受ける者が定めるものとする。

（電磁的方法）

第30条　法第108条第三号に規定する電子情報処理組織を使用する方法その他の情報通信の技術を利用する方法であって法務省令で定めるものは、次に掲げる方法とする。

　一　電子情報処理組織を使用する方法のうちイ又はロに掲げるもの
　　イ　送信者の使用に係る電子計算機と受信者の使用に係る電子計算機とを接続する電気通信回線を通じて送信し、受信者の使用に係る電子計算機に備えられたファイルに記録する方法
　　ロ　送信者の使用に係る電子計算機に備えられたファイルに記録された情報の内容を電気通信回線を通じて情報の提供を受ける者の閲覧に供し、当該情報の提供を受ける者の使用に係る電子計算機に備えられたファイルに当該情報を記録する方法
　二　電磁的記録媒体をもって調製するファイルに情報を記録したものを交付する方法

２　前項各号に掲げる方法は、受信者がファイルへの記録を出力することにより書面を作成することができるものでなければならない。

（電子署名）

第31条　次に掲げる規定に規定する法務省令で定める署名又は記名押印に代わる措置は、電子署名とする。

　一　法第187条第３項
　二　法第202条第３項

2 前項に規定する「電子署名」とは、電磁的記録に記録することができる情報について行われる措置であって、次の要件のいずれにも該当するものをいう。
　一　当該情報が当該措置を行った者の作成に係るものであることを示すためのものであること。
　二　当該情報について改変が行われていないかどうかを確認することができるものであること。
（信託法施行令に係る電磁的方法）
第32条　信託法施行令（平成19年政令第199号）第１条第１項又は第２条第１項の規定により示すべき電磁的方法の種類及び内容は、次に掲げるものとする。
　一　次に掲げる方法のうち、送信者が使用するもの
　　イ　電子情報処理組織を使用する方法のうち次に掲げるもの
　　　⑴　送信者の使用に係る電子計算機と受信者の使用に係る電子計算機とを接続する電気通信回線を通じて送信し、受信者の使用に係る電子計算機に備えられたファイルに記録する方法
　　　⑵　送信者の使用に係る電子計算機に備えられたファイルに記録された情報の内容を電気通信回線を通じて情報の提供を受ける者の閲覧に供し、当該情報の提供を受ける者の使用に係る電子計算機に備えられたファイルに当該情報を記録する方法
　　ロ　電磁的記録媒体をもって調製するファイルに情報を記録したものを交付する方法
　二　ファイルへの記録の方式

第８章　計　算

第33条　次に掲げる規定に規定する法務省令で定めるべき事項は、信託計算規則の定めるところによる。

資料 1　信託法施行規則（平成19年法務省令第41号）

一　法第37条第 1 項及び第 2 項

二　法第222条第 2 項、第 3 項及び第 4 項

三　法第225条

四　法第252条第 1 項

　　附　　則

この省令は、法の施行の日から施行する。

　　　附　　則　（平成21年 3 月16日法務省令第 5 号）

この省令は、公布の日から施行する。

　　　附　　則　（平成27年12月28日法務省令第61号）　抄

（施行期日）

第 1 条　この省令は、平成28年 3 月 1 日から施行する。

　　　附　　則　（令和 5 年12月27日法務省令第53号）

この省令は、公布の日から施行する。

信託計算規則
（平成19年法務省令第42号）

第1章 総則

（目的）

第1条 この省令は、信託法（平成18年法律第108号。以下「法」という。）の規定により委任された信託の計算に関する事項その他の事項について、必要な事項を定めることを目的とする。

（定義）

第2条 この省令において使用する用語は、法において使用する用語の例による。

2 この省令において「電磁的記録」とは、法第3条第三号に規定する電磁的記録をいう。

（会計慣行のしん酌）

第3条 この省令の用語の解釈及び規定の適用に関しては、一般に公正妥当と認められる会計の基準その他の会計の慣行をしん酌しなければならない。

第2章 信託帳簿及び財産状況開示資料の作成

（信託帳簿等の作成）

第4条 法第37条第1項の規定による信託財産に係る帳簿その他の書類又は電磁的記録（以下この条及び次条において「信託帳簿」という。）の作成及び法第37条第2項の規定による同項の書類又は電磁的記録の作成については、この条に定めるところによる。

2 信託帳簿は、一の書面その他の資料として作成することを要せず、他の

目的で作成された書類又は電磁的記録をもって信託帳簿とすることができる。
3　法第37条第2項に規定する法務省令で定める書類又は電磁的記録は、この条の規定により作成される財産状況開示資料とする。
4　財産状況開示資料は、信託財産に属する財産及び信託財産責任負担債務の概況を明らかにするものでなければならない。
5　財産状況開示資料は、信託帳簿に基づいて作成しなければならない。
6　信託帳簿又は財産状況開示資料の作成に当たっては、信託行為の趣旨をしん酌しなければならない。

（会計帳簿等を作成すべき信託の特例）

第5条　前条の規定にかかわらず、次の各号に掲げる要件のいずれにも該当する信託については、法第222条第2項の会計帳簿を受託者が作成すべき信託帳簿とし、同条第4項の規定により作成すべき書類又は電磁的記録を受託者が作成すべき財産状況開示資料とする。
　一　当該信託の受益権（2以上の受益権がある場合にあっては、そのすべての受益権）について法第93条第1項ただし書の規定の適用がなく、かつ、当該受益権について譲渡の制限がないこと。
　二　第三者の同意又は承諾を得ることなく信託財産に属する財産のうち主要なものの売却若しくは信託財産に属する財産の全部若しくは大部分の売却又はこれらに準ずる行為を行う権限を当該信託の受託者が信託行為によって有していること。
2　前条の規定にかかわらず、前項に規定する信託においては、信託帳簿及び財産状況開示資料の作成は、次章（第20条及び第3節を除く。）の規定に従って行わなければならない。

第3章　限定責任信託の計算

第1節　会計帳簿

第1款　総則

第6条　法第222条第2項の規定による会計帳簿の作成については、他の法令に別段の定めがある場合を除き、この節に定めるところによる。

2　会計帳簿の作成は、書面又は電磁的記録をもってしなければならない。

第2款　資産及び負債

（資産の評価）

第7条　資産については、この省令に別段の定めがある場合を除き、会計帳簿にその取得価額を付さなければならない。

2　償却すべき資産については、信託事務年度の末日（信託事務年度の末日以外の日において評価すべき場合にあっては、その日。以下この条及び次条において同じ。）において、相当の償却をしなければならない。

3　次の各号に掲げる資産については、信託事務年度の末日において当該各号に定める価格を付すべき場合には、当該各号に定める価格を付さなければならない。

一　信託事務年度の末日における時価がその時の取得原価より著しく低い資産（当該資産の時価がその時の取得原価まで回復すると認められるものを除く。）　信託事務年度の末日における時価

二　信託事務年度の末日において予測することができない減損が生じた資産又は減損損失を認識すべき資産　その時の取得原価から相当の減額をした額

4　取立不能のおそれのある債権については、信託事務年度の末日においてその時に取り立てることができないと見込まれる額を控除しなければならない。

5　債権については、その取得価額が債権金額と異なる場合その他相当の理由がある場合には、適正な価格を付すことができる。

6　次に掲げる資産については、信託事務年度の末日においてその時の時価又は適正な価格を付すことができる。
　一　信託事務年度の末日における時価がその時の取得原価より低い資産
　二　前号に掲げる資産のほか、信託事務年度の末日においてその時の時価又は適正な価格を付すことが適当な資産

（負債の評価）

第8条　負債については、この省令に別段の定めがある場合を除き、会計帳簿に債務額を付さなければならない。

2　次に掲げる負債については、信託事務年度の末日においてその時の時価又は適正な価格を付すことができる。
　一　将来の費用又は損失（収益の控除を含む。以下この号において同じ。）の発生に備えて、その合理的な見積額のうち当該信託事務年度の負担に属する金額を費用又は損失として繰り入れることにより計上すべき引当金
　二　前号に掲げる負債のほか、信託事務年度の末日においてその時の時価又は適正な価格を付すことが適当な負債

（のれんの評価）

第9条　のれんは、次に掲げる場合に限り、資産又は負債として計上することができる。
　一　有償で譲り受けた場合
　二　信託の併合又は信託の分割により取得した場合
　三　前二号に掲げる場合のほか、のれんを計上しなければならない正当な理由がある場合において、適正なのれんを計上するとき。

第3款　金銭以外の当初拠出財産等の評価

（当初拠出財産の評価）

第10条　金銭以外の当初拠出財産（信託行為において信託財産に属すべきものと定められた財産をいう。以下この条において同じ。）については、委

託者における信託の直前の適正な帳簿価額を付さなければならない。
2　前項の規定にかかわらず、当該当初拠出財産の取得原価を当該当初拠出財産の市場価格（市場価格がない場合にあっては、一般に合理的と認められる評価慣行により算定された価額。以下この項において同じ。）をもって測定することとすべき場合には、当該市場価格を付さなければならない。

（金銭以外の信託財産に属する財産を受益者に給付する場合の評価）

第11条　金銭以外の信託財産に属する財産を受益者に給付するときは、当該財産については、次の各号に掲げる財産の区分に応じ、当該各号に定める価額を付さなければならない。
一　市場価格のある財産　市場価格
二　市場価格がない場合であって一般に合理的と認められる評価慣行が確立されている財産　当該評価慣行により算定された価額
三　市場価格がない財産であって一般に合理的と認められる評価慣行が確立されていない財産　給付の直前における当該財産の適正な帳簿価額
2　前項の規定にかかわらず、給付の直前における当該財産の適正な帳簿価額を付すべき場合には、当該帳簿価額を付さなければならない。

第2節　計算関係書類等

第1款　総則

（計算関係書類等）

第12条　法第222条第3項及び第4項の規定により作成すべきものについては、他の法令に別段の定めがある場合を除き、この節に定めるところによる。
2　法第222条第4項に規定する法務省令で定める書類又は電磁的記録は、貸借対照表、損益計算書（損益計算書を電磁的記録をもって作成した場合における当該電磁的記録を含む。以下同じ。）及び信託概況報告並びにこれらの附属明細書（附属明細書を電磁的記録をもって作成した場合におけ

る当該電磁的記録を含む。以下同じ。）とする。

3　前項に規定する書類又は電磁的記録は、信託事務年度の経過後、３月以内に作成しなければならない。

4　会計監査人設置信託（法第248条第３項に規定する会計監査人設置信託をいう。）における前項の規定の適用については、同項中「作成しなければ」とあるのは、「作成し、法第252条第１項の会計監査を受けなければ」とする。

（表示の原則）

第13条　法第222条第３項及び第４項の規定により作成すべきもの（信託概況報告及びその附属明細書を除く。）に係る事項の金額は、１円単位、1000円単位又は100万円単位をもって表示するものとする。

（重要な会計方針に係る事項に関する注記）

第14条　貸借対照表又は損益計算書（以下「計算書類」という。）には、計算書類の作成のために採用している会計処理の原則及び手続並びに表示方法その他計算書類作成のための基本となる事項（次項において「会計方針」という。）であって、次に掲げる事項（重要性の乏しいものを除く。）を注記しなければならない。

一　資産の評価基準及び評価方法

二　固定資産の減価償却の方法

三　引当金の計上基準

四　収益及び費用の計上基準

五　その他計算書類の作成のための基本となる重要な事項

2　会計方針を変更した場合には、次に掲げる事項（重要性の乏しいものを除く。）をも注記しなければならない。

一　会計処理の原則又は手続を変更したときは、その旨、変更の理由及び当該変更が計算書類に与えている影響の内容

二　表示方法を変更したときは、その内容

（追加情報の注記）

第15条 この節に定めるもののほか、信託に係る財産及び損益の状態を正確に判断するために必要な事項は、計算書類に注記しなければならない。

（効力発生日の貸借対照表）

第16条 法第222条第3項の規定により作成すべき貸借対照表は、限定責任信託の効力が生じた日における会計帳簿に基づき作成しなければならない。

（各信託事務年度に係る計算書類）

第17条 各信託事務年度に係る計算書類及びその附属明細書の作成に係る期間は、当該信託事務年度の前信託事務年度の末日の翌日（当該信託事務年度の前信託事務年度がない場合にあっては、限定責任信託の効力が生じた日）から当該信託事務年度の末日までの期間とする。この場合において、当該期間は、1年を超えることができない。

2 各信託事務年度に係る計算書類及びその附属明細書は、当該信託事務年度に係る会計帳簿に基づき作成しなければならない。

第2款　計算書類等

（貸借対照表の区分）

第18条 貸借対照表は、次に掲げる部に区分して表示しなければならない。

一　資産

二　負債

三　純資産

2 資産の部は、流動資産、固定資産その他の適当な項目に細分することができる。

3 負債の部は、流動負債、固定負債その他の適当な項目に細分することができる。

4 純資産の部は、信託拠出金、剰余金その他の適当な項目に細分することができる。

（受益債権に係る債務の額の計上の禁止）

資料2　信託計算規則（平成19年法務省令第42号）

第19条　受益債権に係る債務の額は、貸借対照表の負債の部に計上することができない。

（給付可能額の注記）

第20条　貸借対照表には、給付可能額（法第225条に規定する給付可能額をいう。以下この章において同じ。）を注記しなければならない。

（損益計算書）

第21条　損益計算書は、収益若しくは費用又は利益若しくは損失について、適切な部又は項目に分けて表示しなければならない。

（附属明細書）

第22条　各信託事務年度に係る計算書類の附属明細書には、計算書類の内容を補足する重要な事項を表示しなければならない。

第3款　信託概況報告

第23条　信託概況報告は、当該限定責任信託の状況に関する重要な事項（計算書類及びその附属明細書の内容となる事項を除く。）をその内容としなければならない。

2　信託概況報告の附属明細書は、信託概況報告の内容を補足する重要な事項をその内容としなければならない。

第3節　給付可能額の算定方法

第24条　法第225条に規定する法務省令で定める方法は、信託財産に係る給付（当該信託の受益権を当該信託の信託財産に帰属させることに代えて当該受益権を有する者に信託財産に属する財産を交付する行為を含む。以下この項において同じ。）の日の属する信託事務年度の前信託事務年度の末日における純資産額から次の各号に掲げる額の合計額を控除する方法とする。

　一　100万円（信託行為において、信託留保金の額を定め、又はこれを算定する方法を定めた場合において、当該信託留保金の額又は当該方法に

より算定された信託留保金の額が100万円を超えるときにあっては、当該信託留保金の額）

　二　信託財産に係る給付の日の属する信託事務年度の前信託事務年度の末日後に信託財産に係る給付をした場合における給付をした信託財産に属する財産の帳簿価額の総額

2　前項の純資産額の計算上、自己受益権（受益権が当該受益権に係る信託の信託財産に属する場合における当該受益権をいう。）は、資産として計上されていないものとする。

3　限定責任信託においては、第１項の信託行為において定めた給付可能額又は給付可能額を算定する方法は、信託の変更によって変更することができない。

第４節　清算中の信託の特例

（総則）

第25条　第12条第１項の規定にかかわらず、法第222条第４項の規定により清算受託者（法第177条に規定する清算受託者をいう。以下この節において同じ。）が作成すべきものについては、この節に定めるところによる。

（財産目録）

第26条　清算受託者は、信託の清算が開始したときは、遅滞なく、法第175条に規定する場合に該当することとなった日（以下この節において「清算開始の日」という。）における財産目録を作成しなければならない。

2　前項の財産目録に計上すべき財産については、その処分価格を付すことが困難な場合を除き、清算開始の日における処分価格を付さなければならない。この場合において、清算中の信託の会計帳簿については、財産目録に付された価格を取得価額とみなす。

3　第１項の財産目録は、次に掲げる部に区分して表示しなければならない。この場合において、第一号及び第二号に掲げる部は、その内容を示す適当

な名称を付した項目に細分することができる。
　一　資産
　二　負債
　三　正味資産
（清算開始時の貸借対照表）
第27条　清算受託者は、信託の清算が開始したときは、遅滞なく、清算開始の日における貸借対照表を、財産目録に基づき作成しなければならない。
2　前項の貸借対照表は、次に掲げる部に区分して表示しなければならない。この場合において、第一号及び第二号に掲げる部は、その内容を示す適当な名称を付した項目に細分することができる。
　一　資産
　二　負債
　三　純資産
3　処分価格を付すことが困難な資産がある場合には、第1項の貸借対照表には、当該資産に係る財産評価の方針を注記しなければならない。
（各清算事務年度に係る貸借対照表）
第28条　清算受託者は、各清算事務年度（清算開始の日の翌日又はその後毎年その日に応当する日（応当する日がない場合にあっては、その前日）から始まる各1年の期間をいう。以下この節において同じ。）に係る貸借対照表を、会計帳簿に基づき作成しなければならない。
2　前条第2項の規定は、前項の貸借対照表について準用する。
3　清算受託者は、各清算事務年度に係る貸借対照表の附属明細書を作成しなければならない。
4　前項の附属明細書は、貸借対照表の内容を補足する重要な事項をその内容としなければならない。
（各清算事務年度に係る事務報告）
第29条　清算受託者は、各清算事務年度に係る事務報告及びその附属明細書

を作成しなければならない。

2　前項の事務報告は、清算に関する事務の執行の状況に係る重要な事項をその内容としなければならない。

3　第１項の附属明細書は、同項の事務報告の内容を補足する重要な事項をその内容としなければならない。

第４章　受益証券発行限定責任信託の会計監査

（会計監査報告の作成）

第30条　法第252条第１項の規定により法務省令で定める事項については、この条に定めるところによる。

2　会計監査人は、その職務を適切に遂行するため、次に掲げる者との意思疎通を図り、情報の収集及び監査の環境の整備に努めなければならない。ただし、会計監査人が公正不偏の態度及び独立の立場を保持することができなくなるおそれのある関係の創設及び維持を認めるものと解してはならない。

　一　当該受益証券発行限定責任信託の受託者、信託財産管理者、民事保全法（平成元年法律第91号）第56条に規定する仮処分命令により選任された受託者の職務を代行する者及び信託財産法人管理人（以下これらの者を「受託者等」という。）

　二　その他会計監査人が適切に職務を遂行するに当たり意思疎通を図るべき者

（計算関係書類の会計監査）

第31条　法第252条第４項において読み替えて適用する法第222条第４項の規定による会計監査については、次条及び第33条に定めるところによる。

（会計監査報告）

第32条　会計監査人は、計算関係書類（計算書類及びその附属明細書をいう。以下同じ。）を受領したときは、会計監査報告を作成しなければならない。

2 会計監査報告は、次に掲げる事項をその内容としなければならない。
　一　会計監査人の会計監査の方法及びその内容
　二　計算関係書類が当該受益証券発行限定責任信託の財産及び損益の状況をすべての重要な点において適正に表示しているかどうかについての意見があるときは、次のイからハまでに掲げる意見の区分に応じ、当該イからハまでに定める事項
　　イ　無限定適正意見　会計監査の対象となった計算関係書類が一般に公正妥当と認められる会計の慣行に準拠して、当該計算関係書類に係る期間の財産及び損益の状況をすべての重要な点において適正に表示していると認められる旨
　　ロ　除外事項を付した限定付適正意見　会計監査の対象となった計算関係書類が除外事項を除き一般に公正妥当と認められる会計の慣行に準拠して、当該計算関係書類に係る期間の財産及び損益の状況をすべての重要な点において適正に表示していると認められる旨並びに除外事項
　　ハ　不適正意見　会計監査の対象となった計算関係書類が不適正である旨及びその理由
　三　前号の意見がないときは、その旨及びその理由
　四　追記情報
　五　会計監査報告を作成した日
3　前項第四号に規定する「追記情報」とは、会計監査人の判断に関して説明を付す必要がある事項又は計算関係書類の内容のうち強調する必要がある事項とする。
（会計監査報告の通知期限等）
第33条　会計監査人は、次に掲げる日のいずれか遅い日までに、受託者等に対し、各信託事務年度に係る計算書類及びその附属明細書についての会計監査報告の内容を通知しなければならない。ただし、受託者等のうち、信

託行為の定め又は受託者等の合意により通知を受ける者が指定された場合には、指定された者に通知すれば足りる。
一　当該計算書類の全部を受領した日から４週間を経過した日
二　当該計算書類の附属明細書を受領した日から１週間を経過した日
三　信託行為で定めた日又は受託者等（この項ただし書に規定する場合にあっては、指定された者。次項において同じ。）及び会計監査人の間で合意により定めた日があるときは、その日
2　計算関係書類については、受託者等が前項の規定による会計監査報告の内容の通知を受けた日に、会計監査人の監査を受けたものとする。
3　前項の規定にかかわらず、会計監査人が第１項の規定により通知をすべき日までに同項の規定による会計監査報告の内容の通知をしない場合には、当該通知をすべき日に、計算関係書類について会計監査人の監査を受けたものとみなす。

　　　附　則
この省令は、法の施行の日から施行する。

資料3 民事信託契約公正証書例

民事信託契約公正証書

　本公証人は、A及びDの嘱託により、令和〇年〇月〇日、次の法律行為に関する陳述の趣旨を録取し、この証書を作成する。

（信託の目的）

第1条　本信託は、受託者が第2条に定める信託財産を管理、運用その他当該目的の達成のため必要な行為を行うことによって、第5条記載の受益者の安定した日常生活の支援と福祉を確保することを目的とする。

（信託財産）

第2条　委託者は、受託者に対し、第1条記載の信託の目的を達成するため、下記の不動産及び現金（以下「信託財産」という。）を適正に管理運用する。

　(1)　土地
　　　所　在　〇〇県〇〇市〇〇町〇丁目
　　　地　番　〇番
　　　地　目　宅地
　　　地　積　100.55㎡
　(2)　建物
　　　所　在　〇〇県〇〇市〇〇町〇丁目〇番地
　　　種　類　居宅

　　　　構　造　　木造かわらぶき2階建

　　　　床面積　　1階60.55㎡　2階53.00㎡

　(3)　現金　500万円

2　前項(3)の現金は、(1)及び(2)の維持管理費に充てるものとする。

3　信託財産から生じる果実は、信託財産に帰属するものとする。

4　委託者は、受託者及び信託監督人と協議した上で、金銭の追加信託を行うことができる。

5　前項の場合、受託者は、追加信託された金銭を信託事務処理に必要な費用の支払に充当する。

（受託者）

第3条　本信託の当初受託者は次の者とする。

　　　　住　　所

　　　　氏　　名　　D

　　　　生年月日

2　信託法第56条第1項各号に掲げる事由により当初受託者の任務が終了したときは、当初受託者が公証人の認証を受けた書面により指定した者を後継受託者とする。

（委託者）

第4条　本信託の委託者は、次の者とする。

　　　　住　　所

　　　　氏　　名　　A

　　　　生年月日

2　委託者が死亡した場合、本信託に基づく委託者の地位及び権利は当然に消滅し、相続による承継はされないものとする。

（受益者）

第5条　本信託の受益者は、次の者とする。

　　　　住　　所

　　　　氏　名　　B

　　　　生年月日

（受益権）

第6条　受益者は、本信託による受益権を第三者に譲渡し、又は担保に供する等の処分をすることはできないものとする。

2　本信託の受益権は、受益者の相続により承継はされないものとする。

（信託の期間）

第7条　本信託の期間は、本信託契約の締結日から信託法第163条各号に定める事由が生じた場合及び次の事由が生じたときまでとする。

(1)　受益者Bが死亡したとき

(2)　委託者、受託者、受益者の全員が合意したとき

(3)　信託財産が消滅したとき

（信託監督人）

第8条　本信託の信託監督人として次の者を置く。

　　　　住　所

　　　　氏　名　　司法書士　甲

　　　　生年月日

2　前項の信託監督人は、信託法第132条第1項本文に規定する権限を有する。

3　信託監督人甲について、任意後見契約の効力が生じた場合、法定後見（後見・保佐・補助）開始の審判が確定した場合、及び甲が死亡した場合は、甲の信託監督人としての任務は終了する。この場合、受託者は、東京地方裁判所に対し信託監督人の選任を申し立てなければならない。

（受益者への金銭の給付等）

第9条　受託者は、信託財産の管理運用によって生じる収益から、信託財産の管理運用費用、公租公課、信託監督人への報酬その他信託事務

の処理に必要な費用を控除した額から、受益者に給付するものとする。

2　受益者Bについての生活費、医療費、介護費等の支給の時期、金額及び方法は、都度、Bの法定後見人、受託者及び信託監督人の協議によって定めるものとする。

3　前項の給付により、信託財産の現金が不足した場合は、受託者はBの法定後見人及び信託監督人と協議し、信託財産である不動産を売却することができる。

（財産の管理）

第10条　信託不動産については、委託者及び受託者において所有権移転及び信託の不動産登記手続を行い、現金については、信託口座にて管理する等受託者の固有財産とは分別して管理しなければならない。

2　信託財産の保存、管理運用に必要な処置は、受託者がこれを行うものとする。

3　受託者は、本信託事務の処理については特に必要な場合以外は第三者に委託することができない。

4　受託者は、本信託の目的に従い、受益者の利益のために忠実に信託事務の処理その他の行為を行い、かつ善良なる管理者の注意義務をもって信託財産の管理運用を行うものとし、信託財産については預金以外の投機的な運用は一切しないものとする。

5　受託者は、本信託開始と同時に、①信託財産目録、②信託財産に関する帳簿、③事務処理日誌を作成し、以後3か月ごとに適宜の方法にて信託財産の内容を委託者（委託者の任意後見人を含む。）、受益者の法定後見人及び信託監督人に報告するものとする。

6　受託者は、委託者（委託者の任意後見人を含む。）、受益者の法定後見人及び信託監督人から報告を求められたときは速やかに求められた事項をその者に報告するものとする。

（信託の計算）

第11条　本信託にかかる計算期間は、毎年1月1日から同年12月31日までとし、計算期間の末日を計算期日とする。ただし、第1期の計算期間は、本信託の契約締結日からその年の12月31日とし、最終の計算期間は、その年の1月1日から信託終了日までとする。

2　受託者は、前項の計算期間末日に信託の計算を行い、その後3か月以内に信託法第37条第2項に定める計算書類等を作成し、受益者の法定後見人及び信託監督人に対して、報告するものとする。

（清算事務）

第12条　本信託が終了したときは、その終了時の受託者は、清算受託者として本契約及び信託法に定める清算事務を行う。

（信託終了時の帰属権利者）

第13条　本信託が、受益者の死亡により終了したときは、残余の信託財産は、Dに帰属するものとし、受託者は、信託財産を現状のまま引き渡す。また、本信託が、受益者の死亡以外の事由で終了したときは、受益者に残余の信託財産が帰属するものとし、清算受託者は、信託財産を現状のまま引き渡す。

（受託者の辞任）

第14条　受託者は、受益者の法定後見人及び信託監督人の書面による同意がある場合に限り辞任することができる。

2　受託者の辞任により任務が終了したときは、その受託者は、受益者の法定後見人及び信託監督人に対し、任務終了の通知を行わなければならず、残余の信託財産を帰属権利者に帰属させるまでは、本信託の本旨に従い、引続き清算受託者として信託財産を保管しなければならない。

（受託者の解任）

第15条　受益者の法定後見人及び信託監督人は、次の各号に定める場合に受託者を解任することができる。

① 受託者が本契約に定める義務に違反し、受益者の法定後見人又は信託監督人の是正勧告から1か月を経過しても是正されないとき
② 受託者に破産手続又は民事再生手続その他これと同種の手続申立があったとき
③ 受託者が仮差押、仮処分又は強制執行、競売又は滞納処分を受けたとき
④ その他受託者として信託事務を遂行し難い重大な事由が発生したとき
2　受託者の解任により任務が終了したときは、受益者の法定後見人及び信託監督人は、その合意により、本信託の清算のために直ちに新受託者を選任する。

（信託の変更）
第16条　本信託の規定は、受託者、受益者の法定後見人及び信託監督人の同意により、変更することができる。

（信託の報酬等）
第17条　受託者の報酬は、無報酬とする。
2　信託監督人の報酬は、月額金3万円（税別）を上限とし、受託者はその相当額を信託財産から支払うものとする。

（管轄裁判所）
第18条　本信託は、本契約書に定める権利義務に関して争いが生じた場合には東京地方裁判所をもって第一審の専属的合意管轄裁判所とする。

（以下、略）

資料4 信託目録例について

　信託目録は、不動産の登記事項証明書の一部として公示されるため、誰でもその内容を知ることができてしまいます。一般的な信託目録例は後記(1)のとおりです。民事信託は、遺言や任意後見と適用領域を同じにするものなので、場合によっては、家族関係や受益者の障害・疾病の有無等の第三者に知られたくないようなプライバシー性の高い情報も信託目録を通して知られてしまうことがあります。

　しかし、信託の設定行為を公正証書で作成してあると、「当初受益者の死亡後の第二次受益者については、令和○年○月○日東京法務局所属公証人○○○○作成に係る令和○年第○○号民事信託契約公正証書第○条第○項記載のとおりとする。」、「本信託が、受益者の死亡により終了したときは、残余の信託財産は、令和○年○月○日東京法務局所属公証人○○○○作成に係る令和○年第○○号民事信託契約公正証書第○条記載の者に帰属するものとし、受託者は、信託財産を現状のまま引き渡す。」というように、設定行為である公正証書の条文を指定することで具体的な氏名等の記載に代えることができます（設定行為を公正証書で作成した場合に可能な信託目録例は後記(2)のとおりです。）。これは、信託の目的、終了事由、受益権の内容等、幅広く利用できる手法とされています。

(1)　一般的な信託目録例

信託目録		調製	
番　　号	受付年月日・受付番号	予　　備	
1　委託者に関する事項	【住所】△△県△△市△町△番△号 【氏名】　　　　A		

2	受託者に関する事項	【住所】□□県□□市□□町□番地□ 【氏名】　　　　　D
3	受益者に関する事項等	【住所】○○県○市○町○番地 【氏名】　　　　　B
4	信託条項	一　信託の目的 　本信託は、受託者が信託財産たる不動産を管理、運用その他当該目的の達成のため必要な行為を行うことによって、受益者の安定した日常生活の支援と福祉を確保することを目的とする。 二　信託財産の管理方法 1　信託不動産については、委託者及び受託者において所有権移転及び信託設定の不動産登記手続を行い、現金については、信託口座にて管理する等受託者の固有財産とは分別して管理しなければならない。 2　信託財産の保存、管理運用に必要な処置は、受託者がこれを行うものとする。 3　受託者は、本信託事務の処理については特に必要な場合以外は第三者に委託することができない。 4　受託者は、本信託の目的に従い、受益者の利益のために忠実に信託事務の処理その他の行為を行い、かつ善良なる管理者の注意義務をもって信託財産の管理運用を行うものとし、信託財産については預金以外の投機的な運用は一切しないものとする。 5　受託者は、本信託開始と同時に①信託財産目録、②信託財産に関する帳簿、③事務処理日誌を作成し、以後3か月ごとに適宜の方法にて信託財産の内容を委託者（委託者の任意後見人を含む。）、受益者の法定後見人及び信託監督人に報告するものとする。 6　受託者は、委託者（委託者の任意後見人を含む。）、受益者の法定後見人及び信託監督人から報告を求められたときは速やかに求められた事項をその者に報告するものとする。 7　本契約に定めのない事項については、委託者、受託者及び信託監督人が、本契約の本旨、信託法の規定等に則り誠実に協議し定める。

三　信託の終了の事由
　本信託は、信託法第163条各号に定める事由が生じた場合及び次の事由が生じたときまでとする。
　(1)　受益者Bが死亡したとき
　(2)　委託者、受託者、受益者の全員が合意したとき
　(3)　信託財産が消滅したとき
四　その他の信託の条項
1　受益者は、本信託による受益権を第三者に譲渡し、又は担保に供する等の処分をすることはできないものとする。
2　本信託の受益権は、受益者の相続により承継はされないものとする。
3　信託監督人　住所　司法書士　甲
4　信託監督人甲について、任意後見契約の効力が生じた場合、法定後見（後見・保佐・補助）開始の審判が確定した場合、及び甲が死亡した場合は、甲の信託監督人としての任務は終了する。この場合、受託者は、東京地方裁判所に対し信託監督人の選任を申し立てなければならない。
5　本信託が終了したときは、その終了時の受託者は、清算受託者として清算事務を行う。
6　本信託が、受益者の死亡により終了したときは、残余の信託財産は、Dに帰属するものとし、受託者は、信託財産を現状のまま引き渡す。また、本信託が、受益者の死亡以外の事由で終了したときは、受益者に残余の信託財産が帰属するものとし、清算受託者は、信託財産を現状のまま引き渡す。
7　受託者は、受益者の法定後見人及び信託監督人の書面による同意がある場合に限り辞任することができる。
8　受益者の法定後見人及び信託監督人は、次の各号に定める場合に受託者を解任することができる。なお、受託者の解任により任務が終了したときは、受益者の法定後見人及び信託監督人は、その合意により、本信託の清算のために直ちに新受託者を選任する。

	(1) 受託者が本信託に定める義務に違反し、受益者の法定後見人又は信託監督人の是正勧告から1か月を経過しても是正されないとき
	(2) 受託者に破産手続又は民事再生手続その他これと同種の手続申立があったとき
	(3) 受託者が仮差押、仮処分又は強制執行、競売又は滞納処分を受けたとき
	(4) その他受託者として信託事務を遂行し難い重大な事由が発生したとき
	9 本信託の規定は、受託者、受益者の法定後見人及び信託監督人の同意により、変更することができる。

(2) 設定行為を公正証書で作成した場合に可能な信託目録例

信 託 目 録		調製	
番　　　号	受付年月日・受付番号	予	備
1 委託者に関する事項	【住所】○○県○○市… 【氏名】　　　　Ａ		
2 受託者に関する事項	【住所】○○県○○市… 【氏名】　　　　Ｔ		
3 受益者に関する事項等	【住所】○○県○○市… 【氏名】受益者代理人　甲		
4 信託条項	一　信託の目的 　　本信託は、受託者が、信託財産の保存、管理により、受益者らが一生涯、その信託財産において居住し、安定した日常生活を送ることができるように支援することを目的とする。 二　信託財産の管理方法 1　不動産については、委託者及び受託者において所有権移転及び信託の不動産登記手続を行い、受託者は信託財産のすべてを自己の固有財産とは分別して管理しなければならない。 2　信託財産の保存、管理運用に必要な処置は、受託者がこれを行うものとする。		

資料4　信託目録例について

　3　受託者は、本信託事務の処理については特に必要な場合以外は第三者に委託することができない。
　4　受託者は、本信託の目的に従い、受益者の利益のために忠実に信託事務の処理その他の行為を行い、かつ善良なる管理者の注意義務をもって信託財産の管理運用を行うものとする。
　5　受託者は、本信託開始と同時に、①信託財産目録、②信託財産に関する帳簿、③事務処理日誌を作成し、以後3か月ごとに適宜の方法にて信託財産の内容を受益者及び受益者代理人に報告するものとする。
　6　受託者は、委託者、受益者及び受益者代理人から報告を求められたときは速やかに求められた事項をその者に報告するものとする。
三　信託の終了の事由
　　本信託の期間は、本信託の効力発生時から次の事由が生じたときまでとする。
　(1)　令和○年○月○日東京法務局所属公証人○○○○作成に係る令和○年第○○号遺言信託公正証書第1条第7項第1号の事由が発生したとき
　(2)　委託者、受託者、受益者の全員が合意したとき
　(3)　信託財産が消滅したとき
四　その他の信託の条項
　1　本信託の受益権の内容は、受益者が信託財産を使用収益する権利とする。
　2　受益者は、本信託による受益権を第三者に譲渡し、又は担保に供する等の処分をすることはできないものとする。
　3　本信託の受益権は、受益者の相続により承継はされないものとする。
　4　第一次受益者が死亡したときには、第一次受益者の受益権は消滅し、令和○年○月○日東京法務局所属公証人○○○○作成に係る令和○年第○○号遺言信託公正証書第1条第5項第2号

	に記載の者を受益者とする。 5　信託法第56条第1項各号に掲げる事由により当初受託者の任務が終了したときは、令和○年○月○日東京法務局所属公証人○○○○作成に係る令和○年第○○号遺言信託公正証書第1条第3項第2号に記載の者を後継受託者とする。 6　受益者代理人について、任意後見契約の効力が生じた場合、法定後見（後見・保佐・補助）開始の審判が確定した場合、及び死亡した場合は、受益者代理人としての任務は終了する。 7　本信託が終了したときは、その終了時の受託者は、清算受託者として本契約及び信託法に定める清算事務を行う。 8　本信託が、受益者の死亡により終了したときは、残余の信託財産は、令和○年○月○日東京法務局所属公証人○○○○作成に係る令和○年第○○号遺言信託公正証書第1条第12項に記載する者に帰属するものとし、受託者は、信託財産を現状のまま引き渡す。 9　本信託の規定は、受託者、受益者及び受益者代理人の同意により、変更することができる。

資料5 遺言例

遺言信託公正証書

　本公証人は、遺言者Aの嘱託により、令和〇年〇月〇日、証人〇〇、証人〇〇の立会いのもとに、次のとおり遺言者の口述を筆記してこの証書を作成する。

（信託の設定）
第1条　遺言者は、遺言者の有する財産につき、下記のとおり信託を設定する。
1　目的
　　本信託は、第3項に定める受託者が、次項に定める信託財産の保存、管理により、第5項に定める受益者らが一生涯、その信託財産において居住し、安定した日常生活を送ることができるように支援することを目的とする。
2　信託財産
　　遺言者は、受託者に対し、前項記載の信託の目的を達成するため、下記の不動産（以下、「信託財産」という。）を適正に管理運用する。
〈信託財産〉
　①　土地
　　所　　在　　〇〇県〇〇市〇〇町〇丁目
　　地　　番　　〇番
　　地　　目　　宅地

　　　　　地　　積　　100.55㎡
　②　建物
　　　　　所　　在　　○○県○○市○○町○丁目○番地
　　　　　家屋番号　　○番
　　　　　種　　類　　居宅
　　　　　構　　造　　木造かわらぶき2階建
　　　　　床 面 積　　1階60.55㎡　2階53.00㎡
　③　現金　金300万円
3　受託者
(1)　本信託の当初受託者は次の者とする。
　　　　　住　　所
　　　　　氏　　名　　T
　　　　　生年月日
(2)　信託法第56条第1項各号に掲げる事由により当初受託者の任務が終了したときは、次の者を後継受託者とする。
　　　　　住　　所
　　　　　氏　　名　　U
　　　　　生年月日
(3)　信託法第56条第1項各号に掲げる事由により受託者Uの任務が終了したときは、Uが公証人の認証を受けた書面により指定した者を後継受託者とする。
4　委託者
　本信託の委託者は、遺言者とする。
5　受益者
(1)　本信託の受益者（以下、「第一次受益者」という。）は、次の者とする。
　　　　　住　　所

　　　　氏　名　　B

　　　　生年月日

（2）　第一次受益者Bが死亡したときには、第一次受益者の受益権は消滅し、次の者を受益者（以下、「第二次受益者」という。）とする。

　　　　住　所

　　　　氏　名　　C

　　　　生年月日

6　受益権

（1）　本信託の受益権の内容は、受益者が信託財産を使用収益する権利とする。

（2）　受益者は、本信託による受益権を第三者に譲渡し、又は担保に供する等の処分をすることはできないものとする。

（3）　本信託の受益権は、受益者の相続により承継はされないものとする。

7　信託の期間

　　本信託の期間は、本遺言の効力発生時から次の事由が生じたときまでとする。

（1）　受益者Cが死亡したとき

（2）　委託者、受託者、受益者の全員が合意したとき

（3）　信託財産が消滅したとき

8　受益者代理人

（1）　本信託の受益者代理人として次の者を置く。

　　　　住　所

　　　　氏　名　　司法書士　甲

　　　　生年月日

（2）　前項の受益者代理人は、信託法第139条第1項本文に規定する権限を有する。

(3) 受益者代理人甲について、任意後見契約の効力が生じた場合、法定後見（後見・保佐・補助）開始の審判が確定した場合、及び甲が死亡した場合は、甲の受益者代理人としての任務は終了する。
9 財産の管理
 (1) 不動産については、委託者及び受託者において所有権移転及び信託の不動産登記手続を行い、受託者は信託財産のすべてを自己の固有財産とは分別して管理しなければならない。
 (2) 信託財産の保存、管理運用に必要な処置は、受託者がこれを行うものとする。
 (3) 受託者は、本信託事務の処理については特に必要な場合以外は第三者に委託することができない。
 (4) 受託者は、本信託の目的に従い、受益者の利益のために忠実に信託事務の処理その他の行為を行い、かつ善良なる管理者の注意義務をもって信託財産の管理運用を行うものとする。
 (5) 受託者は、本信託開始と同時に、①信託財産目録、②信託財産に関する帳簿、③事務処理日誌を作成し、以後３か月ごとに適宜の方法にて信託財産の内容を受益者及び受益者代理人に報告するものとする。
 (6) 受託者は、委託者、受益者及び受益者代理人から報告を求められたときは速やかに求められた事項をその者に報告するものとする。
10 信託の計算
 (1) 本信託にかかる計算期間は、本信託が効力を生じた日から１年間とし、以後、毎年その日（本信託が終了したときはその終了の日）とする。
 (2) 受託者は、前項の計算期間末日に信託の計算を行い、その後３か月以内に信託法第37条第２項に定める計算書類等を作成し、受益者

及び受益者代理人に対して、報告するものとする。
11 清算事務
　信託が終了したときは、その終了時の受託者は、清算受託者として本契約及び信託法に定める清算事務を行う。
12 信託終了時の帰属権利者
　本信託が、受益者の死亡により終了したときは、残余の信託財産は、Uに帰属するものとし、受託者は、信託財産を現状のまま引き渡す。
13 受託者の辞任
 (1) 受託者は、受益者及び受益者代理人の書面による同意がある場合に限り辞任することができる。
 (2) 受託者の辞任により任務が終了したときは、その受託者は、受益者及び受益者代理人に対し、任務終了の通知を行わなければならず、残余の信託財産を帰属権利者に帰属させるまでは、本信託の本旨に従い、引続き清算受託者として信託財産を保管しなければならない。
14 受託者の解任
 (1) 受益者及び受益者代理人は、次の各号に定める場合に受託者を解任することができる。
　① 受託者が本契約に定める義務に違反し、受益者又は受益者代理人の是正勧告から1か月を経過しても是正されないとき
　② 受託者に破産手続又は民事再生手続その他これと同種の手続申立があったとき
　③ 受託者が仮差押、仮処分又は強制執行、競売又は滞納処分を受けたとき
　④ その他受託者として信託事務を遂行し難い重大な事由が発生したとき
 (2) 受託者の解任により任務が終了したときは、受益者及び受益者代理人は、その合意により、本信託の清算のために直ちに新受託者を

選任する。

15 信託の変更

本信託の規定は、受託者、受益者及び受益者代理人の同意により、変更することができる。

16 信託の報酬等

(1) 受託者の報酬は、無報酬とする。

(2) 受益者代理人の報酬は、月額金3万円（税別）を上限とし、受託者はその相当額を信託財産から支払うものとする。

第2条 遺言者は、この遺言の遺言執行者として、次の者を指定する。

　　住　　所
　　職　　業　司法書士
　　氏　　名　甲
　　生年月日

　　　　　　本　旨　外　要　件

○○県○○市○○町○○番地
　　会社員
　　遺言者　　　　　　　　　　　　A
　　　　　　　　　　　　　　　昭和○○年○月○日生

前記者は、本職と面識がないので印鑑登録証明書を提出させ、その人違いでないことを証明させた。

○○県○○市○○町○○番地
　　司法書士
　　　証　人　　　　　　　　　○　○　○　○
　　　　　　　　　　　　　　　昭和○○年○月○日生

○○県○○市○○町○○番地

資料5　遺言例

　　　司法書士
　　　　証　人　　　　　　　　　○　○　○　○
　　　　　　　　　　　　　　　　昭和○○年○月○日生

　以上のとおり遺言者及び証人に読み聞かせたところ、各自筆記の正確なことを承認し、次に署名押印する。
　　　　　　　　　　　　　　　　A　　　　　　　　㊞
　　　　　　　　　　　　　　　　○　○　○　○　㊞
　　　　　　　　　　　　　　　　○　○　○　○　㊞

　この証書は、令和○年○月○日、本公証人役場において、証人が民法第974条に抵触しない旨の証人の陳述を受け、民法第969条第1号ないし第4号所定の方式に従って作成し、同条5号に基づき本職次に署名押印する。
　　○○県○○市○○町○番地
　　　○○法務局所属
　　　　　公証人　　　　○○○　㊞

資料6 自己信託設定証書例

株式管理自己信託設定公正証書

　本公証人は、委託者兼受託者Ａ（以下、「甲」という。）の嘱託により、次の法律行為に関する陳述の趣旨を録取し、この証書を作成する。

（信託の設定）
第１条　甲は、令和○年○月○日、本証書に記載する目的に従い、第３条記載の財産について自己を信託の受託者として、受益者のために、議決権の行使等、当該財産の管理及びその他次条に定める本信託の目的の達成のために必要な行為を行うものとして信託する。

（信託の目的）
第２条　本信託の目的は、甲が、その保有する甲株式会社の株式を適切に管理し、後継者Ｂに最終帰属させることで事業承継を完了させることとする。

（信託財産）
第３条　本信託の信託財産は、甲の保有する甲株式会社（本店所在地○○県○○市○○町○○番地）の全株式70株とする。

（信託設定者）
第４条　本信託の委託者兼受託者は、次の者とする。
　　住　所
　　氏　名　Ａ

（受益者及び受益権）

第5条　本信託の受益者は、次の者とする。

　　　住　所
　　　氏　名　B

2　本信託の受益権は、相続により承継はされないものとする。

3　受益者は、本信託による受益権を第三者に譲渡し、又は担保に供する等の処分をすることはできないものとする。

（信託の期間）

第6条　本信託の期間は、次の事由が生じたときまでとする。

(1)　甲又は受益者が死亡したとき

(2)　甲又は受益者について、任意後見契約の効力が生じたとき、又は法定後見（後見・保佐・補助）開始の審判が確定したとき

(3)　本信託の終了につき、甲の単独の意思表示がなされたとき

(4)　信託財産が消滅したとき

（信託財産の管理等）

第7条　甲は、信託財産を自身の固有財産と分別管理し、信託財産である株式について甲が適切と認める議決権の行使、その他株主権の行使するものとする。

2　信託財産の保存、管理等に必要な処置は、甲が行うものとする。

（信託終了時の帰属権利者）

第8条　本信託終了時の残余財産の帰属者は、受益者Bとする。

2　本信託の終了が、受益者Bにつき、第6条(1)又は(2)の事由が生じたことによるときは、残余財産の帰属者は、甲とする。

　　　　　　　　　　　（以下、省略）

資料7　限定責任信託について

(1) 限定責任信託設定契約書例

　　　　　　　　○○限定責任信託契約書

　委託者兼受益者A（以下「甲」という。）及び受託者B（以下「乙」という。）とは、甲が有する財産につき、以下のとおり○○限定責任信託契約を締結する。

（信託の目的）
第1条　本信託は、乙が第4条に定める信託財産を管理活用及び処分、その他当該目的の達成のため必要な行為を行うことによって、甲の安定した日常生活の支援と福祉を確保することを目的とする。

（限定責任信託）
第2条　本信託は、信託法第9章に定める限定責任信託とし、受託者は、本信託に係るすべての信託財産責任負担債務について、信託財産に属する財産のみをもってその履行の責任を負う。

2　本信託の名称は、○○限定責任信託とする。

3　本信託の主たる信託事務の処理を行うべき場所は、○○県○○市○○町○番地とする。

4　本信託に係る信託事務年度は、毎年8月1日から翌年7月31日とする。ただし、本契約締結年度の信託事務年度は、本限定責任信託の効力発生日から令和○年7月31日とする。

5　本信託契約締結日後2週間以内に、信託法第232条に基づき、限定責任信託の定めの登記をする。

6　前項の登記に係る公租公課その他の費用は、甲が負担する。

（委託者及び受託者）

第3条　本契約の委託者は、次の者とする。

　　　　住　　所

　　　　氏　　名　A

　　　　生年月日

　2　本契約の受託者は、次の者とする。

　　　　住　　所

　　　　氏　　名　B

　　　　生年月日

（信託の設定、信託財産及び追加信託）

第4条　甲は、乙に対し次の現金を信託財産として管理運用及び処分することを信託し、乙はこれを引き受けた。

　　　　現金　2,000万円

2　前項の信託財産から生じる果実は、信託財産に帰属する。

3　甲は、乙及び信託監督人と協議した上で、金銭の追加信託を行うことができる。

4　前項の場合、乙は、追加信託された金銭を信託事務処理に必要な費用の支払に充当する。

（受益者、受益者への金銭の給付等）

第5条　受益者は甲とする。

2　乙は、甲に対し、支給される年金等を考慮し本信託契約発生時から毎月、信託財産から、乙及び信託監督人が相当と認める額の生活費、公租公課、保険料、医療費及び施設利用費等を手渡し、または銀行振込み等の方法で支払う。

3　本受益権は、譲渡もしくは質入れすることはできない。

（信託監督人）

第6条　甲は、次の者（以下「丙」という。）を信託監督人として指定する。

　　　　事務所
　　　　職　業　　司法書士
　　　　氏　名　　C

（信託の期間）

第7条　信託の期間は、次の各事由が発生したときまでとする。
　①　甲又は乙が死亡したとき
　②　甲又は乙について、任意後見契約の効力が生じたとき、又は法定後見（後見・保佐・補助）開始の審判が確定したとき
　③　乙の辞任又は解任により、任務が終了したとき
　④　信託財産が消滅したとき
　⑤　信託法第163条第1号ないし第8号に定める事由が生じたとき

2　乙について前項1号及び2号に規定する事由が生じた場合、甲及び信託監督人は、その合意により、清算受託者を選任することができる。

（財産の管理）

第8条　信託財産については、甲及び乙において信託に必要な名義変更（記載または記録）等を行うこととする。

2　信託財産の保存、管理運用に必要な処置は、乙がこれを行うものとする。

3　乙は、信託財産の保存、管理運用に要した費用その他信託事務に要した諸費用について信託財産から予め前払いを受けて支払うことができる。

4　乙は、本信託事務の処理については特に必要な場合以外は第三者に委託することができない。

5　乙は、本信託の目的に従い、甲の利益のために忠実に信託事務の処理その他の行為を行い、かつ善良なる管理者の注意義務をもって信託

財産の管理運用を行うものとし、信託財産については預金以外の投機的な運用は一切しないものとする。

6　乙は、本信託開始と同時に①信託財産目録、②信託財産に関する帳簿、③事務処理日誌を作成し、以後3か月ごとに適宜の方法にて信託財産の内容を甲及び信託監督人に報告するものとする。

7　乙は、甲又は信託監督人から報告を求められたときはすみやかに求められた事項をその者に報告するものとする。

8　期間満了等により信託が終了したときは、乙は、清算受託者として、現務を終了し、本条第6項記載の信託財産にかかる帳簿等を作成して第9条に定める帰属権利者に信託財産とともに引き渡すものとする。また、乙は、信託財産の消滅により信託が終了した場合は、甲及び信託監督人にすみやかにその旨を通知する。

9　この信託条項に定めのない事項は、甲、乙及び信託監督人との合意により定めるほか、信託法その他の法令に従うものとする。

（信託終了時の帰属権利者）

第9条　本信託が、甲の死亡により終了した時は、残余の信託財産は、甲の相続人に法定相続分の割合で帰属するものとし、乙は、信託財産を現状のまま引き渡す。また、本信託が、甲の死亡以外の事由で終了した時は、甲に残余の信託財産が帰属するものとし、清算受託者は、信託財産を現状のまま引き渡す。

（以下、省略）

(2) **申請書例**

限定責任信託登記申請書

名　　　　称	○○限定責任信託
事 務 処 理 地	○○県○○市○○町○番地
登 記 の 事 由	令和○年○月○日限定責任信託契約締結
登記すべき事項	別紙のとおり
登 録 免 許 税	金３万円
添 付 書 類	限定責任信託契約書（送付）　　１通
	委任状（送付）　　　　　　　　１通
印鑑届出の有無	有

上記のとおり登記の申請をする。

令和○年○月○日

　申　請　人　　　（住所）Ｂ

　　　　　　　上記代理人　（住所）司法書士　Ｃ

登記所コード　　　○○○○

宛先登記所　　　　○○法務局　御中

その他の申請書　　連絡先の電話番号　　　—　　　—
　記載事項

別紙（登記すべき事項）

「名称」○○限定責任信託

「事務処理地」○○県○○市○○町○番地

「効力発生日」令和○年○月○日

「目的」

本信託は、受託者が信託財産を管理活用及び処分、その他当該目的の達

資料7 限定責任信託について

成のため必要な行為を行うことによって、受益者の安定した日常生活の支援と福祉を確保することを目的とする。
「受託者」(住所)　B
「限定責任信託の終了の事由」
(1)　委託者兼受益者A又は受託者Bが死亡したとき
(2)　委託者兼受益者A又は受託者Bについて、任意後見契約の効力が生じたとき、又は法定後見（後見・保佐・補助）開始の審判が確定したとき
(3)　受託者Bの辞任又は解任により、任務が終了したとき
(4)　信託財産が消滅したとき
「登記記録に関する事項」設定

(3)　登記事項証明書例

履 歴 事 項 証 明 書

限定責任信託
〇〇県〇〇市〇〇町〇番地
〇〇限定責任信託
会社法人等番号　〇〇〇〇—05—〇〇〇〇〇〇

限定責任信託の名称	〇〇限定責任信託
限定責任信託の事務処理地	〇〇県〇〇市〇〇町〇番地
限定責任信託の効力発生日	令和〇年〇月〇日
限定責任信託の目的	本信託は、受託者が信託財産を管理活用及び処分、その他当該目的の達成のため必要な行為を行うことによって、受益者の安定した日常生活の支援と福祉を確保すること

	を目的とする。
受託者等に関する事項	△△県△△市△町△番地 受託者　　　B
限定責任信託の終了の事由	限定責任信託の終了の事由 (1)　委託者兼受益者A又は受託者Bが死亡したとき (2)　委託者兼受益者A又は受託者Bについて、任意後見契約の効力が生じたとき、又は法定後見（後見・保佐・補助）開始の審判が確定したとき (3)　受託者Bの辞任又は解任により、任務が終了したとき (4)　信託財産が消滅したとき
登記記録に関する事項	設定 　　　　　　　　　　　　　令和〇年〇月〇日登記
（以下、省略）	

資料7 限定責任信託について

(4) 印鑑届出

印鑑（改印）届書

※ 太枠の中に書いてください。

（注1）	（届出印は鮮明に押印してください。）	名　　　称	○○限定責任信託
		事務処理地	○○県○○市○○町○番地
	印鑑提出者	資　格	受託者
		氏　名	B
		生年月日	昭和　　○○年○月○日生
（注2）	□ 印鑑カードは引き継がない。 □ 印鑑カードを引き継ぐ。	会社法人等番号	
	印鑑カード番号　　- 前　任　者		

届出人（注3）　□ 印鑑提出者本人　　☑ 代理人

住　所	△県△市…
フリガナ	
氏　名	司法書士　C

（注3）の印

委　任　状

私は，（住所）　　△県△市…
　　　　（氏名）　　司法書士　C
を代理人と定め，印鑑（改印）の届出の権限を委任します。
令和　○年　○月　○日
　　住　所　　△県△市△町△番地　　　　　　　　　　印［市区町村に登録した印鑑］
　　氏　名　　B

□ 市区町村長の印鑑証明書は，登記申請書に添付のものを援用する。　（注4）

(注1)　印鑑の大きさは，辺の長さが1cmを超え，3cm以内の正方形の中に収まるものでなければなりません。
(注2)　印鑑カードを前任者から引き継ぐことができます。該当する□に☑印をつけ，カードを引き継いだ場合には，その印鑑カードの番号・前任者の氏名を記載してください。
(注3)　「本人が届け出るときは，本人の住所・氏名を記載し，市区町村に登録済みの印鑑を押印してください。代理人が届け出るときは，代理人の住所・氏名を記載（押印不要）し，委任状に所要事項を記載し（該当する□には☑印をつける），本人が市区町村に登録済みの印鑑を押印してください。なお，本人の住所・氏名が登記簿上の代表者の住所・氏名と一致しない場合には，代表者の住所又は氏名の変更の登記をする必要があります。
(注4)　本人が届け出るときは，本人の住所・氏名を記載し，市区町村に登録済みの印鑑を押印してください。代理人が届け出るときは，代理人の住所・氏名を記載，押印（認印で可）し，委任状に所要事項を記載し，本人が市区町村に登録済みの印鑑を押印してください。

印鑑処理年月日					
印鑑処理番号	受付	調査	入力	校合	

（乙号・8）

(5) 印鑑カード交付申請書

印鑑カード交付申請書

※ 太枠の中に書いてください。　　　　　　　　　　　　　　　　　　　　　　　　照合印

(注1) 登記所に提出した 印鑑の押印欄 （印鑑は鮮明に押印してください。）	名　　称	○○限定責任信託		
	事務処理地	○○県○○市○○町○番地		
	印鑑提出者	資　格	受託者	
		氏　名	B	
		生年月日	昭和　　○○年○月○日生	
		会社法人等番号		
申請人（注2）　　□印鑑提出者本人　　☑代理人				
住　所	△県△市…		連絡先	①勤務先　　2自宅
フリガナ				電話番号
氏　名	司法書士　C			○○○○—○○—○○○○

委　任　状

　私は、（住所）　　△県△市…
　　　　（氏名）　　司法書士　C
　を代理人と定め、印鑑カードの交付申請及び受領の権限を委任します。
　　令和　　　年　　月　　日
　　住　所　　△△県△△市△町△番地　　　　　　　　　　　　印　[登記所に提出した印鑑]
　　氏　名　　B

(注1)　押印欄には、登記所に提出した印鑑を押印してください。
(注2)　該当する□に☑印をつけてください。代理人の場合は、代理人の住所・氏名を記載してください。その場合は、委任状に所要事項を記載し、登記所に提出した印鑑を押印してください。

交付年月日	印鑑カード番号	担当者印	受領印又は署名

（乙号・9）

資料8　登記事項証明書
【通常の1対1の場合、及び受任者複数の個別代理の場合】

登 記 事 項 証 明 書

任意後見

任意後見契約

　【公証人の所属】○○法務局

　【公証人の氏名】甲

　【証書番号】令和○年第○号

　【作成年月日】令和○年○月○日

　【登記年月日】令和○年○月○日

　【登記番号】第○○○○－○○○○号

任意後見契約の本人

　【氏　　　名】A

　【生年月日】昭和△△年△月△日

　【住　　　所】△△県△△市△△町△丁目△番△号

　【本　　　籍】△△県△△市△△町△丁目△番地△△

任意後見受任者

　【氏　　　名】B

　【住　　　所】□□県□□市□□町□番地□

　【代理権の範囲】別紙目録記載のとおり

[証明書番号] ○○○○-×× (1/3)

登 記 事 項 証 明 書（別紙目録）

　　　　　　　　　　　　　　　　　　　　　　　　任意後見

代理権目録

代 理 権 目 録

1　甲の有する一切の財産の管理、保存、処分
2　金融機関、郵便局とのすべての取引
3　家賃、地代、年金その他の社会保険給付等定期的な収入の受領、家賃、地代、公共料金等定期的な支出を要する費用の支払い並びにこれらに関する諸手続等一切の事項
4　生活に必要な送金及び物品の購入等に関する一切の事項
5　保険契約の締結、変更、解除、保険料の支払い、保険金の受領等保険契約に関する一切の事項
6　登記の申請、供託の申請、住民票、戸籍事項証明書、登記事項証明書の請求、税金の申告・滞納等行政機関に対する一切の申請、請求、申告、支払等
7　医療契約、入院契約、介護契約、施設入所契約その他の福祉サービス利用契約等、甲の身上監護に関する一切の契約の締結、変更、解除、費用の支払等一切の事項
8　要介護認定の申請及び認定に対する承認又は審査請求に関する一切の事項
9　居住用不動産の購入及び賃貸借契約、住居の新築・増改築に関する請負契約に関する事項

資料8　登記事項証明書【通常の1対1の場合、及び受任者複数の個別代理の場合】

　10　遺産分割の協議、遺留分侵害額請求、相続放棄、限定承認に関する事項
　11　配偶者、子の法定後見開始の審判の申立てに関する事項
　12　新たな任意後見契約の締結に関する事項
　13　復代理人の選任、事務代行者の指定に関する事項
　14　以上の各事項に関連する一切の事項

　　　　　　　　　　　　　　　　　　　　　　　以　　上

登記年月日　令和○年○月○日　［証明書番号］○○○○－××　(2/3)

登　記　事　項　証　明　書

|任意後見|

上記のとおり後見登記等ファイルに記録されていることを証明する。
　令和○年○月○日

　　　　東京法務局　登記官　H　　㊞

　　　　　　　　　　［証明書番号］○○○○－××　(3/3)

資料9 登記事項証明書
【共同代理の場合】

登 記 事 項 証 明 書

　　　　　　　　　　　　　　　　　　　　　　　　　　｜任意後見｜

任意後見契約
　【公証人の所属】○○法務局
　【公証人の氏名】甲
　【証書番号】令和○年第○号
　【作成年月日】令和○年○月○日
　【登記年月日】令和○年○月○日
　【登記番号】第○○○○－○○○○号

任意後見契約の本人
　【氏　　　名】A
　【生年月日】昭和△△年△月△日
　【住　　　所】△△県△△市△△町△丁目△番△号
　【本　　　籍】△△県△△市△△町△丁目△番地△△

任意後見受任者
　【氏　　　名】B
　【住　　　所】□□県□□市□□町□番地□
　【代理権の範囲】別紙目録記載のとおり

資料9　登記事項証明書【共同代理の場合】

任意後見受任者
　　【氏　　名】C
　　【住　　所】□□県□□市□□町□番地□
　　【代理権の範囲】別紙目録記載のとおり

［証明書番号］○○○○－××　（1/4）

登　記　事　項　証　明　書（別紙目録）

任意後見

代理権目録

代　理　権　目　録

1　甲の有する一切の財産の管理、保存、処分
2　金融機関、郵便局とのすべての取引
3　家賃、地代、年金その他の社会保険給付等定期的な収入の受領、家賃、地代、公共料金等定期的な支出を要する費用の支払い並びにこれらに関する諸手続等一切の事項
4　生活に必要な送金及び物品の購入等に関する一切の事項
5　保険契約の締結、変更、解除、保険料の支払い、保険金の受領等保険契約に関する一切の事項
6　登記の申請、供託の申請、住民票、戸籍事項証明書、登記事項証明書の請求、税金の申告・滞納等行政機関に対する一切の申請、請求、申告、支払等
7　医療契約、入院契約、介護契約、施設入所契約その他の福祉サービス利用契約等、甲の身上監護に関する一切の契約の締結、変

更、解除、費用の支払等一切の事項
8 　要介護認定の申請及び認定に対する承認又は審査請求に関する一切の事項
9 　居住用不動産の購入及び賃貸借契約、住居の新築・増改築に関する請負契約に関する事項
10 　遺産分割の協議、遺留分侵害額請求、相続放棄、限定承認に関する事項
11 　配偶者、子の法定後見開始の審判の申立てに関する事項
12 　新たな任意後見契約の締結に関する事項
13 　復代理人の選任、事務代行者の指定に関する事項
14 　以上の各事項に関連する一切の事項

　　　　　　　　　　　　　　　　　　　　以　　上

登記年月日　令和○年○月○日　　［証明書番号］○○○○－××

登記事項証明書（別紙目録）

[任意後見]

代理権の共同行使の特約目録

代理権の共同行使の特約目録

　任意後見人Ｂ及び任意後見人Ｃは、共同して代理権を行使しなければならない。

　　　　　　　　　　　　　　　　　　　　以　　上

資料9　登記事項証明書【共同代理の場合】

| 登記年月日　令和〇年〇月〇日　　［証明書番号］〇〇〇〇－××（3/4） |

※（4/4）は前資料の（3/3）と同一のものにつき省略

資料10　登記事項証明書中の同意を要する旨の特約目録

登 記 事 項 証 明 書（別紙目録）

[任意後見]

同意を要する旨の特約目録

同意を要する旨の特約目録

　任意後見人が以下の行為を行う場合には、個別に任意後見監督人の書面による同意を要する。
　　1　不動産その他重要な財産の処分

以　　上

登記年月日　令和○年○月○日　　［証明書番号］○○○○－××（3/4）

資料11 **任意後見契約公正証書（将来型）**

任意後見契約公正証書

　本公証人は、委任者Ａ（以下「甲」という。）及び受任者Ｂ（以下「乙」という。）の嘱託により、以下の法律行為に関する陳述の趣旨を録取し、この証書を作成する。

（契約の趣旨）
第１条　甲は、乙に対し、令和〇年〇月〇日、任意後見契約に関する法律に基づき、精神上の障害により事理を弁識する能力が不十分な状況における甲の生活、療養看護及び財産の管理に関する事務（以下「後見事務」という。）を委任し、乙は、これを受任する（以下「本任意後見契約」という。）。

（契約の発効）
第２条　本任意後見契約は、家庭裁判所において、乙の後見事務を監督する任意後見監督人が選任されたときからその効力を生じる。
２　本任意後見契約締結後、甲が精神上の障害により事理を弁識する能力が不十分な状況になったときは、乙は、速やかに、家庭裁判所に対し、任意後見監督人の選任の請求をしなければならない。
３　本任意後見契約の効力発生後における甲と乙との間の法律関係については、任意後見契約に関する法律及び本任意後見契約に定めるもののほか、民法の規定に従う。

（後見事務の範囲）
第３条　甲は、乙に対し、別紙「代理権目録（任意後見契約）」記載の

委任事務（以下「本件後見事務」という。）を委任し、その事務処理のための代理権を付与する。

（身上配慮の義務）

第4条 乙は、甲の身上に配慮するものとし、適宜甲と面談し、ヘルパーその他日常生活援助者から甲の生活状況につき報告を求め、主治医その他の医療関係者から甲の心身の状態につき説明を受けることなどにより、甲の生活状況及び健康状態の把握に努めなければならない。

（証書等の保管等）

第5条 乙は、甲から、本件任意後見事務処理のために必要な次の証書等及びこれらに準ずるものの引渡しを受けたときは、甲に対し、その明細及び保管方法（保管者、保管場所等）を記載した預かり証を交付する。

(1) 登記済権利証・登記識別情報

(2) 実印・銀行印

(3) 印鑑登録カード、住民基本台帳カード、個人番号（マイナンバー）カード・個人番号（マイナンバー）通知カード

(4) 預貯金通帳

(5) キャッシュカード

(6) 有価証券・その預り証

(7) 年金関係書類

(8) 健康保険証、介護保険証

(9) 土地・建物賃貸借契約書等の重要な契約書類

2　乙は、本任意後見契約の効力発生後、甲以外の者が前項記載の証書等を占有所持しているときは、その者からこれらの証書等の引渡しを受けて、自らこれを保管することができる。

3　乙は、本件後見事務を処理するために必要な範囲で前記の証書等を使用するほか、甲宛の郵便物その他の通信を受領し、本件後見事務に

関連すると思われるものを開封することができる。

（費用の負担）
第6条 乙が本件後見事務を処理するために必要な費用は、甲の負担とし、乙は、その管理する甲の財産からこれを支出することができる。

（報酬）
第7条 乙の本件後見事務処理は、無報酬とする。
2 本件後見事務処理を無報酬とすることが、次の事由により不相当となったときは、甲及び乙は、任意後見監督人と協議の上、報酬を定め、また、定めた報酬を変更することができる。
 (1) 甲の生活状況又は健康状態の変化
 (2) 経済情勢の変動
 (3) その他本件後見事務処理を無報酬とすることを不相当とする特段の事情の発生
3 前項の場合において、甲がその意思を表示することができない状況にある時は、乙は、甲を代表する任意後見監督人との間の合意により報酬を定め、また、定めた報酬を変更することができる。
4 第2項の報酬支払契約又は変更契約は、公正証書によってしなければならない。

（報告）
第8条 乙は、任意後見監督人に対し、3か月ごとに、本件後見事務に関する次の事項について書面で報告する。
 (1) 乙の管理する甲の財産の管理状況
 (2) 甲を代理して取得した財産の内容、取得の時期・理由・相手方及び甲を代理して処分した財産の内容、処分の時期・理由・相手方
 (3) 甲を代理して受領した金銭及び支払った金銭の状況
 (4) 甲の生活又は療養看護につき行った措置
 (5) 費用の支出及び支出した時期・理由・相手方

(6)　報酬の定めがある場合の報酬の収受
2　乙は、任意後見監督人の請求があるときは、いつでも速やかにその求められた事項につき報告する。

（契約の解除）

第9条　甲又は乙は、任意後見監督人が選任されるまでの間は、いつでも公証人の認証を受けた書面によって、本任意後見契約を解除することができる。

2　甲又は乙は、任意後見監督人が選任された後は、正当な事由がある場合に限り、家庭裁判所の許可を得て、本任意後見契約を解除することができる。

（契約の終了）

第10条　本任意後見契約は、次の場合に終了する。
　(1)　甲又は乙が死亡し、又は破産手続開始決定を受けたとき
　(2)　乙が後見開始の審判を受けたとき
　(3)　乙が任意後見人を解任されたとき
　(4)　甲が任意後見監督人選任後に、法定後見（後見・保佐・補助）開始の審判を受けたとき
　(5)　本任意後見契約が解除されたとき

2　任意後見監督人が選任された後に前項各号の事由が生じた場合、甲又は乙は、速やかにその旨を任意後見監督人に通知するものとする。

3　任意後見監督人が選任された後に、第1項各号の事由が生じた場合、甲又は乙は、速やかに任意後見契約の終了の登記を申請しなければならない。

代理権目録（任意後見契約）

1　甲の有する一切の財産の管理、保存、処分
2　金融機関、郵便局とのすべての取引

3　家賃、地代、年金その他の社会保険給付等定期的な収入の受領、家賃、地代、公共料金等定期的な支出を要する費用の支払い並びにこれらに関する諸手続等一切の事項

4　生活に必要な送金及び物品の購入等に関する一切の事項

5　保険契約の締結、変更、解除、保険料の支払い、保険金の受領等保険契約に関する一切の事項

6　登記の申請、供託の申請、住民票、戸籍事項証明書、登記事項証明書の請求、税金の申告・滞納等行政機関に対する一切の申請、請求、申告、支払等

7　医療契約、入院契約、介護契約、施設入所契約その他の福祉サービス利用契約等、甲の身上監護に関する一切の契約の締結、変更、解除、費用の支払等一切の事項

8　要介護認定の申請及び認定に対する承認又は審査請求に関する一切の事項

9　居住用不動産の購入及び賃貸借契約、住居の新築・増改築に関する請負契約に関する事項

10　遺産分割の協議、遺留分侵害額請求、相続放棄、限定承認に関する事項

11　配偶者、子の法定後見開始の審判の申立てに関する事項

12　新たな任意後見契約の締結に関する事項

13　復代理人の選任、事務代行者の指定に関する事項

14　以上の各事項に関連する一切の事項

巻末資料

資料 12 **任意後見契約公正証書（即効型）**

任意後見契約公正証書

　本公証人は、委任者Ａ（以下「甲」という。）及び受任者Ｂ（以下「乙」という。）の嘱託により、以下の法律行為に関する陳述の趣旨を録取し、この証書を作成する。

（契約の趣旨）
第１条　甲は、乙に対し、令和〇年〇月〇日、任意後見契約に関する法律に基づき、精神上の障害により事理を弁識する能力が不十分な状況における甲の生活、療養看護及び財産の管理に関する事務（以下「後見事務」という。）を委任し、乙は、これを受任する（以下「本任意後見契約」という。）。

（契約の発効）
第２条　本任意後見契約は、家庭裁判所において、乙の後見事務を監督する任意後見監督人が選任されたときからその効力を生じる。
２　乙は、本契約に基づく任意後見契約締結の登記完了後直ちに、家庭裁判所に対し、任意後見監督人の選任の請求をする。
３　本任意後見契約の効力発生後における甲と乙との間の法律関係については、任意後見契約に関する法律及び本任意後見契約に定めるもののほか、民法の規定に従う。

　　※第３条以下は、将来型の文例と同一のものにつき省略。

資料13 委任契約及び任意後見契約公正証書（移行型）

委任契約及び任意後見契約公正証書

本公証人は、委任者Ａ（以下「甲」という。）及び受任者Ｂ（以下「乙」という。）の嘱託により、以下の法律行為に関する陳述の趣旨を録取し、この証書を作成する。

第１　委任契約

（契約の趣旨）
第１条　甲は、乙に対し、令和○年○月○日、甲の生活、療養看護及び財産の管理に関する事務（以下「委任事務」という。）を委任し、乙は、これを受任する（以下「本委任契約」という。）。

（任意後見契約との関係）
第２条　本委任契約締結後、甲が精神上の障害により事理を弁識する能力が不十分になったときは、乙は、速やかに、家庭裁判所に対し、任意後見監督人の選任の請求をしなければならない。

２　本委任契約は、第２の任意後見契約につき任意後見監督人が選任され、同契約が効力を生じたときに終了する。

（委任事務の範囲）
第３条　甲は、乙に対し、別紙「代理権目録（委任契約）」記載の委任事務（以下「本件委任事務」という。）を委任し、その事務処理のための代理権を付与する。

２　乙は、甲の身上に配慮するものとし、適宜甲と面談し、ヘルパーそ

の他日常生活援助者から甲の生活状況につき報告を求め、主治医その他の医療関係者から甲の心身の状態につき説明を受けることなどにより、甲の生活状況及び健康状態の把握に努めなければならない。

（証書等の引渡し等）

第4条 甲は、乙に対し、本件委任事務処理のために必要と認める範囲で、適宜の時期に、次の証書等及びこれらに準ずるものを引き渡す。

(1) 登記済権利証・登記識別情報

(2) 実印・銀行印

(3) 印鑑登録カード、住民基本台帳カード、個人番号（マイナンバー）カード・個人番号（マイナンバー）通知カード

(4) 預貯金通帳

(5) キャッシュカード

(6) 有価証券・その預り証

(7) 年金関係書類

(8) 健康保険証、介護保険証

(9) 土地・建物賃貸借契約書等の重要な契約書類

2　乙は、前項の証書等の引渡しを受けたときは、甲に対し、預り証を交付してこれを保管し、これらの証書等を本件委任事務処理のために使用することができる。

（費用の負担）

第5条 乙が本件委任事務を処理するために必要な費用は、甲の負担とし、乙は、その管理する甲の財産からこれを支出することができる。

（報酬）

第6条 乙の本件委任事務処理は、無報酬とする。

（報告）

第7条 乙は、甲に対し、3か月ごとに、本件委任事務処理の状況につき報告する。この場合、報告書は、乙及び丙が共同して作成するもの

とする。
2　甲は、乙に対し、いつでも、本件委任事務処理の状況につき報告を求めることができる。

（契約の変更）

第8条　本委任契約に定める代理権の範囲を変更する契約は、公正証書によってするものとする。

（契約の解除）

第9条　甲及び乙は、いつでも公証人の認証を受けた書面によって、本委任契約を解除することができる。ただし、本委任契約の解除は、第2の任意後見契約の解除とともにしなければならない。

（契約の終了）

第10条　本委任契約は、第2条第2項に定める場合のほか、次の場合に終了する。
(1)　甲又は乙が死亡し、又は破産手続開始決定を受けたとき
(2)　甲又は乙が後見開始の審判を受けたとき
(3)　本委任契約が解除されたとき

　　　　　　　　第2　任意後見契約

（契約の趣旨）

第1条　甲は、乙に対し、令和○年○月○日、任意後見契約に関する法律に基づき、精神上の障害により事理を弁識する能力が不十分な状況における甲の生活、療養看護及び財産の管理に関する事務（以下「後見事務」という。）を委任し、乙は、これを受任する（以下「本任意後見契約」という。）。

（契約の発効）

第2条　本任意後見契約は、家庭裁判所において、乙の後見事務を監督する任意後見監督人が選任されたときからその効力を生じる。
2　本任意後見契約締結後、甲が精神上の障害により事理を弁識する能

力が不十分な状況になったときは、乙は、速やかに、家庭裁判所に対し、任意後見監督人の選任の請求をしなければならない。

3　本任意後見契約の効力発生後における甲と乙との間の法律関係については、任意後見契約に関する法律及び本任意後見契約に定めるもののほか、民法の規定に従う。

（後見事務の範囲）

第3条　甲は、乙に対し、別紙「代理権目録（任意後見契約）」記載の委任事務（以下「本件後見事務」という。）を委任し、その事務処理のための代理権を付与する。

（身上配慮の義務）

第4条　乙は、甲の身上に配慮するものとし、適宜甲と面談し、ヘルパーその他日常生活援助者から甲の生活状況につき報告を求め、主治医その他の医療関係者から甲の心身の状態につき説明を受けることなどにより、甲の生活状況及び健康状態の把握に努めなければならない。

（証書等の保管等）

第5条　乙は、甲から、本件任意後見事務処理のために必要な次の証書等及びこれらに準ずるものの引渡しを受けたときは、甲に対し、その明細及び保管方法（保管者、保管場所等）を記載した預かり証を交付する。

(1)　登記済権利証・登記識別情報

(2)　実印・銀行印

(3)　印鑑登録カード、住民基本台帳カード、個人番号（マイナンバー）カード・個人番号（マイナンバー）通知カード

(4)　預貯金通帳

(5)　キャッシュカード

(6)　有価証券・その預り証

(7)　年金関係書類

(8) 健康保険証、介護保険証

(9) 土地・建物賃貸借契約書等の重要な契約書類

2　乙は、本任意後見契約の効力発生後、甲以外の者が前項記載の証書等を占有所持しているときは、その者からこれらの証書等の引渡しを受けて、自らこれを保管することができる。

3　乙は、本件後見事務を処理するために必要な範囲で前記の証書等を使用するほか、甲宛の郵便物その他の通信を受領し、本件後見事務に関連すると思われるものを開封することができる。

（費用の負担）

第６条　乙が本件後見事務を処理するために必要な費用は、甲の負担とし、乙は、その管理する甲の財産からこれを支出することができる。

（報酬）

第７条　乙の本件後見事務処理は、無報酬とする。

2　本件後見事務処理を無報酬とすることが、次の事由により不相当となったときは、甲及び乙は、任意後見監督人と協議の上、報酬を定め、また、定めた報酬を変更することができる。

(1) 甲の生活状況又は健康状態の変化

(2) 経済情勢の変動

(3) その他本件後見事務処理を無報酬とすることを不相当とする特段の事情の発生

3　前項の場合において、甲がその意思を表示することができない状況にある時は、乙は、甲を代表する任意後見監督人との間の合意により報酬を定め、また、定めた報酬を変更することができる。

4　第２項の報酬支払契約又は変更契約は、公正証書によってしなければならない。

（報告）

第８条　乙は、任意後見監督人に対し、３か月ごとに、本件後見事務に

関する次の事項について書面で報告する。
(1) 乙の管理する甲の財産の管理状況
(2) 甲を代理して取得した財産の内容、取得の時期・理由・相手方及び甲を代理して処分した財産の内容、処分の時期・理由・相手方
(3) 甲を代理して受領した金銭及び支払った金銭の状況
(4) 甲の生活又は療養看護につき行った措置
(5) 費用の支出及び支出した時期・理由・相手方
(6) 報酬の定めがある場合の報酬の収受
2 乙は、任意後見監督人の請求があるときは、いつでも速やかにその求められた事項につき報告する。

（契約の解除）

第9条 甲又は乙は、任意後見監督人が選任されるまでの間は、いつでも公証人の認証を受けた書面によって、本任意後見契約を解除することができる。ただし、本任意後見契約の解除は、本委任契約の解除とともにしなければならない。

2 甲又は乙は、任意後見監督人が選任された後は、正当な事由がある場合に限り、家庭裁判所の許可を得て、本任意後見契約を解除することができる。

（契約の終了）

第10条 本任意後見契約は、次の場合に終了する。
(1) 甲又は乙が死亡し、又は破産手続開始決定を受けたとき
(2) 乙が後見開始の審判を受けたとき
(3) 乙が任意後見人を解任されたとき
(4) 甲が任意後見監督人選任後に、法定後見（後見・保佐・補助）開始の審判を受けたとき
(5) 本任意後見契約が解除されたとき

2 任意後見監督人が選任された後に前項各号の事由が生じた場合、甲

又は乙は、速やかにその旨を任意後見監督人に通知するものとする。
3　任意後見監督人が選任された後に、第１項各号の事由が生じた場合、甲又は乙は、速やかに任意後見契約の終了の登記を申請しなければならない。

代理権目録（委任契約）

1　甲の有する一切の財産の管理、保存
2　金融機関、郵便局とのすべての取引
3　家賃、地代、年金その他の社会保険給付等定期的な収入の受領、家賃、地代、公共料金等定期的な支出を要する費用の支払い並びにこれらに関する諸手続等一切の事項
4　生活に必要な送金及び物品の購入等に関する一切の事項
5　保険契約の締結、変更、解除、保険料の支払い、保険金の受領等保険契約に関する一切の事項
6　登記の申請、供託の申請、住民票、戸籍事項証明書、登記事項証明書の請求、税金の申告・滞納等行政機関に対する一切の申請、請求、申告、支払等
7　医療契約、入院契約、介護契約、施設入所契約その他の福祉サービス利用契約等、甲の身上監護に関する一切の契約の締結、変更、解除、費用の支払等一切の事項
8　要介護認定の申請及び認定に対する承認又は審査請求に関する一切の事項

代理権目録（任意後見契約）

1　甲の有する一切の財産の管理、保存、処分
2　金融機関、郵便局とのすべての取引
3　家賃、地代、年金その他の社会保険給付等定期的な収入の受領、家賃、地代、公共料金等定期的な支出を要する費用の支払い並びにこれらに関する諸手続等一切の事項

4　生活に必要な送金及び物品の購入等に関する一切の事項

5　保険契約の締結、変更、解除、保険料の支払い、保険金の受領等保険契約に関する一切の事項

6　登記の申請、供託の申請、住民票、戸籍事項証明書、登記事項証明書の請求、税金の申告・滞納等行政機関に対する一切の申請、請求、申告、支払等

7　医療契約、入院契約、介護契約、施設入所契約その他の福祉サービス利用契約等、甲の身上監護に関する一切の契約の締結、変更、解除、費用の支払等一切の事項

8　要介護認定の申請及び認定に対する承認又は審査請求に関する一切の事項

9　居住用不動産の購入及び賃貸借契約、住居の新築・増改築に関する請負契約に関する事項

10　遺産分割の協議、遺留分侵害額請求、相続放棄、限定承認に関する事項

11　配偶者、子の法定後見開始の審判の申立てに関する事項

12　新たな任意後見契約の締結に関する事項

13　復代理人の選任、事務代行者の指定に関する事項

14　以上の各事項に関連する一切の事項

資料14 　任意後見監督人選任申立書について

(1) 任意後見監督人選任申立書（名古屋家庭裁判所ＨＰより）

【令和3年4月版】

巻末資料

	申　立　て　の　趣　旨
この申立てをするに至ったいきさつや事情をわかりやすく記載してください。	任意後見監督人の選任を求める。

申　立　て　の　理　由

本人は，（※　**認知症**　　　　　　　　　）により判断能力が欠けているのが通常の状態又は判断能力が（著しく）不十分である。
※　診断書に記載された診断名（本人の判断能力に影響を与えるもの）を記載してください。

申　立　て　の　動　機

※　該当する部分の□にレ点（チェック）を付してください。

本人は，
☑ 預貯金等の管理・解約　□ 保険金受取　□ 不動産の管理・処分　☑ 相続手続
□ 訴訟手続等　□ 介護保険契約　□ 身上保護（福祉施設入所契約等）
□ その他（　　　　　　　　　　　　）
の必要がある。

※　上記申立ての理由及び動機について具体的な事情を記載してください。書ききれない場合は別紙★に記載してください。★A4サイズの用紙をご自分で準備してください。

平成〇〇年〇月〇日に本人である甲野太郎を委任者，甲野夏男を受任者とする任意後見契約を締結した。その後，本人は，〇年程前から〇〇施設〇〇〇〇で生活しているが，本人の認知症が進行した。日常の生活や買い物は支障ないが，財産管理は難しく，令和〇年〇月に本人の弟である甲野次郎が亡くなり遺産分割の必要が生じたことから，本件の申立てをした。

任意後見契約	公正証書を作成した公証人の所属	〇〇 法務局	証書番号	☑ 平成　□ 令和	〇〇年 第〇〇〇〇号
	証書作成年月日	☑ 平成　□ 令和	〇〇年〇月〇日	登記番号	第〇〇〇〇－〇〇〇〇号

法人の場合には，商業登記簿上の名称又は商号，代表者名及び主たる事務所又は本店の所在地を適宜の欄を使って記載してください。

□ 申立人と同じ　※　以下色が付いている欄のみ記載してください。
☑ 申立人以外の〔　☑ 以下に記載の者　□ 別紙★に記載の者　〕★A4サイズの用紙をご自分で準備してください。

任意後見受任者	住所	〒　－　**申立人の住所と同じ**　　　　　電話　〇〇（〇〇〇〇）〇〇〇〇　　携帯電話　〇〇〇（〇〇〇〇）〇〇〇〇		
	ふりがな　氏名	こうの　なつお　　**甲野　夏男**	☑ 昭和　□ 平成	〇年〇月〇日生（〇〇歳）
	職業	**会社員**	勤務先	〒〇〇〇－〇〇〇〇　〇〇県〇〇市〇〇町〇丁目〇〇番〇号　〇〇株式会社　電話　〇〇（〇〇〇〇）〇〇〇〇
	本人との関係	☑ 親族：□ 配偶者　□ 親　☑ 子　□ 孫　□ 兄弟姉妹　　　□ 甥姪　　□ その他（関係：　　　　　）　□ 親族外：（関係：　　　　　）		

2

資料14　任意後見監督人選任申立書について

手続費用の上申

☐　手続費用については，本人の負担とすることを希望する。

　※　申立手数料，送達・送付費用，後見登記手数料，鑑定費用の全部又は一部について，本人の負担とすることが認められる場合があります。

添付書類	※　同じ書類は本人1人につき1通で足ります。審理のために必要な場合は，追加書類の提出をお願いすることがあります。 ※　**個人番号（マイナンバー）が記載されている書類は提出しないようにご注意ください。** ☑　本人の戸籍謄本（全部事項証明書） ☑　本人の住民票又は戸籍附票 ☑　本人の診断書 ☑　本人情報シート写し ☑　本人の健康状態に関する資料 ☑　任意後見契約公正証書写し ☑　本人の登記事項証明書（任意後見契約） ☑　本人の成年被後見人等の登記がされていないことの証明書（証明事項が「成年被後見人，被保佐人，被補助人とする記録がない。」ことの証明書） ☑　本人の財産に関する資料 ☑　本人が相続人となっている遺産分割未了の相続財産に関する資料 ☑　本人の収支に関する資料 ☐　任意後見受任者が本人との間で金銭の貸借等を行っている場合には，その関係書類（任意後見受任者事情説明書5項に関する資料）

3

巻末資料

(2) 申立事情説明書

【令和3年4月版】

申 立 事 情 説 明 書
（任意後見）

※ 申立人が記載してください。申立人が記載できないときは，本人の事情をよく理解している方が記載してください。
※ 記入式の質問には，自由に記載してください。選択式の質問には，該当する部分の□にチェックを付してください。

令和 ○ 年 ○ 月 ○ 日

作成者の氏名　甲野　花子　　　　㊞
（作成者が申立人以外の場合は，本人との関係：＿＿＿＿＿＿＿＿）

作成者（申立人を含む。）の住所
　☑　申立書の申立人欄記載のとおり
　□　次のとおり

　　〒＿＿＿－＿＿＿＿
　　住所：＿＿＿＿＿＿＿＿＿＿＿＿＿＿＿＿＿＿＿＿＿＿＿＿＿＿＿＿

裁判所からの電話での連絡について
　平日（午前9時〜午後5時）の連絡先：電話　○○○　（　○○○○　）　○○○○
　　　　　　　　　　　　　　　　　　（☑携帯・□自宅・□勤務先）

・　裁判所名で電話することに支障がありますか。　☑ 電話してもよい　・　□ 支障がある
・　裁判所から連絡するに当たり留意すべきこと（電話することに支障がある時間帯等）があれば記載してください。
　　　　特になし

【本人の状況について】
1　本人の生活場所について
(1)　現在の生活場所
　□　自宅又は親族宅
　　　同居者　→　□　なし（1人暮らし）
　　　　　　　　　□　あり　※　同居している方の氏名・本人との続柄を記載してください。
　　　　　　　　　　　（氏名：＿＿＿＿＿＿＿＿＿＿　本人との続柄：＿＿＿＿＿）
　　　　　　　　　　　（氏名：＿＿＿＿＿＿＿＿＿＿　本人との続柄：＿＿＿＿＿）
　　　　　　　　　　　（氏名：＿＿＿＿＿＿＿＿＿＿　本人との続柄：＿＿＿＿＿）
　　　最寄りの公共交通機関（※　わかる範囲で記載してください。）
　　　（電車）最寄りの駅：＿＿＿＿＿＿線＿＿＿＿＿＿駅
　　　（バス）最寄りのバス停：＿＿＿＿＿バス（＿＿＿＿＿行き）＿＿＿＿＿下車
　☑　病院又は施設（入院又は入所の日：昭和・㊙平成・令和　○　年　○　月　○　日）
　　　名　称：○○施設○○○○
　　　所在地：〒○○○－○○○○
　　　　　　　○○県○○市○○町○丁目○番○号
　　　担当職員：氏名　○○　○○　　役職：○○○○
　　　連絡先：電話　○○　（○○○○）○○○○

1

資料14 任意後見監督人選任申立書について

　　　　最寄りの公共交通機関（※　わかる範囲で記載してください。）
　　　　（電車）最寄りの駅：＿＿〇〇〇＿＿線＿＿〇〇〇＿＿駅
　　　　（バス）最寄りのバス停：＿＿＿＿＿＿バス（＿＿＿＿＿＿行き）＿＿＿＿＿＿下車
　　(2)　転居，施設への入所や転院などの予定について
　　　　※　申立後に転居・入院・転院した場合には，速やかに家庭裁判所までお知らせください。
　　　　☑　予定はない。
　　　　□　予定がある。（□　転居　　□　施設への入所　　□　転院）
　　　　　　時期：令和＿＿＿＿年＿＿＿＿月頃
　　　　　　施設・病院等の名称：＿＿＿＿＿＿＿＿＿＿＿＿＿
　　　　　　転居先，施設・病院等の所在地：〒＿＿＿＿－＿＿＿＿＿
　　　　　　＿＿＿＿＿＿＿＿＿＿＿＿＿＿＿＿＿＿＿＿＿＿＿

2　本人の略歴（家族関係（結婚，出産など）及び最終学歴・主な職歴）をわかる範囲で記載してください。

年　月	家族関係	年　月	最終学歴・主な職歴
昭〇・〇	出生	昭〇・〇	〇〇学校を卒業
昭〇・〇	花子と婚姻	昭〇・〇	〇〇株式会社に就職
・		平〇・〇	同退職
・		・	
・		・	

3　本人の病歴（病名，発症時期，通院歴，入院歴）をわかる範囲で記載してください。
　　病　　名：＿**認知症**＿＿＿＿＿＿＿
　　発症時期：**平成　〇**年**　〇**月頃
　　通　院　歴：**平成　〇**年**　〇**月頃　～　＿＿＿年＿＿＿月頃
　　入　院　歴：＿＿＿＿年＿＿＿月頃　～　＿＿＿年＿＿＿月頃

　　病　　名：＿＿＿＿＿＿＿＿＿＿＿
　　発症時期：＿＿＿年＿＿＿月頃
　　通　院　歴：＿＿＿年＿＿＿月頃　～　＿＿＿年＿＿＿月頃
　　入　院　歴：＿＿＿年＿＿＿月頃　～　＿＿＿年＿＿＿月頃

4　福祉に関する認定の有無等について
　　※　当てはまる数字を〇で囲んでください。
　　☑　介護認定　（認定日：**平成　〇**年　　**〇**月）
　　　　□　要支援（1・2）　　☑　要介護（1・2・③・4・5）
　　　　□　非該当　　　　　　□　認定手続中

□ 障害支援区分（認定日：＿＿＿＿年＿＿＿月）
　　□ 区分（1・2・3・4・5・6）　□ 非該当　□ 認定手続中
□ 療育手帳（愛の手帳など）　（手帳の名称：＿＿＿＿＿＿＿）（判定：＿＿＿＿）
□ 精神障害者保健福祉手帳　（1・2・3　級）
□ 身体障害者手帳　（1・2・3・4・5・6　級）
□ いずれもない。

5　金銭の管理について
　※　「金銭の管理」とは，所持金の支出入の把握，管理，計算等を指します。
　□ 本人が管理している。
　　　（多額の財産や有価証券等についても，本人が全て管理している。）
　□ 任意後見受任者，親族又は第三者の支援を受けて本人が管理している。
　　　（通帳を預かってもらいながら，本人が自らの生活費等を管理している。）
　→支援者（氏名：＿＿＿＿＿＿＿＿＿　本人との関係：＿＿＿＿＿＿＿＿）
　　支援の内容（＿＿＿＿＿＿＿＿＿＿＿＿＿＿＿＿＿＿＿＿＿＿＿＿）
　☑ 任意後見受任者，親族又は第三者が管理している。
　　　（本人の日々の生活費も含めて任意後見受任者等が支払等をして管理している。）
　→管理者（氏名：　**甲野　花子**　本人との関係：　**妻**　）
　　管理の内容（**預貯金通帳の管理を含めて，金銭管理は私が行っている。**）

【申立ての事情について】
1　本人について，これまで家庭裁判所の成年後見制度の手続を利用したことがありますか。
　☑ なし
　□ あり　→　＿＿＿＿＿＿年＿＿＿月頃
　　　　　　　利用した裁判所：＿＿＿＿＿＿家庭裁判所＿＿＿＿＿支部・出張所
　　　　　　　事件番号：＿＿＿＿年（家）第＿＿＿＿号
　　　　　　　□ 後見開始　□ 保佐開始　□ 補助開始　□ その他（＿＿＿＿＿）
　　　　　　　申立人氏名：＿＿＿＿＿＿＿

2　任意後見契約の締結の経緯等
　契約日　(平成)　令和　〇〇　年　〇　月　〇　日
　契約場所：☑ 公証役場　□ 自宅　□ 病院・施設　□ その他（＿＿＿＿＿）
　事情（どのような経緯で任意後見契約を締結するに至ったかなど）
　　本人の物忘れが増えてきたので，今後の生活等について家族で話し合ったところ，夏男から，
　　「将来に備えて，任意後見契約を締結しておくのはどうか。」との提案があったため，任意
　　後見契約を締結したものである。

3　本人は任意後見契約を締結したことを記憶していますか。
　※　本人が申立人の場合は記載不要です。
　☑ 記憶している。
　□ 記憶していない。

資料14　任意後見監督人選任申立書について

4　本人には，今回の手続をすることを知らせていますか。
※　本人が申立人の場合は記載不要です。
☑　申立てをすることを説明しており，知っている。
　　　⇒　申立てについての本人の意見　☑　賛成　　□　反対　　□　不明
□　申立てをすることを説明したが，理解できていない。
□　申立てをすることを説明しておらず，知らない。
□　その他（　　　　　　　　　　　　　　　　　　　　　　　　　　）

5　本人の推定相続人について
(1)　本人の推定相続人について氏名，住所等をわかる範囲で記載してください。
　　※　欄が不足する場合は，別紙★に記載してください。★A4サイズの用紙をご自分で準備してください。
　　※　推定相続人とは，仮に本人が亡くなられた場合に相続人となる方々です。

氏　　名	年齢	続柄	住　　所
甲野　花子	○○	妻	〒 申立書に記載のとおり □　本人と同じ
甲野　夏男	○○	子	〒 同上 □　本人と同じ
甲野　冬子	○○	子	〒○○○-○○○○ ○○県○○市○丁目○番○号 □　本人と同じ
甲野　良男	○○	孫	〒○○○-○○○○ ○○県○○市○丁目○番○○号 □　本人と同じ
甲野　良子	○○	孫	〒○○○-○○○○ ○○県○○市○丁目○番○号 □　本人と同じ

(2)　(1)で挙げた方のうち，この申立てに反対の意向を示している方がいる場合には，その方の氏名及びその理由等を具体的に記載してください。

氏　　名	理由等

4

巻末資料

6 本人に関し何らかの相談をし又は何らかの援助を受けた福祉機関があれば，チェックを付して，その名称を記載してください。
　　□　地域包括支援センター　（名称：＿＿＿＿＿＿＿＿＿＿＿＿＿＿＿）
　　□　権利擁護センター　　　（名称：＿＿＿＿＿＿＿＿＿＿＿＿＿＿＿）
　　□　社会福祉協議会　　　　（名称：＿＿＿＿＿＿＿＿＿＿＿＿＿＿＿）
　　□　その他　　　　　　　　（名称：＿＿＿＿＿＿＿＿＿＿＿＿＿＿＿）
　　☑　相談をし又は援助を受けた福祉機関はない。

7 家庭裁判所まで本人が来ることは可能ですか。
　　☑　可能である。
　　□　不可能又は困難である。
　　　　理由：＿＿＿＿＿＿＿＿＿＿＿＿＿＿＿＿＿＿＿＿＿＿＿＿＿＿＿＿＿＿＿＿

8 本人に申立ての事情等をお伺いする場合の留意点（本人の精神面に関し配慮すべき事項等）があれば記載してください。
　　　　日程調整については，本人の入所先施設の担当〇〇さん（電話番号〇〇－〇〇〇〇－〇〇〇〇）に連絡してください。

資料14　任意後見監督人選任申立書について

(3) 親族関係図

【令和3年4月版】

親 族 関 係 図

※ 申立人や任意後見受任者が本人と親族関係にある場合には，申立人や任意後見受任者について必ず記載してください。
※ 本人の推定相続人その他の親族については，わかる範囲で記載してください。
（推定相続人とは，仮に本人が亡くなられた場合に相続人となる方々です。）

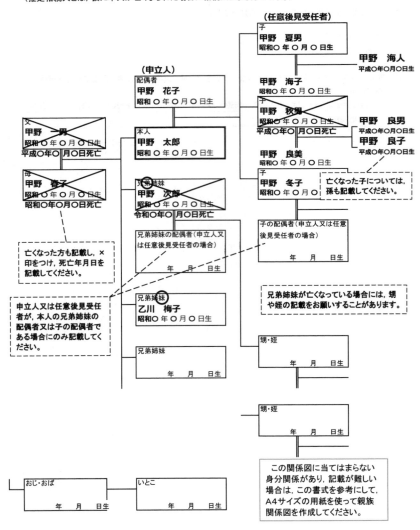

巻末資料

(4) 任意後見受任者事情説明書

【令和3年4月版】

任意後見受任者事情説明書

※ 任意後見受任者の方が記載してください。
※ 記入式の質問には，自由に記入してください。選択式の質問には，該当する部分の□にチェックを付してください。

令和 〇 年 〇 月 〇 日
任意後見受任者の氏名　**甲野　夏男**　㊞

任意後見受任者の住所
☑ 申立書の任意後見受任者欄記載のとおり
□ 次のとおり
　〒＿＿＿－＿＿＿＿
　住所：＿＿＿＿＿＿＿＿＿＿＿＿＿＿＿＿＿＿＿＿＿＿＿＿＿＿＿＿

裁判所からの電話での連絡について
　平日（午前9時～午後5時）の連絡先：電話　〇〇〇　（　〇〇〇〇　）〇〇〇〇
　　　　　　　　　　　　　　　　　　　（☑ 携帯・□ 自宅・□ 勤務先）

・ 裁判所名で電話することに支障がありますか。　☑ 電話してもよい　□ 支障がある
・ 裁判所から連絡するに当たり留意すべきこと（電話することに支障がある時間帯等）があれば記載してください。
　　　　　特になし

1 あなたの現在の生活状況，健康状態など（法人が受任者の場合には記載不要です。）
　(1) 職業
　　（職種：**会社員**　　勤務先名：**〇〇株式会社**　　　　　）

　(2) あなたと同居している方を記載してください。
　　　□ 同居者なし
　　　☑ 同居者あり　※ 同居している方の氏名・年齢・あなたとの続柄を記載してください。
　　　　（氏名：**甲野 花子**　　年齢：**〇〇**　あなたとの続柄：**母**　）
　　　　（氏名：**甲野 海子**　　年齢：**〇〇**　あなたとの続柄：**妻**　）
　　　　（氏名：**甲野 海人**　　年齢：**〇〇**　あなたとの続柄：**長男**　）
　　　　（氏名：＿＿＿＿＿＿＿　年齢：＿＿＿　あなたとの続柄：＿＿＿）

　(3) 収入等
　　収入（年収）（**〇〇〇万**　　　円）
　　資産
　　□ 不　動　産
　　☑ 預　貯　金（**〇〇〇万**　　円）
　　□ 有　価　証　券
　　□ そ　の　他（内容：＿＿＿＿＿＿＿＿＿＿＿＿＿＿＿＿＿）

1

資料14　任意後見監督人選任申立書について

　　　　負債（借金）
　　　　☐　住　宅　ローン　(_____円)
　　　　☑　自動車ローン　(___〇〇万___円)
　　　　☐　消費者金融　(_____円)
　　　　☐　そ　の　他　(内容：_____)（金額：_____円)

(4)　あなたとともに生計を立てている方がいる場合又はあなた以外の方の収入で生計を立てている場合には，その方の続柄と収入を記載してください。
　　　あなたとの続柄（___妻___）・収入（年収）(___〇〇〇万___)　円)

(5)　あなたの現在の健康状態（差し支えない範囲で記載してください。）
　　　☑　健康体である。
　　　☐　具合が悪い。（具体的な症状：_____）
　　　☐　通院治療中である。
　　　　（傷病名：_____　通院の頻度：___か月に___回程度）

2　あなたは，次のいずれかに該当しますか。
　　☐　次の事項に該当する。
　　　☐　未成年者である。
　　　☐　家庭裁判所で成年後見人，保佐人，補助人等を解任されたことがある。
　　　☐　破産手続開始決定を受けたが，免責許可決定を受けていないなどで復権していない。
　　　☐　現在，本人との間で訴訟をしている又は過去に訴訟をした。
　　　☐　あなたの〔☐　配偶者　☐　親　☐　子〕が，現在，本人との間で訴訟をしている又は過去に訴訟をした。
　　☑　いずれにも該当しない。

3　本人とあなたとの任意後見契約の効力が生ずることについて，どう思われますか。
　　☑　必要　☐　不要（不要と思われる理由について記載してください。）
　　_____
　　_____

4　あなたと本人との日常の交流状況（家計状況，面会頻度，介護，援助，事務等）
(1)　本人との関係　☑　本人の親族（続柄：___子___）　☐　その他（_____）

(2)　本人との同居の有無
　　現在，本人と　☐　同居中である。（同居を開始した時期_____年___月～）
　　　　　　　　　☑　同居していない。

(3)　本人との家計の状況
　　現在，本人と　☐　家計が同一である。　☑　家計は別である。

(4)　※　本人と同居していない方のみ回答してください。
　　本人との面会の状況　☑　月に（　**4**　）回程度　☐　2～3か月に1回程度
　　　　　　　　　　　　☐　半年に1回程度　　　　　☐　年に1回程度
　　　　　　　　　　　　☐　ほとんど会っていない　☐　その他（_____）

2

(5) あなたが本人のために介護や援助など行っていることがあれば記載してください。
　　　本人が入所してから，週1回，面会に行っており，その際に施設の方からも本人の様子を聞いている。

5　あなたと本人との間で，金銭の貸借，担保提供，保証，立替えを行っている関係がありますか。
　・　金銭貸借　　☑ なし　□ あり（具体的な金額，内容：＿＿＿＿＿＿＿＿＿＿＿＿＿＿＿＿）
　・　担保提供　　☑ なし　□ あり（具体的な金額，内容：＿＿＿＿＿＿＿＿＿＿＿＿＿＿＿＿）
　・　保証　　　　☑ なし　□ あり（具体的な金額，内容：＿＿＿＿＿＿＿＿＿＿＿＿＿＿＿＿）
　・　立替払　　　☑ なし　□ あり（具体的な金額，内容：＿＿＿＿＿＿＿＿＿＿＿＿＿＿＿＿）
　　　※　あなたが立て替えた金銭が「あり」の場合，本人に返済を求める意思がありますか。
　　　　　□　返済を求める意思はない。　　□　返済を求める意思がある。

　　※　「あり」に該当する項目がある場合は，関係書類（借用書，担保権設定契約書，保証に関する書類，領収書，立替払を示す領収書・出納帳等）のコピーを添付してください。

6　あなたが任意後見受任者となった経緯や事情を記載してください。また，任意後見契約のほかに，本人と締結している財産管理などに関する委任契約がある場合は，その内容を記載してください。
　　　任意後見契約について家族で話し合った際，本人から，任意後見受任者になってもらいたいとの意向があったことから，本人の状況をよく把握している私が任意後見受任者となった。

7　本人の財産管理と身上保護（療養看護）に関する今後の方針，計画
　□　現状を維持する（本人の財産状況，身上保護状況が変化する見込みはない。）。
　☑　以下のとおり，**財産状況**が変化する見込みである。
　　　（大きな収支の変動，多額の入金の予定など，具体的な内容を記載してください。）
　　　本人の弟である甲野次郎が令和〇年〇月に亡くなり，遺産分割手続が行われる予定で，財産を取得する見込みである。
　☑　以下のとおり，**身上保護（療養看護）の状況**が変化する見込みである。
　　　（必要となる医療や福祉サービス，身の回りの世話など，具体的な内容を記載してください。）
　　　本人の希望により，他の施設への入所を検討している。

8　任意後見監督人選任の手続
　　誰を任意後見監督人に選任するかについての家庭裁判所の判断に対しては，不服の申立てができないことを理解していますか。
　☑　理解している。　　□　理解していない。

3

資料14 任意後見監督人選任申立書について

9 任意後見人及び任意後見監督人の役割及び責任
　家庭裁判所で配布しているパンフレットや裁判所ウェブサイトの後見ポータルサイト又はその他の説明資料をご覧になるなどして,任意後見人及び任意後見監督人の役割や責任を理解していますか。
☑　理解している。
☐　理解できないところがある。又は疑問点がある。
　　（理解できないところや疑問点について記載してください。）

_____

☐　理解できていない。
　　→　家庭裁判所で配布しているパンフレットや裁判所ウェブサイトの後見ポータルサイト又はその他の説明資料などで,任意後見人及び任意後見監督人の役割や責任について説明していますので,そちらをご覧になってください。

巻末資料

(5) 財産目録

【令和3年4月版】

財産目録

令和 〇 年 〇 月 〇 日　　作成者氏名　甲野 花子　㊞

本人（　甲野　太郎　）の財産の内容は以下のとおりです。

※ 以下の1から9までの財産の有無等について該当する□にチェックを付し，その内容を記載してください。
※ 以下の1から8までの財産に関する資料がある場合には，「資料」欄の□にチェックを付し，当該資料の写しを添付してください。また，財産目録との対応関係がわかるように，資料の写しには対応する番号を右上に付してください。（例：財産目録の「1預貯金・現金」の「No.2」の資料の写しであれば，資料の写しの右上に「財1－2」と付記してください。）
※ 財産の各記載欄が不足した場合には，この用紙をコピーした上で，「No.」欄の番号を連続するよう付け直してください。

1　預貯金・現金
　☑ 次のとおり　□ 当該財産はない　□ 不明

※ 「口座種別」欄については，普通預貯金や通常貯金等は「普」，定期預貯金や定額貯金等は「定」の□にチェックを付し，その他の種別は下欄の□にチェックを付し，種別の名称を記載してください。

No.	金融機関の名称	支店名	口座種別	口座番号	最終確認日	残高（円）	管理者	資料
1	〇〇銀行		☑普□定	10000-12345678	令和〇年〇月〇日	1,468,422	申立人	☑
2	〇〇銀行	〇〇	☑普□定	1234567	令和〇年〇月〇日	749,860	同上	☑
3	〇〇銀行	〇〇	□普☑定	2345678	令和〇年〇月〇日	2,000,000	同上	☑
4	〇〇信託銀行	〇〇	□普☑定	3456789	令和〇年〇月〇日	5,000,000	同上	☑
5			□普□定					□
6			□普□定					□
7			□普□定					□
8			□普□定					□
9			□普□定					□
10			□普□定					□
現金（預貯金以外で所持している金銭）						0		
合　計						9,218,282		

2　有価証券等（株式，投資信託，国債，社債，外貨預金，手形，小切手など）
　☑ 次のとおり　□ 当該財産はない　□ 不明

No.	種類	株式の銘柄，証券会社の名称等	数量，額面金額	評価額（円）	管理者	資料
1	株式	〇〇電気工業	500株	1,000,000	〇〇証券	☑
2	投資信託	〇〇ファンド	200口	2,000,000	〇〇信託銀行	☑
3	国債	利付国債（〇年）第〇〇回	100万円	1,000,000	〇〇証券	☑
4						□
5						□
合　計				4,000,000		

資料14　任意後見監督人選任申立書について

3　生命保険，損害保険等（本人が契約者又は受取人になっているもの）
☑ 次のとおり　☐ 当該財産はない　☐ 不明

No.	保険会社の名称	保険の種類	証書番号	保険金額 （受取額）（円）	契約者	受取人	資料
1	○○生命保険 株式会社	生命保険	11-1111	10,000,000	本人	申立人	☑
2	○○損害保険 株式会社	損害保険	222-222	10,000,000	本人	本人	☑
3							☐
4							☐
5							☐

4　不動産（土地）
☑ 次のとおり　☐ 当該財産はない　☐ 不明

No.	所　在	地　番	地　目	地積（㎡）	備考 （現状，持分等）	資料
1	○○市○○町○丁目	○番○	宅地	134.56	自宅	☑
2	○○市○区○丁目	○番○	宅地	120.34	丁川四郎に賃貸中 の建物No.2の敷地	☑
3						☐
4						☐
5						☐

5　不動産（建物）
☑ 次のとおり　☐ 当該財産はない　☐ 不明

No.	所　在	家屋番号	種　類	床面積（㎡）	備考 （現状，持分等）	資料
1	○○市○○町○丁目○番地○	○番○の○	居宅	1階 100.20 2階　90.50	自宅	☑
2	○○市○区○丁目○番地○	○番○	居宅	1階　92.70 2階　60.20	丁川四郎に賃貸中	☑
3						☐
4						☐
5						☐

6　債権（貸付金，損害賠償金など）
☑ 次のとおり　☐ 当該財産はない　☐ 不明

No.	債務者名（請求先）	債権の内容	残額（円）	備考	資料
1	丙山　三郎	平成○年○月○日 1,200,000円貸付	600,000	預貯金No.1の通帳に毎月末 日10,000円振込	☐
2					☐
3					☐
4					☐
5					☐
	合　　計		600,000		

2

巻末資料

7 その他(自動車など)
　□ 次のとおり　☑ 当該財産はない　□ 不明

No.	種類	内容	評価額(円)	備考	資料
1					□
2					□
3					□
4					□
5					□

8 負債
　☑ 次のとおり　□ 負債はない　□ 不明

No.	債権者名(支払先)	負債の内容	残額(円)	返済月額(円)	資料
1	〇〇銀行〇〇支店	住宅ローン	1,000,000	預貯金No.1の通帳から毎月30,000円引落し	☑
2					□
3					□
4					□
5					□
	合　計		1,000,000		

9 遺産分割未了の相続財産(本人が相続人となっている遺産)
　☑ 相続財産がある　(相続財産目録を作成して提出してください。)
　□ 相続財産はない　(相続財産目録は作成する必要はありません。)
　□ 不明　　　　　　(相続財産目録は作成する必要はありません。)

資料14　任意後見監督人選任申立書について

(6) 相続財産目録

【令和3年4月版】

相 続 財 産 目 録

令和 ○ 年 ○ 月 ○ 日　　作成者氏名 **甲野 花子** ㊞

本人（　**甲野 太郎**　）が相続人となっている相続財産の内容は以下のとおりです。

※　本人が相続人となっている遺産分割未了の相続財産がある場合にのみ提出してください。
※　被相続人（亡くなられた方）が複数いる場合には，この目録をコピーするなどして，被相続人ごとにこの目録を作成してください。
※　以下の相続財産の有無等について該当する□にチェックを付し，その内容を記載してください。
※　以下の相続財産に関する資料がある場合には，「資料」欄の□にチェックを付し，当該資料の写しを添付してください。また，相続財産目録との対応関係がわかるように，資料の写しには対応する番号を右上に付してください。（例：**相続財産目録**の「**1預貯金・現金**」の「№.**2**」の資料の写しであれば，資料の写しの右上に「**相1－2**」と付記してください。）
※　相続財産の各記載欄が不足した場合には，この用紙をコピーした上で，「№.」欄の番号を連続するよう付け直してください。

被相続人の氏名	（　**甲野 次郎**　）
本人との続柄	（本人の　**弟**　）
被相続人が亡くなられた日	（□ 平成 ・ ☑ 令和 ○年 ○月 ○日）
本人の法定相続分	（　**2**　分の　**1**　）
遺言書	（□ あり　☑ なし　□ 不明）

1　預貯金・現金
　☑ 次のとおり　□ 当該財産はない　□ 不明

※　「口座種別」欄については，普通預貯金や通常貯金等は「普」，定期預貯金や定額貯金等は「定」の□にチェックを付し，その他の種別は下欄の□にチェックを付し，種別の名称を記載してください。

No.	金融機関の名称	支店名	口座種別	口座番号	最終確認日	残高（円）	管理者	資料
1	○○銀行	○○	☑普□定□	4567891	令和○年○月○日	561,234	乙川梅子	☑
2	○○銀行	○○	□普☑定□	5678912	令和○年○月○日	4,000,000	乙川梅子	☑
3			□普□定□					□
4			□普□定□					□
5			□普□定□					□
6			□普□定□					□
7			□普□定□					□
8			□普□定□					□
9			□普□定□					□
10			□普□定□					□
現金（預貯金以外で所持している金銭）						0		
合　計						4,561,234		

巻末資料

2　有価証券等（株式，投資信託，国債，社債，外貨預金，手形，小切手など）
　　□　次のとおり　☑　当該財産はない　□　不明

No.	種　類	株式の銘柄，証券会社の名称等	数量，額面金額	評価額（円）	管理者	資料
1						□
2						□
3						□
4						□
5						□
	合　計					

3　生命保険，損害保険等（被相続人が受取人になっているもの）
　　□　次のとおり　☑　当該財産はない　□　不明

No.	保険会社の名称	保険の種類	証書番号	保険金額（受取額）（円）	契約者	資料
1						□
2						□
3						□
4						□
5						□

4　不動産（土地）
　　☑　次のとおり　□　当該財産はない　□　不明

No.	所　在	地　番	地　目	地積（㎡）	備考（現状，持分等）	資料
1	○○市○○町○丁目	○○番	宅地	123.45	更地	☑
2						□
3						□
4						□
5						□

5　不動産（建物）
　　□　次のとおり　☑　当該財産はない　□　不明

No.	所　在	家屋番号	種　類	床面積（㎡）	備考（現状，持分等）	資料
1						□
2						□
3						□
4						□
5						□

資料14　任意後見監督人選任申立書について

6　債権（貸付金，損害賠償金など）
　　□　次のとおり　☑　当該財産はない　□　不明

No.	債務者名（請求先）	債権の内容	残額（円）	備考	資料
1					□
2					□
3					□
4					□
5					□
合　計					

7　その他（自動車など）
　　□　次のとおり　☑　当該財産はない　□　不明

No.	種類	内容	評価額（円）	備考	資料
1					□
2					□
3					□
4					□
5					□

8　負債
　　□　次のとおり　☑　負債はない　□　不明

No.	債権者名（支払先）	負債の内容	残額（円）	返済月額（円）	資料
1					□
2					□
3					□
4					□
5					□
合　計					

(7) 収支予定表

収 支 予 定 表

【令和3年4月版】

令和 ○ 年 ○ 月 ○ 日　　作成者氏名　　甲野 花子　㊞

本人（　　甲野 太郎　　）の収支予定は以下のとおりです。

※ 以下の収支について記載し、資料がある場合には、「資料」欄の□にチェックを付し、当該資料の写しを添付してください。また、収支予定表との対応関係がわかるように、資料の写しには対応する番号を右上に付してください。（例：<u>収</u>支予定表の「<u>1</u>本人の定期的な収入」の「No.<u>2</u>国民年金」の資料の写しであれば、資料の写しの右上に「<u>収1－2</u>」と付記してください。）

※ 収支の各記載欄が不足した場合には、この用紙をコピーした上で、「No.」欄の番号を連続するよう付け直してください。

1 本人の定期的な収入

No.	名称・支給者等	月 額（円）	入金先口座・頻度等	資料
1	厚生年金	150,000	2か月に1回 ☑財産目録預貯金No. 1 の口座に振り込み	☑
2	国民年金（老齢基礎年金）	60,000	2か月に1回 ☑財産目録預貯金No. 1 の口座に振り込み	☑
3	その他の年金（　　　）		2か月ごと、四半期ごと、1年に1回の収入などは月額に按分した金額を記載してください（割り切れない場合には、小数第一位を切り上げて記載してください。）。なお、支出の記載においても同様です。	□
4	生活保護等（　　　）			
5	給与・役員報酬等			
6	賃料収入（家賃,地代等）	80,000	丁川四郎から毎月 ☑財産目録預貯金No. 1 の口座に振り込み	☑
7	貸付金の返済	10,000	丙山三郎から毎月 ☑財産目録預貯金No. 1 の口座に振り込み	☑
8			□財産目録預貯金No. 　 の口座に振り込み	□
	収入の合計（月額）　=	300,000 円	年額（月額×12か月）= 3,600,000 円	

2 本人の定期的な支出

No.		品　目	月 額（円）	引落口座・頻度・支払方法等	資料
1	生活費	食費・日用品	10,000	現金払い	☑
2		電気・ガス・水道代等		□財産目録預貯金No. 　の口座から自動引き落とし	□
3		通信費		□財産目録預貯金No. 　の口座から自動引き落とし	□
4				□財産目録預貯金No. 　の口座から自動引き落とし	□
5				□財産目録預貯金No. 　の口座から自動引き落とし	□
6	療養費	施設費	120,000	毎月20日に現金払い □財産目録預貯金No. 　の口座から自動引き落とし	☑
7		入院費・医療費・薬代		□財産目録預貯金No. 　の口座から自動引き落とし	□
8				□財産目録預貯金No. 　の口座から自動引き落とし	□
9				□財産目録預貯金No. 　の口座から自動引き落とし	□
10				□財産目録預貯金No. 　の口座から自動引き落とし	□

資料14　任意後見監督人選任申立書について

11	住居費	家賃		□財産目録預貯金No.　　の口座から自動引き落とし	□
12		地代		□財産目録預貯金No.　　の口座から自動引き落とし	□
13				□財産目録預貯金No.　　の口座から自動引き落とし	□
14				□財産目録預貯金No.　　の口座から自動引き落とし	□
15				□財産目録預貯金No.　　の口座から自動引き落とし	□
16	税金	固定資産税	20,000	5月、7月、9月及び12月に ☑財産目録預貯金No. 1　の口座から自動引き落とし	☑
17		所得税	3,000	3月に現金一括払い □財産目録預貯金No.　　の口座から自動引き落とし	☑
18		住民税	3,000	6月、8月、10月及び1月に ☑財産目録預貯金No. 1　の口座から自動引き落とし	☑
19				□財産目録預貯金No.　　の口座から自動引き落とし	□
20				□財産目録預貯金No.　　の口座から自動引き落とし	□
21	保険料	国民健康保険料	4,000	☑財産目録預貯金No. 1　の口座から自動引き落とし	☑
22		介護保険料	4,000	☑財産目録預貯金No. 1　の口座から自動引き落とし	☑
23		生命(損害)保険料	8,000	☑財産目録預貯金No. 1　の口座から自動引き落とし	☑
24				□財産目録預貯金No.　　の口座から自動引き落とし	□
25				□財産目録預貯金No.　　の口座から自動引き落とし	□
26	その他	負債の返済	30,000	住宅ローン ☑財産目録預貯金No. 1　の口座から自動引き落とし	☑
27		こづかい			□
28		任意後見人報酬	20,000	毎月現金払い □財産目録預貯金No.　　の口座から自動引き落とし	☑
29				□財産目録預貯金No.　　の口座から自動引き落とし	□
30				□財産目録預貯金No.　　の口座から自動引き落とし	□
31				□財産目録預貯金No.　　の口座から自動引き落とし	□
32				□財産目録預貯金No.　　の口座から自動引き落とし	□
33				□財産目録預貯金No.　　の口座から自動引き落とし	□
支出の合計(月額) =			222,000 円	年額(月額×12か月) =	2,664,000 円

月額　(収入の合計) - (支出の合計) = ⊕ -　　78,000 円

年額　(収入の合計) - (支出の合計) = ⊕ -　　936,000 円

資料15 登記事項証明書

登 記 事 項 証 明 書

[任意後見]

任意後見契約

　【公証人の所属】○○法務局

　【公証人の指名】甲

　【証書番号】令和○年第○号

　【作成年月日】令和○年○月○日

　【登記年月日】令和○年○月○日

　【登記番号】第〇〇〇〇-〇〇〇〇号

任意後見契約の本人

　【氏　　名】A

　【生年月日】昭和△△年△月△日

　【住　　所】△△県△△市△△町△丁目△番△号

　【本　　籍】△△県△△市△△町△丁目△番地△△

任意後見人

　【氏　　名】D

　【住　　所】□□県□□市□□町□番地□

　【代理権の範囲】別紙目録記載のとおり

資料15　登記事項証明書

　　任意後見監督人
　　　【氏　　　名】乙
　　　【住　　　所】××県××市××町×番地×
　　　【選任の審判確定日】令和○年○月○日
　　　【登記年月日】令和○年○月○日

　　　　　　　　　　　　［証明書番号］○○○○－××（1/3）

※　2頁目の代理権目録以降は、任意後見契約が効力を生じる前の登記事項証明書（資料8）と同じ記載につき省略。

資料16 自筆証書遺言書例

遺 言 書

遺言者〇〇〇〇は、次のとおり遺言する。

1．妻〇〇〇〇（昭和〇年〇月〇日生）に、〇〇県〇〇市〇〇町〇番の土地を相続させる。
2．長男〇〇〇〇（平成〇年〇月〇日生）に、〇〇県〇〇市〇〇町△番の土地を相続させる。
3．遺言者は、前記1及び2に記載の財産を除く遺言者の有する不動産、預貯金、現金その他一切の財産を長女（平成〇年〇月〇日生）に相続させる。

令和〇年〇月〇日

　　　住所　〇〇県〇〇市〇〇町〇番地
　　　遺言者　〇〇〇〇　㊞

資料17 自筆証書遺言の保管申請書例
（法務省HPより）

遺言書の保管申請書の記入上の注意事項

　この申請書は自動読取装置で機械処理しますので、拡大縮小せずに使用してください。
　本申請書は、手書きで記載することも可能ですが、その場合は、読み取り誤りを防ぐため、所要事項の記載及び該当事項のチェックは明瞭に記入願います。

①申請年月日
　申請書を提出する日を右詰めで記入してください。数字が1桁の場合、0を記入する必要はありません（以下、年月日を記入する場合について同じです。）。
　例えば、令和2年7月20日を申請日として記入する場合は、「令和02年07月20日」ではなく、「令和　2年　7月20日」と記入してください。

②遺言書保管所の名称
　申請書を提出する遺言書保管所の名称を記入してください。遺言者の作成した他の遺言書が現に遺言書保管所に保管されている場合は、当該遺言書保管所に申請書を提出する必要がありますので、当該遺言書保管所の名称を記入してください。

【遺言者欄】
③遺言書の作成年月日
　遺言書に記載されている作成年月日を記入してください。

④遺言者の氏名、出生年月日、住所、本籍及び筆頭者の氏名
　遺言者の氏名、出生年月日、住所（郵便番号を含みます。）、本籍及び筆頭者の氏名を住民票等の記載どおりに正確に記入してください。なお、遺言者が筆頭者である場合には、「□遺言者と同じ」にチェックするのみで筆頭者の氏名の記入は不要です。
　フリガナについては、濁点・半濁点（「ゴ」や「プ」等）は同じマスに記入してください。
　外国人の場合は、申請書の記載は全て日本語によるものとして、ローマ字ではなく、カタカナ又は漢字で記入してください（他の氏名等欄について同じです。）。また、本籍と筆頭者の氏名の記入は不要です。

⑤遺言者の国籍（国又は地域）
　外国人の場合は、国名コード表を参照し、該当する国名コードと国又は地域の名称を記入してください（日本人の場合は、記入不要です。）。

⑥遺言者の電話番号
　平日に連絡の取れる遺言者の電話番号を左詰めで記入してください（ハイフン（－）は不要です。）。

---

⑦申請書のページ数
　申請書の当該ページ数及び総ページ数（「1／5」、「2／5」など）を記入してください。
　なお、遺言書のページ数は含みません。

資料17　自筆証書遺言の保管申請書例（法務省ＨＰより）

【遺言者本人の確認・記入等欄】※以下の事項について，全て確認の上，記入してください。また，該当する☐にはレ印を記入してください。

⑧ ☐ 遺言者が所有する不動産の所在地を管轄する遺言書保管所に保管の申請をする。
（注）不動産の所在地を記入してください。

都道府県　　　　　市区町村
大字丁目
番地

⑨ ☐ 申請に係る遺言書は，私が作成した民法第９６８条の自筆証書による遺言書に相違ない。

⑩ ☐ 現在，遺言書保管所に他の遺言書が保管されている。
① 他の遺言書が保管されている場合は，その保管番号を記入してください。
（注）複数ある場合には，備考欄に記入してください。
保管番号 H ☐☐☐☐－☐☐☐☐☐☐☐－☐☐☐☐☐☐☐－☐☐
② 上記①の遺言書が保管された後，氏名，出生年月日，住所，本籍（外国人にあっては，国籍（国又は地域）又は筆頭者の氏名に変更があった場合は，その変更内容を記入してください。

変更内容

☐ 上記①の保管番号の遺言書について，上記②の変更内容に基づく変更届出を行う。
（注）変更を証する書類を添付してください。

手数料の額　　金３，９００円

⑪ 遺言者の記名　　遺言　太郎

⑫ 備考欄

⑬ 遺言書の総ページ数　３　ページ

1002

ページ数　2／5

【遺言者本人の確認・記入等欄】
⑧不動産の所在地
　遺言者の住所地又は本籍地を管轄する遺言書保管所に申請する場合は、記入不要です。
　遺言者の住所地又は本籍地を管轄する遺言書保管所ではなく、遺言者が所有する不動産の所在地を管轄する遺言書保管所に申請する場合には、　□にチェックし、遺言者が所有する不動産の所在地を記入してください。

⑨民法第９６８条の自筆証書による遺言書
　遺言者本人が自書して作成した遺言書であることを確認して□にチェックしてください。

⑩他の遺言書が保管されている場合
　遺言者の作成した他の遺言書が現に遺言書保管所に保管されている場合は、「□現在，遺言書保管所に他の遺言書が保管されている。」にチェックし、現に保管されている他の遺言書の保管番号を右詰めで記入してください。
　保管番号は、保管証で確認できます。
　また、他の遺言書が保管された後、遺言者の氏名、出生年月日、住所、本籍（外国人にあっては、国籍（国又は地域））又は筆頭者の氏名に変更があった場合は、変更の届出を行う必要があります。この場合、変更届出書（別記第６号様式）の提出に代えて、本申請書でもって変更の届出を行うことができますので、変更届出を行う旨の□にチェックし、変更内容を記入してください。なお、変更の届出を行う場合は、住民票の写し等の変更を証明する書類の添付が必要です。
　例えば、住所変更があった場合は、以下の例により記入してください。
　（記入例）
　　令和○年○月○日住所変更
　　変更前　△△県△△市△△町△丁目△番△号
　　変更後　東京都千代田区霞が関１丁目１番１号
　なお、上記の例により住所変更の届出をした場合でも、２通目以降の遺言書の保管の申請をする場合の遺言書保管所は、１通目と同じ遺言書保管所です。

⑪遺言者の記名
　記名してください（押印は不要です。）。

⑫備考欄
　記入欄が不足する場合や補足として記入すべき事項がある場合に適宜記入してください。

⑬遺言書の総ページ数
　遺言書（財産目録が添付されている場合は、当該財産目録も遺言書に含まれます。）の総ページ数を記入してください。

資料17　自筆証書遺言の保管申請書例（法務省ＨＰより）

【受遺者等・遺言執行者等欄】※遺言書に記載している受遺者等又は遺言執行者等の氏名，住所等を記入してください。また，該当する☐にはレ印を記入してください。

⑭ 受遺者等又は遺言執行者等の番号　1 番
(注) 受遺者等又は遺言執行者等の全員に対して通し番号を記入してください。

⑮ 受遺者等又は遺言執行者等の別　☑受遺者等　☐遺言執行者等
(注) 受遺者等と遺言執行者等を兼ねる場合は，両方にレ印を記入してください。

⑯ 氏名
(注) 法人の場合は，姓の欄に商号又は名称を記入してください。
姓　甲山
名　花子

住所　〒 102-8225
(注) 法人の場合は，本店又は主たる事務所の所在地を記入してください。
都道府県市区町村大字丁目　東京都千代田区九段南1丁目
番地　1番15号
建物名

⑰ 出生年月日　3（1:令和/2:平成/3:昭和/4:大正/5:明治/6:不明 (注)6:不明の場合，年月日は記入不要です。）45年1月1日

会社法人等番号
(注) 法人の場合のみ記入してください。

受遺者等又は遺言執行者等の番号　2 番
(注) 受遺者等又は遺言執行者等の全員に対して通し番号を記入してください。

受遺者等又は遺言執行者等の別　☐受遺者等　☑遺言執行者等
(注) 受遺者等と遺言執行者等を兼ねる場合は，両方にレ印を記入してください。

氏名
(注) 法人の場合は，姓の欄に商号又は名称を記入してください。
姓　東京
名　和男

住所　〒 173-0004
(注) 法人の場合は，本店又は主たる事務所の所在地を記入してください。
都道府県市区町村大字丁目　東京都板橋区板橋1丁目
番地　44番6号
建物名

出生年月日　3（1:令和/2:平成/3:昭和/4:大正/5:明治/6:不明 (注)6:不明の場合，年月日は記入不要です。）40年1月1日

会社法人等番号
(注) 法人の場合のみ記入してください。

(注) 記入欄が不足する場合は，用紙を追加してください。

1003　　　ページ数 3／5

【受遺者等・遺言執行者等欄】

遺言書に受遺者等又は遺言執行者等の記載がある場合は、所要事項を記入してください。

受遺者とは、遺言により財産を受け取る者のことです。受遺者に類する者として法務局における遺言書の保管等に関する法律第9条第1項第2号に掲げられている者も含み、遺言により認知するものとされた子や遺族補償一時金等の受取人等として指定された者等、遺言により権利を得る者が該当します。

遺言執行者とは、遺言の内容を実現するために必要な手続をする者のことです。遺言執行者に類する者として同項第3号に掲げられている者も含み、財産の管理者や未成年後見人等、遺言により義務を負う者が該当します。

⑭受遺者等又は遺言執行者等の番号

受遺者等又は遺言執行者等の全員に対する通し番号を記入してください。1名のみの場合でも、「1」と記入してください。

⑮受遺者等又は遺言執行者等の別

受遺者等又は遺言執行者等の該当する□にチェックしてください。受遺者等と遺言執行者等を兼ねる場合は、両方の□にチェックしてください。

⑯受遺者等又は遺言執行者等の氏名及び住所

受遺者等又は遺言執行者等の氏名及び住所を記入してください。

受遺者等又は遺言執行者等が法人、法人でない社団若しくは財団である場合は、姓の欄に商号又は名称を、住所欄に本店又は主たる事務所の所在地を記入してください。

遺言書保管官は、遺言者の相続開始後、関係相続人等の請求により遺言書情報証明書を交付し又は遺言書若しくは遺言書保管ファイルの記録を閲覧させたときは、その他の遺言者の相続人、受遺者等又は遺言執行者等に対し、当該遺言書を保管している旨を通知します。この通知を適切に行うために、申請書の記入に当たっては、受遺者等又は遺言執行者等の本人から住民票上の住所を確認するなどして、正確に記入してください。

受遺者等又は遺言執行者等が日本に住所を有しない場合、居住する海外の住所に宛てて遺言書を保管している旨の通知をしますので、⑫備考欄に受遺者等又は遺言執行者等の氏名及び住所をローマ字で記入してください（備考欄に記載された氏名及び住所を通知の宛先として利用します。）。

⑰受遺者等又は遺言執行者等の出生年月日又は会社法人等番号

受遺者等又は遺言執行者等の出生年月日又は会社法人等番号について、分かる範囲で記入してください。

なお、上記内容は、相続開始後、受遺者等又は遺言執行者等から遺言書情報証明書の交付の請求等がされた際に、請求人が受遺者等又は遺言執行者等本人であることを確認するための情報の一つとして利用されますので、正確に記入してください。

「会社法人等番号」は、特定の会社、外国会社その他の商人を識別するための12桁の番号です。「法人番号」（13桁）とは異なりますので、ご注意ください。

※会社法人等番号は、①法務局で登記事項証明書を取得する②登記情報提供サービス（https://www1.touki.or.jp/）を利用して登記情報を取得するなどして確認できます。

※国税庁法人番号公表サイト（https://www.houjin-bangou.nta.go.jp/）では、「法人番号」（13桁）を確認でき、先頭の1桁を除いた12桁の番号が「会社法人等番号」です。

資料17 自筆証書遺言の保管申請書例（法務省ＨＰより）

別記第９号様式（第１９条第２項関係）
【指定する者に対する死亡後の通知等欄】※本通知を希望する場合は、☐にレ印を記入の上、①又は②のいずれかを選択し、通知対象者の氏名、住所等を記入してください。

⑱ ☑ 指定する者に対する死亡後の通知を希望するため、本申請書記載の私の氏名、出生年月日、本籍及び筆頭者の氏名の情報を遺言書保管官が戸籍担当部局に提供すること、並びに私の死亡後、私の死亡の事実に関する情報を遺言書保管官が戸籍担当部局から取得することに同意する。
(注)同意がある場合には、遺言書保管官が遺言者の死亡に関する情報を取得し、当該遺言者があらかじめ指定する以下に記載の者に対して、遺言書が保管されている旨の通知を行います。

⑲ ① 受遺者等又は遺言執行者等を通知対象者に指定する場合

通知対象者に指定する受遺者等又は遺言執行者等の番号 [ ] 番
(注)受遺者等又は遺言執行者等を通知対象者に指定する場合は、指定する「受遺者等又は遺言執行者等の番号」を記入してください。

⑳ ② ①以外の者を通知対象者に指定する場合

遺言者との続柄 [1] １:配偶者/２:子/３:父母/４:兄弟姉妹/５:その他（　　　）

氏名　姓　|遺|言|
　　　　名　|雪|子|

住所　〒 |1|0|0|-|8|9|7|7|
都道府県
市区町村
大字丁目　|東京都千代田区霞が関１丁目|

番地　|1|番|1|号|

建物名

(注)１．本通知の対象者は３名まで指定することができます。
２．複数名指定する場合は、用紙を追加してください。
３．受遺者等、遺言執行者等又は推定相続人（相続が開始した場合に相続人となるべき者をいう。）以外の者を通知の対象者に指定する場合であっても、当該通知対象者は、遺言書の閲覧又は遺言書情報証明書（遺言書の内容を確認することができる書面）の交付の請求をすることはできません。

1004

ページ数 ／

【指定する者に対する死亡後の通知の対象者欄】
　本通知は、遺言者が亡くなったことを遺言書保管官が確認したときに、遺言書を保管している旨を遺言者の指定する者に通知する制度です。
　本通知を希望する場合は、同意事項欄にチェックの上、①（受遺者等又は遺言執行者等を通知対象者に指定する場合）又は②（①以外の者を通知対象者に指定する場合）のいずれかを選択し、所要事項を記入してください。

⑱同意を要する事項
　本通知を希望する場合は、遺言者の氏名等を戸籍担当部局に提供し、死亡の事実を取得することに同意いただく必要がありますので、記載されている内容を確認の上、記載内容に同意する趣旨で□にチェックしてください。

⑲受遺者等又は遺言執行者等を通知対象者に指定する場合
　受遺者等又は遺言執行者等を死亡時の通知の対象者に指定する場合は、【受遺者等・遺言執行者等欄】に記入した受遺者等又は遺言執行者等のうちから一人を指定し、同欄に記入したその者の番号を記入してください。

⑳①以外の者を通知対象者に指定する場合
　①以外の者を死亡時の通知の対象者に指定する場合は、遺言者との続柄並びに指定する者の氏名及び住所を記入してください。自然人ではない者を指定する場合は、氏名の姓の欄に通知の宛名（法人の名称等）を、住所の欄に通知先の住所（法人の事務所の所在地等）を、それぞれ記入してください（宛名に支店名を追記したり、住所に支店の所在地を記入することもできます。）。通知が確実に届くように、指定する者の氏名及び住所は、可能な限り、通知対象者の協力を得て住民票の写し等を確認するなどして、正確に記入してください。

資料17　自筆証書遺言の保管申請書例（法務省ＨＰより）

別記第１２号様式（第５２条第１項関係）

手数料納付用紙

㉑ 東京　　　（地方）法務局　　支局・出張所　御中

㉒ （申請人・請求人の表示）
住所　東京都千代田区霞が関１丁目１番１号

氏名又は名称　遺言太郎

（法定代理人の表示）
住所

氏名

（その他）
㉓ 納付金額　　　　　3900円

㉔ 印紙貼付欄
収入印紙は，割印をしないで，印紙貼付欄に貼り付けてください。

㉕ | 年　月　日 | 担　当 |
|---|---|
| | |

ページ数　5／5

㉑**遺言書保管所の名称**
　申請書を提出する遺言書保管所の名称を記入してください。

㉒**申請人の表示**
　遺言者の住所及び氏名を記入してください。

㉓**納付金額**
　「3900円」と記入してください。

㉔**印紙貼付欄**
　3,900円分の収入印紙を貼ってください。
　なお、貼付した収入印紙には割印をしないでください。

㉕**担当者使用欄**
　担当者が使用しますので、何も記入しないでください。

資料18 公正証書遺言書例

令和〇年第〇〇号

　　　　　遺　言　公　正　証　書

　本公証人は、遺言者〇〇〇〇の嘱託により、令和〇年〇月〇日、証人〇〇〇〇、証人〇〇〇〇の立会いのもと、次のとおり遺言者の口述を筆記してこの証書を作成する。

第1条　遺言者は、遺言者の有する財産全部を遺言者の妻〇〇〇（昭和〇〇年〇月〇日生）に相続させる。

第2条　遺言者は、遺言者の妻〇〇〇が、遺言者より前に死亡しているとき、あるいは遺言者と同時に死亡したときは、前条により前記〇〇〇に相続させる財産を、遺言者の妹〇〇〇〇（昭和〇〇年〇月〇日生）及び遺言者の弟〇〇〇〇（昭和〇〇年〇月〇日生）の2名の者に各2分の1の割合により相続させる。

第3条　遺言者は、この遺言の遺言執行者として、前記〇〇〇を指定する。

2　遺言執行者は、この遺言の執行のため、遺言者の有する預貯金等の金融資産について、名義変更、払戻し及び解約等をする権限、不動産の登記手続、その他この遺言を執行するために必要な一切の行為をする権限（各手続又は行為をするに当たり他の相続人の同意は必要としない。）を有するものとする。

　　　　　　　　本　旨　外　要　件

〇〇県〇〇市〇〇町〇〇番地

　　　会社員

遺言者　　　　　　　　　　　　〇　〇　〇　〇
　　　　　　　　　　　　　　　　　昭和〇〇年〇月〇日生

　上記者は、本職と面識がないので印鑑登録証明書を提出させ、その人違いでないことを証明させた。
〇〇県〇〇市〇〇町〇〇番地
　　司法書士
　　　証　人　　　　　　　　　　　〇　〇　〇　〇
　　　　　　　　　　　　　　　　　昭和〇〇年〇月〇日生
〇〇県〇〇市〇〇町〇〇番地
　　司法書士
　　　証　人　　　　　　　　　　　〇　〇　〇　〇
　　　　　　　　　　　　　　　　　昭和〇〇年〇月〇日生

　以上のとおり遺言者及び証人に読み聞かせたところ、各自筆記の正確なことを承認し、次に署名押印する。
　　　　　　　　　　　　　　　〇　〇　〇　〇　㊞
　　　　　　　　　　　　　　　〇　〇　〇　〇　㊞
　　　　　　　　　　　　　　　〇　〇　〇　〇　㊞

　この証書は、令和〇年〇月〇日、本公証人役場において、証人が民法第974条に抵触しない旨の証人の陳述を受け、民法第969条第1号ないし第4号所定の方式に従って作成し、同条5号に基づき本職次に署名押印する。
　〇〇県〇〇市〇〇町〇番地
　　〇〇法務局所属
　　　公証人　　　〇〇〇　㊞

資料19　検認申立書例（東京家庭裁判所HPより）

受付印		遺 言 書 検 認 申 立 書

（この欄に収入印紙を貼ってください。遺言書1通につき800円分）

収入印紙　　　　円
予納郵便切手　　円

（貼った印紙に押印しないでください。）

準口頭	関連事件番号　平成・令和　　年（家　）第　　　号

東京 家庭裁判所
　　　　　　御中
令和〇〇年〇〇月〇〇日

申立人
又は法定代理人
などの記名押印

東山花子　㊞

添付書類	遺言者の戸（除）籍謄本（出生から死亡までのもの）　　通 相続人全員の戸籍謄本　　通

申立人

本籍	東京　都道府県　〇〇区〇〇町〇丁目〇番
住所	〒〇〇〇－〇〇〇〇　　電話〇〇（〇〇〇〇）〇〇〇〇 東京都〇〇区〇〇町〇丁目〇番〇号　　　　（　　方）
フリガナ 氏名	ﾋｶﾞｼ ﾔﾏ ﾊﾅ ｺ 東山花子	昭和・平成　〇〇年〇月〇日生
申立資格※	①遺言書の保管者　　2 遺言書の発見者

遺言者

本籍	東京　都道府県　〇〇区〇〇町〇丁目〇番
住所	〒〇〇〇－〇〇〇〇 東京都〇〇区〇〇町〇丁目〇番〇号　　　　（　　方）
フリガナ 氏名	ﾋｶﾞｼ ﾔﾏ ﾀ ﾛｳ 東山太郎	平成・令和　〇〇年〇月〇日死亡

（注）太枠の中だけ記入してください。　※当てはまる番号を〇でかこむこと。

遺言書検認（1／3）　　　　　（令5．2　東京家）

巻末資料

申　立　て　の　趣　旨
遺言者の自筆証書による遺言書の検認を求める。

申　立　て　の　理　由	
封印等の状況	※ ①封印されている。　2 封印されていたが相続人（　　　）が開封した。 3 開封されている。　4 その他（　　　　　　）
遺言書の保管・発見の状況・場所等	※ ①申立人が遺言者から平成・⓪和 ○○年○○月○○日に預かり、下記の場所で保管してきた。 2 申立人が平成・令和　年　月　日下記の場所で発見した。 3 遺言者が貸金庫に保管していたが、遺言者の死後、申立人は平成・令和　年　月　日から下記の場所で保管している。 4 その他（　　　　　　　　　　　　） （場所）東京都○○区○○町○丁目○番○号　申立人自宅内金庫 ....
特記事項 その他	
相続人等の表示	別紙相続人等目録記載のとおり

（注）太枠の中だけ記入してください。※の部分は、当てはまる番号を○で囲み、4を選んだ場合には、（　）内に具体的に記入してください。

検　認　済　証　明　申　請　書
（この欄に遺言書1通につき収入印紙150円を貼ってください。） 　　　　　　（貼った印紙に押印しないでください。）
本件遺言書が検認済みであることを証明してください。 　　　令和○○年　○月　○○日 　　　　　　　申立人　　東山花子　　　　　　　印

上記検認済証明書　通を受領しました。 　　　令和　年　月　日 　　　　　申立人　　　　　　印	上記検認済証明書　通を郵送した。 　　　令和　年　月　日 　　　　　裁判所書記官　　　　印

遺言書検認（2／3）　　　　　（令5．2　東京家）

資料19　検認申立書例（東京家庭裁判所ＨＰより）

相 続 人 等 目 録

※申立人兼相続人	住所	〒○○○ − ○○○○　　　　電話○○（○○○○）○○○○ 東京都○○区○○町○丁目○番○号　　　　（　　　方）
	フリガナ 氏名	ヒガシヤマ ハナコ 東山 花子 / 昭和・㊤平成・令和 ○○年○月○日生 / 続柄 妻
※相続人	住所	〒○○○ − ○○○○　　　　電話○○（○○○○）○○○○ 東京都○○区○○町○丁目○番○号　　　　（　　　方）
	フリガナ 氏名	キタガワ マユミ 北川 真弓 / 昭和・㊤平成・令和 ○○年○月○日生 / 続柄 長女
※相続人	住所	〒○○○ − ○○○○　　　　電話○○（○○○○）○○○○ 東京都○○区○○町○丁目○番○号　　　　（　　　方）
	フリガナ 氏名	ヒガシヤマ イチロウ 東山 一郎 / 昭和・㊤平成・令和 ○○年○月○日生 / 続柄 長男
※相続人	住所	〒○○○ − ○○○○　　　　電話○○（○○○○）○○○○ 東京都○○区○○町○丁目○番○号　　　　（　　　方）
	フリガナ 氏名	ヒガシヤマ ジロウ 東山 次郎 / 昭和・㊤平成・令和 ○○年○月○日生 / 続柄 二男
※	住所	〒　−　　　　　　　電話　（　） 　　　　　　　　　　　　　　　　　（　　　方）
	フリガナ 氏名	昭和・平成・令和　年　月　日生 / 続柄
※	住所	〒　−　　　　　　　電話　（　） 　　　　　　　　　　　　　　　　　（　　　方）
	フリガナ 氏名	昭和・平成・令和　年　月　日生 / 続柄

（注）太枠の中だけ記入してください。　　※の部分は、相続人、受遺者の別を記入してください。
　　　申立人が相続人の場合には、「申立人兼相続人」と記入してください。

遺言書検認（3／3）　　　　　　　　　（令5.2　東京家）

巻末資料

資料20　遺言執行者選任申立書例
（東京家庭裁判所HPより）

遺言執行者選任申立書

（収入印紙800円分を貼ってください。）

（貼った印紙に押印しないでください。）

受付印	
収入印紙　　円	
予納郵便切手　　円	

準口頭　　関連事件番号　平成・令和　　年（家　　）第　　　号

東京　家庭裁判所　御中
令和〇〇年〇〇月〇〇日

申立人又は法定代理人などの記名押印　　東山花子　㊞

添付書類　遺言者の戸（除）籍謄本　　通　　遺言執行者候補者の住民票　　通
　　　　　遺言書写し　　通

申立人

住所	〒〇〇〇－〇〇〇〇　　電話〇〇（〇〇〇〇）〇〇〇〇 東京都〇〇区〇〇町〇丁目〇番〇号　　　　　（　　　方）
フリガナ 氏名	ﾋｶﾞｼ　ﾔﾏ　ﾊﾅ　ｺ 東山花子	昭和・㊤平成〇〇年〇月〇日生
申立資格	※遺言者の・・・　①相続人　　2　利害関係人（　　　）
職業	会社員

遺言者

本籍	㊤都・道・府・県　東京　〇〇区〇〇町〇丁目〇番
住所	〒〇〇〇－〇〇〇〇 東京都〇〇区〇〇町〇丁目〇番〇号　　　　　（　　　方）
フリガナ 氏名	ﾋｶﾞｼ　ﾔﾏ　ﾀ　ﾛｳ 東山太郎	平成・㊤令和〇〇年〇月〇日死亡

（注）太枠の中だけ記入してください。　※の部分は、当てはまる番号を〇で囲み、2を選んだ場合には、（　　）内に具体的に記入してください。

遺言執行者（1／2）　　　　（令5．2　東京家）

資料20　遺言執行者選任申立書例（東京家庭裁判所ＨＰより）

申　立　て　の　趣　旨
遺言者の遺言につき遺言執行者の選任を求める。

申　立　て　の　理　由

※
1　遺言執行者の指定又は指定の委託がない。　　6　遺言執行者が辞任した。
2　遺言執行者に指定された者が就職を拒絶　　　　7　遺言執行者が未成年者である。
　している。　　　　　　　　　　　　　　　　　8　遺言執行者が破産者である。
3　遺言執行者の指定の委託を受けた者が、　　　　9　その他（　　　　　　　　　）
　その委託を辞任した。
4　遺言執行者が死亡した。
5　遺言執行者が解任された。

（その具体的実情の詳細）
　1　申立人は、遺言者の相続人（長女）です。
　2　遺言者が平成○○年○月○日にした遺言書について、御庁において、令和○○年
　　○○月○○日に検認を受けました（令和○○年（家）第○○号）が遺言執行者の指定
　　がないので、その選任を求めます。
　　　なお、遺言執行者として、次の者を選任することを希望します。

遺言執行者候補者	住　所	〒○○○－○○○○　　　　　　　電話○○（○○○○）○○○○ 東京都○○区○○町○丁目○番○号　　　　　　　（　　　　方）
	フリガナ 氏　名	ヒガシヤマ　イチロウ 東　山　一　郎
	遺言者との関係	①　相続人（　長　男　）　2　利害関係人（　　　　　　　） 3　その他（　　　　　　）
	職　業	司法書士

（注）太枠の中だけ記入してください。　※の部分は、当てはまる番号を○で囲み、9を選んだ場合は、
　　（　　　）内に具体的に記入してください。

［筆者紹介］
石田　健悟（司法書士・法学博士）

（略歴）
　　1986年　愛知県生まれ
　　2012年　司法書士登録、翌年より出身地の愛知県春日井市にて開業
　　　　　　（現：石田司法書士・行政書士・社会保険労務士合同事務所）
　　2017年　神戸大学大学院法学研究科博士後期課程修了
　　2019年　株式会社ミライニ創業

〈主な著書〉
『資産承継・事業承継の実務―民事信託・遺言・任意後見・種類株式の活用―』（テイハン、2022年）
『相続放棄と限定承認の実務―相続の基本的な仕組みから相続財産管理人の活用まで―』（テイハン、2022年）
『遺言の実務―遺言の作成・遺言執行者の職務について―』（テイハン、2024年）
『遺産分割の実務―協議書・調停関係書類・相続登記・相続人申告登記の書式と理論―』（テイハン、2024年）
『民法と民事信託（理論編）―遺言、民事信託、任意後見の連携・棲み分け論―』（法論社、2018年）　等

民事信託講義

2024年10月11日　初版第1刷印刷　　定価：4,950円（本体価：4,500円）
2024年10月17日　初版第1刷発行

　　　　　　　不複　　著　者　　石田　　健悟
　　　　　　　許製　　発行者　　坂巻　　徹

　　　　発行所　東京都北区　　　株式会社　テイハン
　　　　　　　　東十条6丁目6-18
　　　　　　　　電話 03(6903)8615　FAX 03(6903)8613／〒114-0001
　　　　　　　　ホームページアドレス　https://www.teihan.co.jp

〈検印省略〉　　　　　　　　　印刷／株式会社平河工業社
　　　　　　　　　　　　　　　ISBN978-4-86096-186-2

本書のコピー、スキャン、デジタル化等の無断複製は著作権法上での例外を除き禁じられています。本書を代行業者等の第三者に依頼してスキャンやデジタル化することはたとえ個人や家庭内での利用であっても著作権法上認められておりません。